本书为河南省教育科学“十三五”规划课题

课题批准号：〔2018〕-JKGHYB-1516
课 题 名 称：基于学生人文素养培养需求的中学语文教学策略研究
课 题 类 别：河南省教育科学规划一般课题
证 书 号：2019-GH697-787
课题负责人：房炳安
主要研究者：史海龙 骆志成 王光海 王 瑶 郭 丽
鉴 定 等 级：良好

《人文素养之阅读新视角》编委会

主 编 房炳安

编 委 骆志成 王光海 史海龙 王 瑶 郭 丽 马 克 刘传阁 骆邓林

RENWEN SUYANG ZHI YUEDU XIN SHIJIAO

人文素养之阅读新视角

主编　房炳安

河南大学出版社
HENAN UNIVERSITY PRESS
·郑州·

图书在版编目（CIP）数据

人文素养之阅读新视角 / 房炳安主编 .-- 郑州 : 河南大学出版社 , 2019.8
ISBN 978-7-5649-3843-7

Ⅰ . ①人… Ⅱ . ①房… Ⅲ . ①阅读课－教学研究－小学 Ⅳ . ① G623.232

中国版本图书馆 CIP 数据核字（2019）第 168797 号

责任编辑　程新晓
责任校对　解远文
封面设计　马　龙

出版发行　河南大学出版社
地　址：郑州市郑东新区商务外环中华大厦 2401 号
邮　编：450046
电　话：0371-86059701（营销部）
网　址：www.hupress.com
排　版　河南大学出版社设计排版部
印　刷　郑州市毛庄印刷厂
版　次　2019 年 9 月第 1 版
印　次　2019 年 9 月第 1 次印刷
开　本　787mm×1092mm　1/16
印　张　18.25
字　数　312 千字
定　价　48.00 元

序（一）

胡山林[①]

“基于学生人文素养培养需求的中学语文教学策略研究”课题组的老师们把自己的研究成果发给我看，给了我先睹为快的机会。拜读后不负所望，从中受益匪浅。从书稿中，我看到了中学语文教学第一线的老师们为提高学生的人文素养，孜孜矻矻搞研究的身影和呕心沥血般的努力；看到了他们发挥聪明才智，利用各种策略培养学生人文素养的教学智慧；看到了中学语文教学界生机勃勃的改革气象；看到了师生携手共同奋进的创新活力。

人文素养，作为一个重量级核心概念，近年来被引进我国教育的各个层级、各个领域。提高学生的人文素养，已经深入人心，成为从小学到研究生各级教育的目标，成为教育从业者的共识。

那么什么是人文素养？理论上说起来过于抽象玄远，取其核心内容，人文主要与精神、文化、价值、意义相关；而精神、文化、价值、意义，与人的灵魂相关。基于这种理解，我们可以说，人文学科是关乎灵魂的学问。那么人文素养呢？就是关乎灵魂的素养，即人的人格修养、思想境界、精神品位，换句话说亦即人的心灵生活、精神家园、灵魂归宿。

具体到中学语文教学领域，提高学生的人文素养，就是利用教材，尤其是其中的文学作品对学生进行美育，帮助学生树立正确的人生观和价值观，培养学生明朗健全的人格、积极向上的心灵，促使学生在真善美的滋养下尽快成长。

美育不是耳提面命的灌输与训诫，而是春风化雨，潜移默化，移情易性于无形。怎样达到这种教育效果？通过熏陶，陶冶，升华，净化。怎样熏陶，陶冶，升华，净化？途径是学生与审美对象（如教材中的文学作品等）直接对

① 河南大学文学院教授，河南省文艺学研究中心副主任、全国（百名）优秀社会科学普及专家。

话——心灵与心灵相沟通，情感与情感相对话，主客体之间“心有灵犀一点通”。怎样做到这一点？最好的办法是阅读。因为，只有在深入细致的阅读中，学生才能进入艺术境界，全身心拥抱对象，捕捉艺术中蕴含的心灵信息、情感信息、生命信息，从而达到两心相契，使其陶醉于其中。

审美是现在进行时，这时候，也只有这时候，学生才算是与审美对象建立起了审美关系，才算是进入了审美活动、审美过程。

这一过程对于美育至关重要，对于学生心灵生活的影响至关重要。艺术品是一个精神体，学生也是一个精神体。在阅读中两个精神体相呼唤，相碰撞，相对话，相应答，相交流，相融汇。这是极其微妙的心理活动，极为私密的心理过程。在这一活动和过程中，润物细无声，学生的精神世界神不知鬼不觉地发生了变化。在艺术的熏陶下，学生的人格被塑造了，认识提高了，思想深化了，感情净化了，灵魂升华了。这是什么？这就是人文素养的提高，就是无形中默默地成长。

但遗憾的是，有些人在理论上对此缺乏清醒的认识，不了解美育的特征，反映在实践中是过度强调了、突出了教师的讲解、剖析，而忽视了学生课堂内外深入细致的反复阅读（课堂上几分钟浮光掠影式的短暂阅读是必要的，但却是远远不够的）。违背艺术规律的结果是，窒息了艺术作品的生命，仅仅注重了知识点的提炼和思想意义的灌输，而忽视了其中的心灵信息、情感信息、生命信息。这差不多等于是买椟还珠，把艺术中最珍贵最美好的东西丢掉了。这样一来，学生知识增多了，死记硬背了，美育却没了，人文素养的陶冶也没了。

令人欣喜的是，“基于学生人文素养培养需求的中学语文教学策略研究”项目课题组的老师们充分意识到了美育的规律，意识到了阅读对于学生人文素养提高的重大意义——书名《人文素养之阅读新视角》就证明了这一点。

看一看目录即可知道，“阅读”是本书的中心话题；把阅读作为重大课题进行专门研究，是本书的一大特点。老师们根据自己的教学实践，从“读写结合”“群文阅读”“主题阅读”“多文本阅读”等多方面对阅读进行了全方位的研究，总结出诸多行之有效的阅读策略和经验。这些策略和经验，都具有普遍的推广意义。

项目中两个关键词：“学生人文素养”“中学语文教学策略”。一个是目的，一个是手段。研究结果表明，手段有效地指向了、完成了目的。我相信，认真落实这些从实践中摸索出的经验和策略，一定能很好地达到提高学生人文素养的目标，促使中学语文教学迈上一个新台阶。

向辛勤奋战在中学语文教学第一线的老师们学习、致敬！

序（二）

写作训练是提升师生人文素养的有效途径

房炳安

学科核心素养是学科育人价值的集中体现，是学生通过学科学习而逐步形成的正确的人生价值观念、必备品格、关键能力和人文素养。

《语文课程标准》明确指出："在写作教学中，教师应鼓励学生积极参与生活，体验人生，关注社会热点，激发写作欲望。引导学生表达真情实感，不说假话、空话、套话，避免为文造情。"作文实际上是一种生命状态，"立言"与"立人"是相统一的。作文活动应该是一种生命运动，是师生认识自我、发展自我、提升自我的一种自我修炼过程。作文教学的每一个环节都触及学生发展中的各个层面，都是促进每一位学生提升语文素养、人文素养的有效途径。

"人文素养"的灵魂，不是"能力"，而是"以人为对象、以人为中心的精神"，其核心内容是对人类生存意义和价值的关怀，这就是"人文精神"，也可以说是"人文系统"。这其实是一种为人处世的基本的"德性""价值观"和"人生哲学"，科学精神、艺术精神和道德精神均包含其中。人文素养追求人生和社会的美好境界，推崇人的感性和情感，看重人的想象性和生活的多样化。

写作训练是提升师生人文素养的有效途径，写作活动其实是"对话"活动：

一是与自我对话，展示自我。我有自己的家庭，有自己的亲人、老师与朋友，有自己的苦恼与快乐，有自己的愿望与追求，有自己的特长与毛病，有自己的价值观与人生观，有自己留下的一串深深浅浅的脚印……我是自己的挚友，是自己的敌人，是自己的评判者，是自己的监督人，是自己的安慰者……写作实际上就是推心置腹地与自我对话，认识真实的自我，展示血肉丰富的自我，展示一个独特的世界。这种"对话"机制的形成，实际上也就是人文精神的张扬。

二是与自然对话，丰富自我。大自然是我们的家园，是非常丰富的矿藏，是养育我们的母亲，引导学生投身自然的怀抱，与自然对话，这样不仅会使其感到身心愉悦，而且会丰富他们的精神世界。这种“对话”，不只是身形的接近，而且是心灵的融入，如李太白“相看两不厌，只有敬亭山”，如陶渊明“采菊东篱下，悠然见南山”，又如朱自清“那醉人的绿呀！……我想张开两臂抱住她”……无论是花、草、虫、鱼，还是风、霜、雪、月，只要大家能用心去聆听，用情去交流，就能呼吸到它们的气息，就能倾听到它们的声音。置身荷塘边，可以听到阳光洒落在荷花上的声音；徜徉林荫道上，可以听到月亮穿过树梢的声音；静观夕阳西下，可以听到太阳落山的声音……真正与大自然融为一体了，自我的情感也就丰富了，人文情怀也就归位了。

三是与社会对话，走出自我。我们不应是那种孤芳自赏、顾影自怜、吟风弄月、多愁善感的“小我”者，而要成为关注人生、关注社会、大气凛然、才气沛然的“大我”者，像李清照“生当作人杰，死亦为鬼雄”，像岳飞“待从头，收拾旧山河，朝天阙”，像鲁迅“我以我血荐轩辕”，像秋瑾“拚将十万头颅血，须把乾坤力挽回”，像毛泽东“指点江山，激扬文字，粪土当年万户侯”……因此，师生强化自己在社会舞台的角色意识，注重与周围人的交往、交流、和谐相处，尊重自己，珍视生命，尊重他人，关爱他人，具有强烈的社会责任感，这样就不过于沉迷于身边的琐事，而拥有追求人生、彰显生命的大境界。

四是与大师对话，提升自我。接近巨人，只有通过智慧的阶梯，如果一个人不进入巨人的生活中去，那将是人生最大的遗憾之一。跟大师对话，就是对自身的一种观照，就是通过追慕灵魂来拷问灵魂，从而慢慢地摆脱“小我”，提高自己的人生境界。学生多读大师们留下的经典著作，多读关于大师的传记作品，多接触这些人类智慧宝库中最鲜活的东西，让大师的形象矗立在自己的心中，让大师的思想渗透到自己的血液中，让自己成长为一个富有个性的大写的人，成为一个人文内涵十分丰厚的人。

毫无疑问，这四种“对话”活动就是在提升师生的人文素养和写作素养。

就一次具体的写作而言，也是在提升师生的人文素养。例如以“诚信”为主题的写作，我们可以重温一些名言，像《左传》中的“失信不立”，《论语》中的“人而无信，不知其可也”，《史记》中的“得黄金百斤，不如得季布一诺”，大仲马的“当信用消失的时候，肉体就没有生命了”，富兰克林的“诚实是最好的政策”，南斯拉夫谚语“诚实重于珍宝”，欧洲谚语“一两重的真诚，等于一吨重的聪明”等；我们可以重读一些中外典故，像商鞅为推行变法在南门立木为信，马克·吐温求婚向未来的岳父如实上交证明材料，曾子为不失信于子而杀猪，陈胜因违背“苟富贵，勿相忘”的诺言而败亡等；我们还可以重读传统文化，重读经典诗词，重读中外名著，关注现实生活中的一些典型人物与事迹，像每年的“感动中国”的人物，像全国“道德模范”的事迹，像获得国家科技奖、“大国工匠”称号的人物或事迹等。诵读、感悟、盘点、思考、整理这些鲜活的写作材料，实际上就是汲取其中的人文素养精髓。

河南省教育科学“十三五”规划课题（课题批号：〔2018〕-JKGHYB-1516）——“基于学生人文素养培养需求的中学语文教学策略研究”是邓州市教科所立项的省级课题之一。课题组老师们积极参与、辐射引领兄弟实验学校的同仁，送培送研，克服重重困难，结合一线教师们自身教学实践，积累总结发表了高屋建瓴的学术论文、省市级论文；写出了不少高质量、有水平的心得体会；精心辅导实验班学生在《河南日报》《作文指导报》等发表了优秀习作，课题组认真搜集，特汇集编纂实验师生论文集——《人文素养之阅读新视角》。

基于学生人文素养培养需求的中学语文教学是时代的需要，是时代的呼唤。课题组进行的“读写结合”“群文阅读”“主题阅读”“多文本阅读”实验研究是阅读教学的有效梳理和补充，不是对阅读教学的颠覆；坚持阅读，坚持写作，坚持人文精神的贯彻，我们一直在路上。只要对师生有益，我们就乐此不疲。我们的教学闪耀创意的星光，阅读会使师生的心灵丰富多彩、姹紫嫣红；写作会使师生的大脑精神充盈、灵魂高贵。

“不要人夸颜色好，只留清气满乾坤”。我相信，坚持人文素养培养需求的语文教学，坚持读写结合，坚持群文阅读，坚持主题阅读，一定会让我们的中学语文教学春色满园！愿我们这朵基于学生人文素养培养需求的中学语文教学研究的无名小花，为语文教学广袤的大地增添缤纷的色彩，带给你一缕缕富有泥土气息的草根“阅读新视角”的馨香，香远益清！

是为序。

2019年3月19日

目 录

人 文 素 养 之 阅 读 新 视 角

教海拾贝

部编初中语文教材多主题多文本多体裁比较阅读教学策略探究①

河南省邓州市基础教育教学研究室　赵红俊
河南省邓州市思源实验学校　王光海

摘　要　传统语文教学偏重对单篇文章的精读训练，教师缺乏对阅读策略的运用，学生也不知道运用各种不同的阅读策略。比较阅读教学策略的运用改变了学生被动接受的地位，它让学生和教师平等地研究，平等地探索，而就在这共同的探索中，学生的思维走向多元，这正是比较阅读教学法的价值所在。

关键词　初中语文　比较阅读　教学策略

一、比较阅读教学的内涵

乌申斯基说过："比较是一切理解和思维的基础，我们正是通过比较了解世界上的一切。"比较，是对事物进行辨别，发现异同、高低等差别，它是帮助人们准确区别事物、认识事物的基本思维形式。比较阅读教学法，就是指在我们的课堂中指导学生在比较中阅读，在比较中发现，在比较中感悟，在比较中吸取。简单地说，就是在比较中学习，在学习中比较。

比较阅读的重点是同中求异，异中求同，相对专题阅读、群文阅读，更强调内在的联系性，更强调"比较"性。专题阅读、群文阅读，强调的是"面"，比较阅读强调的是"点"，比较阅读可以连点成线，组线成面，形成完整的知识网络。

二、比较阅读的学习思维原理

比较阅读，着眼于对学生的多点刺激，激励学生运用发散思维去阅读文

① 本文系2018年河南省中小学多文本阅读实践研究专项课题"部编初中语文教材多主题多文本体裁阅读策略探究"阶段性成果，课题编号：dwbyd18012302。

本、分析文本；提高学生的阅读兴趣，促使学生深层次理解文本；通过比较阅读，培养学生的语文综合学习能力、思维能力和审美能力。

三、比较阅读教学的意义

传统语文教学偏重对单篇文章的精读训练，课堂主要精力花在对一篇文章进行字斟句酌、支离破碎的分析，教师缺乏对阅读策略的运用，学生对阅读策略更是知之甚少。鉴于此，为改变语文阅读教学的不良局面，提高教师的教学水平并迅速融入新部编语文教材，提高学生多文本阅读能力，我们确立了《部编初中语文教材多主题多文本多体裁阅读策略探究》这一课题，探索出了比较阅读等教学策略。我们希冀通过多主题、多文本、多体裁地比较阅读，真正让学生增加阅读量，并从阅读中学会比较归纳、分析综合、整合鉴赏、深入思考，为学生终身阅读与发展奠定基础。

四、比较阅读教学策略运用

比较阅读超越了“这一篇”的局限，打破了“教课文”的现状，由此及彼，举一反三，将课内、课外的同类文章进行横向或纵向的比较，引导学生在自主体验、分析归纳的过程中，由表及里地准确把握本质特征，加速对知识的迁移运用。比较阅读的教学有以下几种策略：

（一）找准合适的比较点

比较点的选择有：①主题的比较；②有关人物的比较；③有关情节或细节描写的比较；④意境的比较；⑤环境的比较；⑥表现手法的比较；⑦作者身世、思想情感的比较；⑧体裁的比较；⑨文章内部结构、内容的比较；⑩语句内的微观比较，读音的比较、语调的比较、用词的比较、标点符号的比较、不同理解的比较。

（二）多文本比较阅读举例

1. 着眼整篇，体会构思

如学习《我的叔叔于勒》时可以和《范进中举》进行构思的比较。《我的叔叔于勒》见面前：兄盼嫂夸；遇到后：兄躲嫂骂。《范进中举》中举前：丈骂邻远；中举后：丈夸绅附。两位作者都对社会进行了强烈的批判和辛辣的讽刺，前文批判了资本主义唯利是图的社会；后文批判了资本主义萌芽阶段的士庶生活。

2. 叙事角度，区别异同

如学习《我的叔叔于勒》时可以和《孔乙己》进行叙事角度的比较。《我的叔叔于勒》：我（若瑟夫）——天使一般的心灵，未受世风渐染。《孔乙己》：我（小伙计）——已受等级思想影响的孩子，在孔乙己穷途末路之际，依然给予其深深的同情。同情之心融在描写和记叙之中，良心未泯。二者之同：都是以孩子的眼光来看世界。二者之异：纯洁的程度不同。

3. 详写略写，审美探究

如学习《鲁提辖拳打镇关西》时可以和《武松打虎》进行叙述详略的比较阅读。《鲁提辖拳打镇关西》中“油酱铺”（味觉）、“彩帛铺”（视觉）、“水陆道场”（听觉）的描写，充满谐谑意味，化武戏为文戏，是写意，要突出结果（满足读者的情感需求），体现出空灵之美，过程略写，读者可以去想象、补充、完善。《武松打虎》中“一扑一掀一剪”“哨棒打断”“五七十拳”“提不动死虎”的描写，描绘的是九死一生的真实情景和武松孤注一掷的心理，是写实，要详写过程（过程决定结果的真实性），体现出繁密之美，让人目不暇接。

4. 比较人物，读出个性

如学习《故乡》时可以和《老人与海》进行人物个性比较阅读。《故乡》中中年闰土：“多子，饥荒，苛税，兵，匪，官，绅，都苦得他像一个木偶人了”，在严酷的社会环境中苟且偷生。《老人与海》中桑提亚哥：职业（渔民），战士品格（知难而进，永不退缩），英雄情怀（赞美对手，惺惺相惜），硬汉形象（拼搏进取，刚毅顽强），与恶劣的自然环境英勇抗争。

5. 褒贬损益，揣摩主旨

如学习马信德《蓝蓝的威尼斯》时可以和朱自清《威尼斯》、余秋雨《寻常威尼斯》进行褒贬损益的主旨比较阅读。《蓝蓝的威尼斯》赞友谊；《威尼斯》赞艺术；《寻常威尼斯》反思社会与人生。

6. 相关文本，规律探寻

如学习杜甫《望岳》时可以和其《春望》《登岳阳楼》两首诗进行比较阅读。“会当凌绝顶，一览众山小”（壮志青年）；“国破山河在，城春草木深”（多难中年）；“昔闻洞庭水，今上岳阳楼”（悲凉晚年）。“时空——内容——情感”的变迁，可以看出作者饱览家国之变，阅尽人世沧桑。

7. 一词贯穿，多文共鸣

如学习《岳阳楼记》时可以和《醉翁亭记》进行比较阅读。《岳阳楼记》《醉翁亭记》着眼点：都是“记”，都有“乐”。“先天下之忧而忧，后天下之乐而乐”（先忧后乐）；“而不知太守之乐其乐也”（乐其乐）。比较两篇文章的线索：《岳阳楼记》紧扣“异”“同”二字展开。“览物之情”之“异”“同”的实质：囿于一己之得失；“古仁人”之“异”与“古仁人”之“同”：微斯人，吾谁与归？《醉翁亭记》紧扣一个“乐”字展开：山水之乐，滁人游之乐，宴酣之乐，乐其乐。

8. 作品风格，感受个性

如学习《小石潭记》时可以和《记承天寺夜游》进行比较阅读。《小石潭记》清：景物的取向——高洁人格；乐：自由的天性（片刻宁静）；忧：过清，身寒——心冷。《记承天寺夜游》空明：赏月之乐——“闲”得自嘲。两文之同：景物宁静，片刻自由欢愉。两文之异：柳——内心冷寂；苏——自适、自嘲。

（三）同一文本内部比较举例

1. 词语入手，求真求美

如学习《我的叔叔于勒》，可以从词语入手进行比较阅读。认出于勒，父亲母亲都紧张。父亲：脸色苍白—煞白—张皇—结巴—嘟哝；母亲：哆嗦—小子—暴怒—贼—讨饭的—流氓。二人性格迥异：内向与外向；内敛与张扬。遇到前：快活而骄傲。遇到后：大家都不再说话。

2. 句式辨析，由理及情

学习《鲁提辖拳打镇关西》，可以让学生进行句式辨析比较阅读。“你两个且在这里，等洒家去打死了那厮便来。”史进、李忠抱住劝道：“哥哥息怒，明日却理会。”两个三回五次劝得他住。删去“三回五次”行不行？

3. 调整断句，感悟语境

学习《散步》时可以让学生进行断句的比较阅读。“我蹲下来，背起了母亲，妻子也蹲下来，背起了儿子。”“我蹲下来背起了母亲，妻子也蹲下来背起了儿子。”思考：二者表达效果是否相同？

4. 理解修辞，走入情境

比较“六月十五那天，天热得发了狂”与“六月十五那天，是最热的一天”的差别。

5. 标点代换，探究内涵

学习《荷花淀》，比较“你走，我不拦你。家里怎么办？”与“你走，我不拦你，家里怎么办？”思考：两句话表意是否相同？

6. 文化元素，拓宽视野

《岳阳楼记》中为何不写“滕宗谅”？《醉翁亭记》中欧阳修为何不自称“庐陵欧阳永叔也”？“名之者谁？太守自谓也。”宋代有“太守”吗？

7. 内部对比，深读文本

学习《变色龙》，对于奥楚蔑洛夫而言，变：对赫留金和狗的态度；不变：媚上欺下的本质。对于赫留金而言，变：是受害者还是罪犯？不变：受奴役、受损害的地位。比较辨析：一出喜剧？一场闹剧？一场悲剧？

8. 一线贯穿，激活课堂

《故乡》灰堆中的碗碟是谁埋的？是闰土，理由呢？是杨二嫂，理由呢？是其他人，理由呢？

9. 读音语调，还原情境

学习“策之不以其道，食之不能尽其材，鸣之而不能通其意，执策而临之，曰：‘天下无马！’”(《马说》) 临：怎么理解？读平缓语调，读滑稽语调，读感叹语调，哪个可恶？哪个可悲？

10. 今昔比较，还原背景

《生活是多么广阔》写的是什么内容？诗人所歌颂的是什么？

五、结语

总之，比较阅读教学可以从“以教为主”转化为“以学为主”，从“以传授知识为主”转化为“以培养能力为主”，从“单一性教学”转化为“多样性教学”，可以让学生的眼光更深邃，思考更深刻，见解更独特。恰当运用比较阅读的方法，能提高学生的阅读、评析能力，培养学生的比较、思考能力，必将为学生将来的可持续发展打下良好的基础。

（此文在 2018 年第 14 期《当代家庭教育》发表，CN44-1741/G4。）

部编初中语文教材多主题阅读策略探究 ①

邓州市思源实验学校 王光海

课改至今，串讲到底的陋习虽有所摒弃，“满堂灌”已渐行渐远，“问题导向”下的课堂样态被更多老师接受，学生的学习方式实现了从被动向主动的转变。但由于学科理解、专业水平、教学经验等因素的影响，许多课堂特别是阅读教学课堂，又呈现出“满堂问”的状况。据抽样调查，教师一节课平均提问60次，个别课堂高达90次之多，并有愈演愈烈之势。课堂上更多的却是游离于课文内容之外的所谓小组活动，探究延伸，往往以非语文性的活动取代学生对文本的自主阅读。

《语文课程标准》中明确指出：“阅读是搜集处理信息，认识世界，发展思维，获得审美体验的重要途径。”一篇课文的阅读教学，从“理解”角度看，应是根据阅读取向（读什么），选择适宜的阅读方法（怎么读），以获得应有的阅读体验（读会什么）。“读”应该是阅读教学的永恒主题，“以读为本”应该是阅读教学的基本理念，“书声琅琅”应该是阅读教学的主要特征。无论何时何地，无论语文教学改到了什么程度，放弃了读，就等于放弃了一切。

鉴于此，为改变语文阅读教学的不良局面，提高教师多文本阅读教学的教学水平并迅速融入新部编语文教材，提高学生多文本阅读能力，我们确立了“部编初中语文教材多主题、多文本、多体裁阅读策略探究”这一课题，希冀通过研究，探索多主题、多文本、多体裁阅读策略，真正让学生掌握更多的阅读策略，形成能力，增加阅读量，并从阅读中学会进行比较归纳、分析综合、整合鉴赏、深入思考，为学生终身阅读与发展奠定基础。

---

① 本文系2018年河南省中小学多文本阅读实践研究专项课题“部编初中语文教材多主题多文本多体裁阅读策略探究”阶段性成果，课题编号：dwbyd18012302。

多主题阅读是把部编初中语文教材中的每个单元作为一个小整体，通过“主题”将课内群文阅读策略整合在一起，将阅读策略由课内习得迁移到课外应用的一种新尝试。

主题阅读模式下的单元教学，指立足课堂，围绕一定的主题，将教学统一在主题创设的情境中，充分重视个体经验，通过与多个文本的碰撞交融，在重过程生成理解中，实施课程主题意义建构的一种开放的语文阅读立体教学形态。这种教学区别于以往一篇带多篇无主题的大量阅读，而是使多篇文章汇聚于一个焦点，着眼于语文学科的内涵，具有较强的冲击力。

走上讲台，我们应该教给学生什么，是要有计划、有目的的，不能想当然。一堂课，是有时间限制的，我们能教给学生什么，不能面面俱到，“大水漫灌”势必会耗时低效。所以，我们在备课时，首先要弄清“教什么”，然后再琢磨“怎么教”的问题，我们要有以下意识：

1. 依“纲”靠“本”的意识

“纲”，即《语文课程标准（2011 年版）》。连教材编写者都在积极贯彻落实的这一纲领性文件，我们一线教师怎能忽视，甚至是无视？“本”，即教科书，这是我们实施教学活动的主要抓手，务必深刻领会其编排意图，精准把握其编排体系。研究好这两项内容，就能够做到方向明、思路清，心中有数。那么，课堂教学就不会盲目无序、杂乱无章了。

2. 单元教学整体规划的意识

部编初中语文教材六本书共 36 个单元 36 个主题。阅读是语文教学的重中之重，也是本教材安排的重点。阅读按双线组织单元，各单元兼顾人文主题和语文要素两条线索，人文主题力求与学生生活密切相关，使学生感到亲切，有趣味，有利于激发他们学习语文的兴趣，提高学习语文的效率。

每一册教科书均设了六个单元，每一个单元均有明确的学习要求（单元提示第二段）。从七年级上册第一单元开始，教师只有引领学生达成一个个单元的学习目标，才能一步步地建构语文学科体系，循序渐进地提高学生的语文素养。

教材的每一单元的课文都围绕一个主题，这是主题阅读大单元教学的基础。教师要首先解读教材。解读教材时教师应侧重于对单元内容具体解读，对每篇课文的内容及其与主题的关系做到心中有数。在依照课程标准、参考相关资料、结合学生实际的基础上，设计较具体的可操作的单元知识目标、能力训练目标，以此为指南去整合阅读材料，增强针对性。具体地讲，我们应以“单元主题”为主线，以“单元主题阅读教学法”策略为指导，以“以读代讲、批注式阅读”为重点，在分享阅读的基础上，唤起学生对这一主题的领悟与理解。

当然，还要找准链接文与主教材之间的训练点。链接文与教材课文做到篇与篇在主题上、写作手法上的一一对应。课堂上的三分之一时间让学生们读好链接文，快速勾画文中的重点内容，让学生们把在课文里学到的阅读方法立即用来实践。叶圣陶先生说过：“教材无非是个例子。”主题阅读，一方面加大了积累的容量，另一方面是语言训练点的不断重复与强化，提高了课堂效率。

3. 一课一得的意识

通过以上的学习和研究，在我们头脑中已有了明确的教学任务。接下来，问题的关键就是——有效落实课时教学。

备课时，务必紧扣单元学习目标，结合课后习题，合理分配课时学习任务，在每一节语文课上，教师需明确 1 个（最多 2 个）教学侧重点（知识点、能力点、情感点）。不能每一篇文章都从字、词、句、段、篇、语、修、文等方面分配学习任务，面面俱到，生怕漏了哪个点、缺了哪一环，耗时多不说，效果还不好。

这样，每一堂课在某个单元学习任务的关键点上下足功夫，甚至好几篇文章都训练一个“点”，使教学活动有的放矢，更有深度。

主题阅读模式下大单元教学的操作就必须有“一课一得”的意识，要大刀阔斧地对课堂进行简化。“一课一得”的提出，事实上对教师的要求更高了。首先要明确一个单元目标是什么，以前的问题有二：一是不知道什么是单元目标，每篇课文都在抓所有的年段目标，让语文课眼花缭乱。针对这个问题，我们的做法是备课前统观教材，将年段目标分到每个单元中去，再将单元目标分到课文中去。重点目标和教学难点在特定的篇目中突破。围绕重点目标和教学难点设计学生的语言训练点或者读写结合点。二是课堂不敢放手，教师占领了训练的空间。解决的办法是设计每一堂课时首先设计达成目标的学生活动，在明确学生的活动后再设计教师的引导方法，确保每个课堂环节都是为学生活动服务的，每一个学生活动都是为达成目标服务的。

一般来说，每一单元第一课都起着引领全单元的作用。这一课的教学，主要任务是确立单元教学主题，明确单元学习目标，引发学生在思想情感上对单元主题的共鸣，从而为单元主题教学打下思想情感上的基础。单元的第二、三篇课文应该把教学重点确定为“围绕主题学会运用不同的表达方式”等，让学生通过自己的感悟，发现文章取材上的差异，体会表达方式上的不同。单元最后一课要在“让问题贯穿整个单元”学法的基础上，实现螺旋式上升，升华主题教学。如此实施“一课一得”的策略，就能做到“胸有全册，组文着眼，课有重点，一课一得，得得相连”，从而一步一个脚印，螺旋式上升，提高教学效果。

（此文在《中学生报·教研周刊》2018年11月第48期发表，CN44−0088。）

教师要树立正确的课程评价观

邓州市思源实验学校　王光海

如何评价一个学生的素质高低、能力大小、成绩优劣，始终是广大教育实践工作者和研究者渴望得到解决的现实问题，也是深化教育改革、全面提高教育质量迫切要回答的重要问题。那么现行课程评价存在哪些主要问题？

第一，评价功能失调，在评价指导思想上，强调选拔“适合教育的儿童”，教育的价值在于培养“适合教育的儿童”，过分强调甄别与选拔的功能，忽视改进、激励、发展的功能，表现在学生身上就是学生只关心考试得了多少分，排在第几名，而很少关心考试中反映出来的学生自身发展中存在的问题。

第二，过分关注活动的结果，如学生成绩、教师业绩、学校升学率等，忽视被评价者在活动的各个时期的进步状况和努力程度，忽视对日常教育教学活动的评价，忽视对教育活动发展、变化过程的动态评价。

第三，评价对象基本处于被动地被检查、被评判的地位，他们的自尊心、自信心得不到很好的保护，对评价往往持一种冷漠、应付、对立、讨厌、拒斥或者害怕、恐惧、逃避的态度，甚至出现欺骗、弄虚作假的行为。

第四，评价标准机械、单一，过于强调共性和一般趋势，忽略了学生、教师、学校的个性发展和个体间的差异性，评价的方法以单一的考试和主观判定为主要手段。

第五，评价的内容更多追求的是认知目标达成，学什么，怎么学，都在预先确定的课程标准的框架之中，评价关注的焦点是学生学习结果而非学生学习过程。

具有怎样的评价观，怎样评价学生，其实也是教师的教育观、价值观、人生观的体现。以促进学生全面发展、持续发展、自主发展为根本，是我们当代教师应有的评价观。为此，要树立正确的学生评价观。

第一，评价指标要多元化。促进学生全面发展评价指标的多元化，即从过分关注学业成绩，逐步转向对其综合素质的考察。学生评价的目的是为了教育、发展，即立足现在，总结过去，面向未来，以培养学生的创新精神和实践能力为主线贯穿学生评价的始终，以促进每一个学生的发展，特别是以创造性的发展为出发点和归宿，而不是为了鉴别、淘汰、选拔“适合教育的儿童”。

第二，评价的过程是动态的。坚持以育人为本，以能力培养为本，以学生个性潜能的开发为本，从以认知领域的“双基”为重点转到培养学生的创新精神和实践能力、培养学生的健全人格为重点，激发学生个体的主动性和主体性，促进学生个体最大限度地实现其自身价值。

第三，评价的内容要全面客观。使评价能反映教育目标，对学生的认知、情感、意志和动机、技能的发展等方面做出全面的评价，以促进学生全面发展，使其更能适应时代和社会的需要。

第四，评价主体要多样化。实施评价，应注意将教师的评价、学生自我评价与学生间相互评价相结合，加强学生的自我评价和相互评价，还应让学生家长积极参与评价活动。要改变过去的评价由教师一人定论，学生处于被评地位的评价形式。就学生而言，既是被评者，又可以成为评价者，即既是评价的客体，又是评价的主体，这是一种主客体互动统一的评价。

第五，评价方法应灵活。评价方法应灵活多样，将评价伴随教学过程中，有分项，有综合，有教师观察与学生谈话、学生成长记录袋、评定量表、书面测试……采用评价方法时，注意终结性评价与形成性评价相结合。即从过分关注结果逐步转向对过程的关注。评价重心逐渐转向更多地关注学生求知的过程、探究的过程、努力的过程。

总之，评价要用发展的眼光，着眼未来。评价不但要关注学生今天的学业成绩，而且要关注学生明天的发展前景。评价是“加油站”，目的是促进学生在原有水平上不断发展。因此，评价要发现和发展学生多方面的潜能，要了解学生发展中的需求，要倡导肯定性评价，帮助学生认识自我，建立自信。只有这样才能在评价过程中实现以素质教育为主线，以培养具有创新精神和实践能力为重点，实现“以人为本，打好基础，促进发展”的教育目标。

以学定教，提高课堂教学效率

邓州市思源实验学校　王光海

当前，在一些学校，教师教学模式基本上是“灌输——接受”，学生学习方式基本上是“听讲——背诵——练习——再现教师传授的知识”。教师注重的是如何把知识、结论准确地给学生讲清楚，学生完全处于一种被动接受的状态。这种教学模式使学生学习方法机械呆板，难以适应新的学习。具体分析，存在以下几点问题：

一、教师教学常常带有盲目性，忽视学生的动态变化，对学情的主观判断失误。不明白自己每个教学行为的价值取向究竟是什么，提问、讨论的意义何在。教学目标与教学重难点的确定方向不能针对学生的实际情况，使教学从起点上就开始被动。

二、从总体上看，教师讲得太多，把自己的讲解作为学生习得的唯一途径，即使有学生自己学习的环节，但学习方式也是单一的，不能体现师生互动，更没能培养学生自主发现、自主操作、自主迁移、自主比较、自主探究的能力。

三、课堂上学生的“潜意识”暴露不够，特别是“相异构想”没有显现出来，更没有得到及时有效地解决。教师只是告诉学生什么是正确的，从来不关注在这些问题上学生是怎么想的以及正确与否。

目前，新课改倡导要以学习者和学习者自主学习为中心的教育理念已经确立。强调“以学定教，先学后教”，就是教师要根据学生的兴趣、状态、发展规律等调节教学的顺序，并做出教学内容和教学方法的选择。“以学”的含义是基于学生，为了学生。“定教”是确立教学的目标、内容、方法、策略。新课标指出：学生是学习的主人，应由被动地接受转变为主动的探究。这就要求教师从根本上实现师生角色的转变，教师应由教学的主宰者，自觉地把自己的基本角色定位为自主学习的引导者，支持服务的提供者，教学过程的促进者。苏联著名心理学家维果茨基提出的最近发展区理论是“以学定教，先学后教”的心理学依据。从专业角度来讲，高效教学就是把学生的最近发展区转化为现有发展区。“先学”就是解决现有发展区的问题，“后教”就是解决最近发展区的问题，在教学中教师和学生各司其职、各负其责。

因此，教师要重视以下几个“转变”：

一、在确立教学目标时，要由重传授向重发展转变。根据学情制定科学合理的教学目标。学生在学习基础上的差异是客观存在的，教师对学生的学习情况应该有比较清楚的了解。如果教师在教学过程中只拘泥于展示课前预设的教案，全然不顾学生生命活动的情感、体验、需要、兴趣，不顾学情的多变性、复杂性，那么即使教师讲得再精彩，也无法生成亮点闪烁的生本课堂。教师制定教学目标要做到：明确——不模糊、不空泛、重难点突出，恰当——不拔高、不降低、体现年级特点，要注重以学生为中心，以学生需要为导向。

二、在教学形式上，要由重教师“教”向重学生“学”转变。即要以“学”定“教”，而不是以“教”定“学”。教师关注的重点应放在向学生提示知识形成的规律上，让学生通过“感知—概括—应用”的思维过程去学习探究新知。教师要由做“师长”变为做学生的“朋友”，由过去的“包办”变成“帮办”，使学生在和谐愉悦的氛围中学习，真正成为学习的主人。而“先学后教”观念就是在新课程条件下师生角色观转变的具体体现，它不但是教学形式的改变，而且是教育思想的一次重大变革。

三、在教学方法上，要由单向或双向的信息交流向立体式信息交流转变。要把学生的个体反馈、学生群体间的交流与师生间的交流及时联系起来，形成多层次全方位的立体信息交流网络。教学方法的选择和运用应根据不同年龄和不同发展水平学生的需要，同时也要符合不同的学习内容。“以学定教，先学后教”中的“教”要体现以下三个特点：一是针对性。必须根据学生超前学习中提出和存在的问题进行教学，有针对性地教才能实现教师少教而学生多学。二是参与性。让学生带着求知欲和表现欲积极主动地投入学习，参与教学，参与评价，全过程地实质性地参与课堂。三是开放性。课堂的重点、难点、关键点要根据学生提出的问题来确定，课堂充满了不确定性，要更加注重学生的质疑、讨论和探究。

总之，学生是教学活动的主体，教师不可能代替学生去学习探究。因此，教师教学的重点应是引导学生掌握学习、思考、做事的规律与方法。“头脑不是一个被填满的容器，而是需被点燃的火把”，教师的责任就是点燃火把，让它燃烧。在具体的教学实践中，教师要用全新的角色、全新的模式、全新的教法与学生的智慧碰撞出耀眼的火花，只有这样，我们的课堂才会呈现出勃勃生机的景象，才能谱写出华丽的教学篇章。

初中语文课堂教学中美育渗透之管见

邓州市思源实验学校　王光海

语文新课标指出：语文教学要“重视提高学生的品德修养和审美情趣，使他们逐步形成良好的个性和健全的人格，促进德、智、体、美的和谐发展”。因此，教师在实施课堂教学的过程中要注意教学的艺术性，尤其要注重美育的渗透。那么，语文教学如何在课堂教学的过程中适时地渗透审美教育，从而提高教学效果呢？

一、引导学生发现自然美，感悟自然美

在语文教学中，教师要注意引导学生认真阅读，结合自己的经验，去理解课文中所描绘的景观，感受日月星辰、山川河流的壮丽雄浑美，茂林修竹、绿草鲜花的生机勃发美，珍禽异兽的独特美，让学生在美的体验中，激发起对祖国河山的爱，激发创造美好生活的热情，提高发现美、感受美的能力。如在教授郦道元《三峡》时，我引导学生领悟整体布局的结构美，音韵的和谐美，正面、侧面结合，虚实相生的手法美，更使其从中感受到祖国山川的壮美雄奇，清幽秀丽。那隐天蔽日的群峰，乘奔御风的江流，雪白的浪花，碧绿的潭水，回旋的清波，美丽的倒影，奇松怪柏，林寒涧肃，一幅幅画面摇曳多姿，清新俊雅，让人着实感受到大自然的纯净美好，为现代自然环境所不及。从而使学生的人格气质得到发展和完善，在现实生活中追求更高层次的美。当然，作为一名农村中学语文教师，带领学生走进自然，去感悟自然美的伟大，净化心灵。自然也是一本较好的教材……

二、着力创设感染情境，激发美感

1．加强诵读，由读引情

朱自清先生说过，吟诵时“对于写在纸上死的语言可以从声音里得其意

味，变成活的语气”。可见，朗读能够把作者的言语生动地“复现”为听得到的动人话语，它具有移情的作用，能激发美感。在讲授《春》这篇课文的时候，我把语文书放在投影上，为学生示范朗读。把作者的感情的运动直接告诉学生，加之伴随着语义的理解，故能摇荡人心，激发感情。为他们做完示范，让他们自己结合自己看到春天的感受来读，然后分小组读，学生之间互相指导，最后指名某个学生来读，其他学生和我一起来指正。这样学生的朗读水平提高了，审美教育也得到了渗透。

2．运用多媒体，创设审美情境

多媒体最能展现光、色、形、声的丰富变化与组合，对于创设审美化的教学情境有着无比的优越性。《春》是朱自清先生写的一篇非常优美的散文，在课堂上，讲解每一幅图画的时候，都适时出示了相应的精致的图片，为学生提供了直观的视觉感受，直接感受到“春”的美。有的学生能当堂课背诵其中的一段。这就是视听媒介所创设的情境，推动了学生对文字的理解并加深领会了文章的意境美，产生了强烈的效应。

三、启迪想象、入境动情、入境求美

黑格尔认为：“对于艺术家来说，如果说到本领，最杰出的艺术本领就是想象。”在教授《春》这篇课文的时候，我让学生结合课文内容、课件展示的图片和自己亲身的经历，自己“想一想”、“说一说”描写春天的各种景物，我适时地为他们补充、指导，课下留了一个作业，让学生“画一画”自己想象的春天，并让他们“讲一讲”画中的景物。这样学生就能“入境动情”，设身处地地体味文中的情感和美的内涵，这样，学生眼前的文字符号就会变成充满激情的语言，字里行间就会出现栩栩如生的画面，使人有身临其境之感，并受到审美形象的深深地感染，从而得到美的享受。

四、在写作教学中，表现美

从某种意义上说，作文就是学生心灵的外化。在作文指导中要渗透审美素质教育，让学生写作的同时，感受审美的愉悦，培养高尚的审美情趣。因而语文教师可以在写作教学中，指导学生将生活中积累的美感材料，通过思维的加工熔铸笔端，写好作文来表达美。

在写作课上除教给学生以写作技巧外，还要注意引导学生提高感知美、认识美、评价美的能力。如笔者在春游活动中组织学生游览花洲书院、卧龙岗，游览丹江水库，参观博物馆时，就有意指点学生从形态、色彩、光线等角度去感受、发现山石的奇特、湖水的清澈、林木的葱郁、庙宇的古朴等美的事物，从中积累美的表象，使其成为学生作文中表现美的材料。在社会实践时我组织学生到附近的厂矿企业参观实习，指导学生细致观察生活中的美。这样不仅培养了学生热爱美、追求美的意蕴，更提高了感受美、表达美、创造美的能力。

五、在课外活动中，创造美

课外活动是课堂活动的延续发展。我们可以通过校内和校外活动对学生进行美育熏陶。在校内课外活动中可组织语文课外兴趣小组，办手抄报、黑板报，举行演讲赛、书法比赛等活动，学生会在各种活动中自然地去表现美、创造美。在校外课外活动中可组织学生参观访问、实践实习，观看电影、演出或文体比赛等，来陶冶学生的情操，开阔学生的审美领域，激发学生的审美情趣，提高创造美的能力。

六、提高自身的美学理论修养

审美教育是素质教育的重要组成部分，要有效地实施美育就必须引导学生树立正确的审美观，丰富学生美的感受，切实提升学生赏美和创美的能力，作为语文教师就必须努力提高自身的美学理论修养，要形成健康向上的审美观，具备发现、辨别和赏鉴美与丑的素质，拥有表达和创造美的能力。使自己成为能胜任语文教学中的美学教育者。

总之，语文教学不仅仅是知识的教学，更要注重学生语文能力的培养和情感的体验。因此，在语文课堂教学过程中，要能充分运用各种教学手段，创设审美情境，适时地对学生进行美育渗透，以激发学生的审美情趣，使其形成审美意念，从而获得美的熏陶。

思维导图在整本书阅读中的应用浅探

邓州市龙堰乡一初中　史海龙

思维导图通常指的是一些把知识要素、结构和层次做可视化处理的图形。制作思维导图就是把人的思维加工过程用点、线、面和符号等元素进行形象化处理的过程，其最大特点是信息的可视化和知识的结构化。

思维是语言的内核，《语文课程标准》指出：全面提高学生的语文素养，发展学生的思维能力。当下，整本书阅读是语文教学的热点，怎样在整本书阅读中发展学生思维？思维导图或许可以成为带领学生走进名著深处，同时培养学生思维能力的一条有效路径。

利用思维导图阅读整本书，可以对整本书内容进行梳理，也可以对整本书的某一部分诸如人物、情节进行梳理，借用王君老师关于群文阅读方法：宏观主题式阅读和局部立意式研读，可以说成宏观主题式梳理和局部立意式梳理。

一、以梳理整本书内容为思维路径进行思维导图绘制

整本书阅读不同于平时的篇章阅读，它的信息容量大，主题更多元，内容更丰富，给读者提供的思维空间也更加广阔。打个比方，如果说单篇课文是大树，整本书阅读就是森林，如果找不到一条游览森林的合适路径，就很容易在森林中迷路。所以，利用思维导图在宏观上梳理整本书内容，有利于学生俯视全书，内化吸收；统揽全局，了然于胸。比如，在阅读《水浒传》的时候，鉴于本书人物众多，情节复杂，我要求学生读完之后用一张导图梳理阅读收获，导图应有作者简介、内容概要、主要人物及性格、小说主题、阅读初感受等内容，学生完成之后进行交流，达到共享互补作用。

二、梳理人物

不少经典名著是脍炙人口的小说，小说以塑造人物为中心，不少作品通过

对人物的成功塑造，不仅给世人留下了具体可感的艺术形象，而且通过这个艺术形象反映一定的社会生活，表现一定的社会本质，即作品的主题。因此，阅读名著时，利用思维导图对人物进行分析和探究，有利于学生学习不朽艺术形象身上人格的魅力，获得成长的力量；也有利于学生了解作品主题，获得精神的滋养。

1. 以梳理人物关系为思维路径绘制思维导图。有的书籍人物众多，对主人公的成长都起到了很关键的作用，在梳理人物关系的过程中，有利于理清主人公从这些人物身上获得的不同教诲和启迪，也就是说，每个人的成长都离不开“重要他人”的影响，梳理这些“重要他人”对主人公产生影响的同时，也有益于我们从中汲取成长的营养。比如在学生七年级刚入学时，我带领他们读《爱的教育》这本书，这本书是以一个四年级小学生口吻写成的日记体小说，很简单，但很适合我们这些没有阅读基础的乡村学生，我第一次教孩子们用绘制思维导图的方法来读这本书，要求大家梳理书中出现的人物对安利柯的影响。在梳理的过程中，孩子们也理解了爱的真谛，学习了爱别人的方法。

2. 以梳理人物成长路线为思维路径绘制思维导图。比如阅读《简·爱》这本书，简·爱由一个孤独可怜、寄人篱下的小女孩成长为一个内心强大、自尊自强、敢于追求爱情和平等的姑娘，不是一蹴而就的，通过梳理简·爱的成长路径：盖茨海德府的简·爱——洛伍德学校的简·爱——桑菲尔德庄园的简·爱——沼泽山庄的简·爱，孩子们了解到简·爱成长的轨迹，从而加深了对简·爱的印象，认识到简·爱的人格魅力，理解了作品的主题。

3. 以梳理人物事迹和性格为思维路径绘制思维导图。比如阅读《水浒传》，这部书的艺术成就，最突出地表现在英雄人物的塑造上。全书宏大的历史主题，主要是通过对起义英雄的歌颂和对他们斗争的描绘中具体表现出来的。因而阅读这部书，关键是熟知书中塑造的典型的英雄形象的事迹以及展现出来的性格。这些形象有血有肉，栩栩如生，跃然纸上，而且绝不雷同，用思维导图进行梳理，会使得这些形象更加鲜明，特点突出，学生在了解这些人物形象的同时，必然也会顺其自然地理解小说“官逼民反”的主题。

三、梳理情节

经典名著让人欲罢不能的大都是曲折有趣的情节，故事的发生、发展、高潮、结局的过程，也正是展现人物性格、表现作品主题的过程。因此，以梳理情节为思维路径进行思维导图绘制，便于学生了解人物形象，从而理解作品主题。

不仅如此，目前，中考名著题型里出现得比较多的就是考情节的题型。比如，说说唐僧的袈裟失而复得的过程，说说祥子第三次买车、卖车的过程，这些题型在答题时都要交代好情节发展的过程。所以，平时对学生进行用导图梳理情节的训练，一定会使学生在考场上思路清晰，思考全面，赢得考试。

四、梳理阅读感悟

阅读经典名著的目的，最主要的是让学生汲取经典中蕴含的优秀文化，从而提升学生的人文素养，丰盈学生的心灵世界。运用思维导图呈现学生的阅读感悟，可以以书籍的艺术特色、情感倾向、文化传承为线索来绘制和构建整个思维导图，从而达到“学语文”与“学做人”同步的目的。

比如阅读《朝花夕拾》这本书，学生通过对书中十篇散文进行分类、提取信息、梳理归纳，发现这些散文有的表现作者对童年生活的追忆，有的表现对师长故人的怀念，有的表达对封建社会残留的丑恶现象的批判，而作者主要运用了白描手法和反讽手法来表现这些情感。所以，学生在绘制思维导图来表现阅读收获的同时，也会联结自身体验，与作者产生同理心和共鸣，从而丰富学生人生体验（由百草园想到自己的童年），汲取其中的优秀文化（由五猖会想到本地民俗），批判封建残余的旧思想和不良做法（由父亲看会前强迫背书想到父母对自己的专制管理）。

古语说：工欲善其事必先利其器。思维导图绝对可以算得上一件使阅读走向真阅读和深阅读的“利器”，它让学生学会梳理、提取、分析、归纳一本书的各类信息，化繁为简；在绘制的过程中，学生必然不自觉地生成自己对人物、对主题甚至对文化的理解，从而积淀思想，汲取智慧，丰盈灵魂，促进成长。

让文言文"活"出精彩

邓州市思源实验学校　王光海

当前大多教师的文言文教学过程都是一种模式："介绍文章作者——朗读——疏通词句——课文内容及主题分析——练习。"这种模式以知识为中心，一味强调接受；以教师为中心，一味强调灌输；以诵记为中心，一味强调记忆，远远达不到文言文教学的目的。那么如何进行文言文教学呢？以下是笔者对初中文言文教学的几点建议。

一、架桥铺路，激发学生学习兴趣

"读——译——抄——背"的教学思路，没有活力。教法改进要抓住"活"字做文章。首先导入新课要活，如教《口技》，先让善口技的学生表演一段；教《扁鹊见蔡桓公》，用"讳疾忌医"这条成语导入。其次分析课文要活，如教《愚公移山》，让学生围绕下列问题组织阅读和讨论：①山在何处？移到哪里？②为什么移山？克服了哪些困难？③怎样评价愚公？再次复习巩固要活，可以采用"竞赛巩固法""表演课文法""练习巩固法"等。如《晏子使楚》《郑人买履》等课文都可以引导学生根据课文内容改编成课本剧，进行表演，用以激发学生的学习兴趣。

二、提倡诵读，严防心口分离

造成文言文教学效果不良的一个普遍性的原因就是对"读"的指导不力。要加强诵读，培养语感必须要求学生学会朗读方法。可先抽学生诵读，教师再范读正音，然后督促学生采用诵读与默写分步或同步结合进行。首先要读准字音，不要错读。如《捕蛇者说》的"然得而腊之以为饵"一句中，"腊"不读"là"而应读"xī"。《陈涉世家》一文中，"将军身被坚执锐"一句中的"被"应读"pī"。其次是要分清句读，不要破读。例如"问／所从来"，（《桃花源记》）

不能破读为“问所／从来”，又如“其一／犬坐于前”，（《狼》）不能破读为“其一犬／坐于前”等。再次是要读出语气，不要唱读。例如“夫战，勇气也。一鼓作气，再而衰，三而竭。彼竭我盈，故克之。”（《曹刿论战》）前句用“……也”表示判断，中间用排比短句论证，最后用因果复句得出结论。要读出短促连贯、坚定有力的语气。“书读百遍，其义自见。”语言不是静寂的字符，学语文就要诵读。

三、教师要答疑解惑，指导方法

“授人以鱼不如授人以渔”，教师可指导学生对所学文言知识进行归纳，使之系统化。例如学习《马说》《爱莲说》之后，要归纳说明，“说”是古代文体名，跟现在的杂文大体近似，是议论文的一个分支。教学中还要引导学生做好文言知识的归纳整理工作，如：一词多义，特殊的文言句式等。以《送东阳马生序》为例，文中一词多义现象非常多。如“以”“之”“而”等，这些文言词句很容易记混淆，教师可指导学生归纳该词有几种用法，分类记忆，这样就能事半功倍了。如《捕蛇者说》中，有两句出现到“赋”：“岁赋其二”“更若役，复若赋”，这两个“赋”的词性意义各不相同，前者是动词，征收的意思，后者是名词，赋税的意思。再联系复习旧知，《岳阳楼记》中也出现一个“赋”，“刻唐贤今人诗赋于其上”，句中的“赋”和前两种意思又不同，是一种文体，这样加以综合，便于准确掌握。

四、辅助以多媒体，拓展学习环境

在文言文的学习中，辅以画面想象，拓宽形象空间；辅以音乐品味，美化内容意境；辅以声色影，开拓想象的空间。笔者在教授《陋室铭》时，课堂上采取配乐听读，在幽雅的古乐曲中，声情并茂地朗读，聆听此铭，更觉情与景会，事与心谐。听着听着，不觉此室之陋，但觉此室之雅。让学生闭上眼睛，默默地体会，调动起自己的情感体验与想象，与作者进行“心灵沟通”。在教授《狼》时，笔者播放自制的配乐朗读加画面的课件，学生的注意力集中，兴趣高涨。在教授《山市》时，笔者就播放现代的海市蜃楼的科学知识，学生在优美的画面上、悦耳的音乐中很快就理解了《山市》中的情景。文言文教学中辅以多媒体，能够化文字为形象，化机械为生动，化困难为容易。

五、鼓励学生开展“自主性、合作性、探究性”学习

我国古典文化博大精深，课堂学习是非常有限的，笔者常激励学生自主地阅读一些浅显易懂的、故事性强的文言作品，如《史记》《汉书》《聊斋志异》《搜神记》等名著，这样对提高学生的阅读文言文的能力大有裨益。教学中笔者注重让学生在预习时利用网络资源和相关书籍，查找与课文有关的信息。在教授《陈涉世家》时，先安排学生预习，在课外查找司马迁、《史记》、大泽乡起义等资料，让学生在课堂上讲说。学生探究意识浓厚，争相回答，教学效果很好。在教授《愚公移山》《陋室铭》《爱莲说》时，笔者先确定教学目标，在指导学生掌握文言文基本内容的同时，还让学生对文言作品做出适当的探究、鉴赏和评析。体味文中之情，想象文中之景，领悟文中之道，感受文中之雅，这是文言文教学的终极目标，也是文言文教学追求的最高境界。

总之，我们只有解除束缚，大胆创新，才能使文言文教学教得新、教得好、教出灵性，让文言文“活”出价值，“活”出精彩。

把握文章结构，理清论证思路

——多角度“阅赏探测”如何“探析”议论文的论证思路

邓州市城区四初中　刘传阁

理解议论文的论证结构，理清论证思路，利于学生更好地理解掌握文章的内容，也是中考议论文阅读常见考点之一。解答这类试题，可以从以下几方面入手。

一、把握议论结构

文章的结构是指文章的编排布局，是对所写的内容材料进行一种内在的组织安排，是思想逻辑和语言条理的辩证统一。把握议论文的常见结构形式，有助于理解中考议论文论证思路。议论文最基本的结构形式为：“提出问题（提出论点或论题）——分析问题（证明论点的过程）——解决问题（得出结论或强化论点）。”又可以分为两类：一横式结构就是围绕中心论点在同一层面上从几个方面加以论述，结构有总分总式、分总式、总分式；二纵式结构就是围绕中心论点层层深入加以论述，结构有层进式、对比式、起承转合式等。把握了这些形式，再结合具体行文，弄清各段间的内在联系，就可理解和确定议论文的论证思路了。

如【2015 年河南题】（《为什么不读经典》阅读，原材料略）第 13 题：请简要分析第③段的论证思路。

本题考查的是对文章段落思路的理解与概括能力。文章第③段的论证思路是这样：先提出观点“经典关注的是事物本质的东西”。接着分析对于同一新闻事件，经典“烛照事件背后人性的晦明”和平庸作品“没有能力去做更深入的分析”有不同的关注点，突出经典关注的是事物的本质；然后以《安娜·卡列尼娜》和《包法利夫人》两部名著为例加以印证。最后，强调“经典就是这样，瞩目事物的内部，触及事物坚硬的内核，揭示出生活的本质”。

然后得出答案：先提出观点，经典关注的是事物本质的东西。接着分析对于同一新闻事件，经典和平庸作品有不同的关注点，突出经典关注的是事物的本质；然后以两部名著为例加以印证。最后，再次强调经典关注的是事物本质的东西。

如【2014年河南题】（《阅历与读书》阅读，原材料略）第13题：

请简要分析第③段的论证思路。

本题考查的是对文章段落思路的理解与分析概括能力。文章第③段提出论题“如何丰富阅历”，然后概括内容：作者阅历与经历的关系、阅历与读书的关系。最后点明本段论点。

然后得出答案：“先提出本段论题‘如何丰富阅历’。然后从阅历与经历的关系、阅历与读书的关系进行论证。最后点明本段论点‘经历与读书都能丰富阅历’。”

如【2010年河南题】（《匠人与大师》阅读，原材料略）第16题：请简述本文的论证过程。

本题考查的是对文章思路的理解能力。文章第①段提出匠人与大师有区别的问题，第②③④段分别从三个方面分析匠人与大师的区别，第⑤段论述大师的进取精神的重要性，第⑥段归纳论点，总结全文。

在此基础上，加以概括即可作为本题的答案：先从三个方面分析匠人和大师的区别，然后揭示研究这种区别的目的，提出中心论点，最后总结全文（意思对即可，不能只答“提出问题，分析问题，解决问题”）。

如【2012年上海题】（《过有“容”的人生》阅读，原材料略）第19题：

本文的中心论点是＿＿＿＿＿＿。第⑤—⑦段依次从（1）＿＿＿＿；（2）＿＿＿＿＿；（3）＿＿＿＿＿等三个方面展开论述。

本题考查对议论文中心论点和分论点的把握能力及论证思路的理解能力。这篇文章开头提出了“包容”的重要性，接着论述了在生活中如何做到“包容”，结尾提出了本文的中心论点，全文是分总的论证结构。第⑤—⑦段分别从三个方面论述了如何做到“包容”，每一段开头的第一句话即为这段论述的中心。从而得出答案：我们要有“容人、容事”的雅量，学会包容别人，过有“容”的人生！要敞开胸怀；要审视自己；要换位思考。

二、掌握两种方法

议论文的结构在文章形式层面往往会以两种形式出现，一种有明显的语言结构层次标志，这样的文章我们可以通过抓住语言标志的方法理清论证思路；另一种没有明显的结构层次标志，这就需要我们在阅读文章后，通过分析阐述，归纳段意层意的方法来理清论证结构。

（一）抓住语言标志法

好的议论文文体特征鲜明，语言表达规范，论证严密有序，逻辑性强，因而在表达上呈现一定的规律，一般总会有一些语言标志。议论文在由上一层转到下一层意思之间，往往会发现某一个较为固定的标点符号、词句或短语，引出其他的内容，从而使逻辑思维更系统、科学、严谨。

其一，须抓住文章中的标点符号，如问号、分号、引号等，这些标点符号可以标明文章的段落层次及关系。其二，须抓住文中起分层作用的词句，如关联词语、顺序词语、时间词语、重复使用的某个词语及过渡句、小结句等。如“无独有偶”表顺承；“再说”表推进；“诚然”表转入相反方面论证；“同样”表类比推理；“总之”表分总归纳，下文出现的是结论性的内容等。并列关系的结构，使读者一目了然，几个并列的层次或段落，一般标以“第一”“第二”……或“首先”“其次”“最后”等。我们可以从这些词句中得到提示，因为这些标志既是层次标志，又是文章的组合手段。

在阅读议论文时，考生要学会抓住关键的标志性标点或者短语，这有助于理清论证思路，提高阅读能力。如【2012 年哈尔滨题】（《不动笔墨不读书》阅读，原材料略）第 21 题：文章围绕中心论点从哪三方面进行论证的?

本题考查分论点的概括与把握，分论点往往分布在各段的段首，在找分论点时，要看这个句子是不是判断句，是不是本段所阐述的中心。本文中有几处语言标志“‘不动笔墨不读书’可以……”“‘不动笔墨不读书’也可以……”“‘不动笔墨不读书’还可以……”等语句有连接性词语“可以”“也可以”“还可以”进行分段领起的特点，即告知我们这可能是分论点，再根据内容进行判断它们是不是本段所阐述的中心，就可以确定它们就是分论点。然后得出答案：“不动笔墨不读书”可以强化记忆、训练思维；“不动笔墨不读书”也可以积累知识、练习写作；“不动笔墨不读书”还可以给后人留下绮丽的精神瑰宝。

抓住了标志性词语，就可以分析出议论文的论证思路，把思维的结果转化成论证思路性的文字，还需要在段落层次的基础上加上诸如“首先”“然后”“接着”“最后”一类表起承转合的词语，进一步巩固论述性文字的逻辑性、整体性。

（二）归纳段意层意法

有的议论文，在形式上没有明显的过渡转折性标志，要想理清它的论证思路，就需要把握段落中心，理清段落层次，划分段落，概括段意。段落的内部有严密的结构层次，而理解了段落的层次，也就明了了段落的内容。所以，段落的理解要从理清层次入手，从内容上入手，在理解内容的基础上进行深入分析，思考段与段、层与层之间的意义联系、转换和过渡。此时，考生要先阅读文章，标注出每段的序号，看看每一自然段具体讲了什么内容，哪些自然段的内容是同一个方面的内容，就把它们合并为一大段。然后，对分好的段落，准确概括段落、层次的大意。最后，根据题目要求，对段落、层次的大意进行梳理，从而提取和归纳答题信息。如【2012 年南京题】（《知识的责任》阅读，原材料略）第 19 题：把握文章结构并填空。

知识的责任
（1）
建立负责任的思想
（2）
社会责任
相互勉励，振兴民族

本题是对明晰议论文论证思路的考查。此类题首先要明确每段的观点，然后对相同内容的观点进行合并，确定段落大意。最后根据需要提取出答案如下：（1）学术责任；（2）对这种思想去负责。

如果，试题再拓展一下，问某某段有什么作用，那就需再回归到某一段，看看这段到底讲了什么，在文章中起什么作用。如【2012 年襄阳题】（《让雷锋精神在我们的时代发扬光大》阅读，原材料略）第 23 题：从论证思路上看，选文第②段有什么作用？

本题考查学生分析文章内容的能力，根据第二段内容的大意以及文章的观点来分析出作用即可得出答案：第②段详细阐述雷锋精神的内涵，使读者对雷锋精神的实质有全面而准确的认识，同时明确本文论述的核心和重点内容，也对后文起了很好的统领作用，同时为后文论述“如何发扬雷锋精神”做铺垫。

三、读透文本助力解题

整体感知文本，读透文本，了解议论文的要素，结合文体特点解答问题，阅读把握论证思路时还需要注意以下细节：

1. 确立文章的中心论点和分论点，然后再答题，牢记“从整体到部分”的基本阅读思路。明晰论证的角度，即是正面论证还是反面论证，切实为中心论点服务。

2. 明白论证中使用了什么论证方法，它是议论文三要素中一个非常重要的因素。

3. 规范答题表述模式：用“连词 + 论证方法 + 论据概括 + 论点”的表述，会更全面一些。

总之，采用学生多角度“阅赏探测”模式“探”析理清作者的论证思路，是理解议论文的关键。只要把握常见结构，抓住语言标志，归纳段意层意，并注意一些细节，“说说文章的论证思路”这样的问题就会迎刃而解。

汪汪一碧沁心脾

——朱自清散文《绿》美点探析

邓州市思源实验学校　王光海

《绿》是朱自清先生早期的游记散文《温州的踪迹》中的一篇，作于1924年2月8日。这篇贮满诗意的美文不仅取题为“绿”，也用“绿”自然地将全文勾连在一起，通过对梅雨潭生机勃勃、绿意盎然的自然景观的描绘，表现了作者对生命的热爱，对大自然的向往之情。学习这篇优美的散文不仅使学生受到精美艺术的熏陶，还能培养高尚的情操与高雅的审美情趣。本文从美学的角度对其美学意蕴加以探析，以供各位同仁参考。

一、《绿》的诗意美

朱自清的散文行文如诗，辞藻平实而饱含真情，描写清淡而韵味悠长，叙述随意而其文意却丝丝入扣，语言平淡却不失优雅，行文流畅且极具内涵，诚如郁达夫所说：“贮满着那一种诗意。”《绿》一文之所以脍炙人口，不仅在于它形象地描绘了梅雨潭“奇异”“醉人”的绿，而且在于它字里行间所洋溢的那一种浓郁的诗味。它不仅具有诗的结构，诗的情感，更有诗的意境，诗的语言，可以说做到了以诗为文，文中有诗。在朱自清笔下，梅雨潭那“奇异”“醉人”的“绿”已不单单是自然界的一种色彩了，它已经被拟人化了，被加入了人性，赋予了动感，洋溢着浓郁的诗味。“她松松地皱缬着，像少妇拖着的裙幅；她轻轻地摆弄着，像跳动的初恋的处女的心；她滑滑的明亮着，像涂了‘明油’一般，有鸡蛋清那样软，那样嫩，令人想着所曾触过的最嫩的皮肤；她又不杂些儿尘滓，宛然一块温润的碧玉，只清清的一色……”这些诗一般优美的句子，营造出一种诗化了的意境，令读者浮想联翩，唤起读者心灵中潜在的美好体验。

二、《绿》的情韵美

朱自清的散文语言，不求韵律，不讲声调，是自然的天籁，有着比声调韵律更加动人的情韵美。“这平铺着、厚积着的绿，着实可爱。……我送你一个名字，我从此叫你‘女儿绿’，好么？”作家对绿的一连串的比喻描写，让我们惊讶于其审美感觉的细腻。朱自清先生调动了视觉、听觉、触觉等多种感觉器官，具体形象地展示“奇异的绿”“醉人的绿”，倾一腔浓烈的挚爱神往之情于景物，正所谓“一切景语皆情语”。自然中人事景物紧紧地拥抱交融，通过作家艺术性的创造活动而释放出来的那种情韵，给读者以美的陶冶。

三、《绿》的自然美

“自然物经过人变成了人化的自然。”写梅雨亭时说：“这个亭踞在突出的一角的岩石上，上下都空空儿的，仿佛一只苍鹰展着翼翅浮在天宇中一般。”“踞”和“浮”两个字把亭子描写得栩栩如生，给人带来动态的美感。作者满含深情地以俭省的笔墨勾勒渲染了瀑布和潭水的自然美：“那瀑布从上面冲下，仿佛已被扯成大小的几绺；不复是一幅整齐而平滑的布。岩上有许多棱角；瀑流经过时，作急剧的撞击，便飞花碎玉般乱溅着了。那溅着的水花，晶莹而多芒；远望去，像一朵朵小小的白梅，微雨似的纷纷落着。”细腻地描摹出梅雨瀑秀丽的风采，形象而具体，细细体味，一种欣喜之情油然而生。“她松松地皱缬着，像少妇拖着的裙幅……只清清的一色——但你却看不透她！”以饱含深情的语言，把梅雨潭水的形态、质地、光泽、亮度等方面的美做了精雕细刻的描写。宽阔的梅雨潭面，深邃的梅雨潭水，绿波粼粼，光洁鲜润，这美感能不沁人心脾！

四、《绿》的艺术美

《绿》是一篇工笔细描的写景散文，在表达方式上，十分重视结构艺术，讲究剪裁技巧，构思具有创造性。作者重心在梅雨潭水之“绿”，文笔就“简”在瀑布，“繁”在潭水。写潭水，先正面展现，又从旁联想开去，用他处质色各异之“绿”来衬托，来渲染，却止于泛泛而谈，传神而已，开放的格局中又有疏密相间之美。作者发现了梅雨潭水“奇异”的绿后，用一连串的动词激起了人们感情的波澜。“招引”和“追捉”两词，生动传神地表达出作者探求胜境的急切心情，而“揪”“攀”“探身”等更表达出作者如醉如痴的一片深情。为了突出绿的“奇异”，作者拿北京什刹海拂地的绿杨、杭州虎跑寺近旁高峻而深密的绿壁、西湖和秦淮河的波与之作比，这接连的比喻和比较，深化了作者的情愫，表达出作者对梅雨潭水无可比拟的美的感慨。整个结构多姿多彩，摇曳生色，把一个抽象的“绿”色写得夺人心魄，使人为之心醉神迷。

五、《绿》的绘画美

朱自清主张“用笔如画”，注重语言的锤炼加工和创词炼字，努力以生动传神的语言创造出诗的意境，在文中作者用精细的笔触绘制出一幅幅精美动人、意味隽永的工笔图画，把读者带入了奇妙的境界。《绿》中的梅雨瀑、梅雨亭、周围环境，构成了一幅清幽宜人、雅趣盎然的山水画，满贮着一份幽静美。写潭水，“宛然一块温润的碧玉，只清清的一色”，展示了潭水的晶莹透彻、绿如碧玉的色彩美。写瀑布，“镶在两条湿湿的黑边儿里的，一带白而发亮的水便呈现于眼前了”，“白而发亮”是水的颜色，石黑水白，以黑衬白，色彩鲜明；“带”则是从远处看瀑布的形象，像一条带子那样平平展展，形象生动，如在眼前。写梅雨潭的绿，“仿佛一张极大的荷叶铺着”，就把潭水写得异常碧绿可爱。接着又用四个比喻组成排比句式，就把潭中绿波的秀丽与柔美描绘得非常动人。作者从不同的视点和视角，将一幅精妙的山水画栩栩如生地展现在读者面前，令人有身临其境之感。

六、《绿》的动态美

作者写梅雨亭的形象是“踞在突出的一角的岩石上，上下都空空儿的，仿佛一只苍鹰展着翼翅浮在天宇中一般”。一个“踞”字，气势尽出，一个“浮”字，神态毕现，一“踞”一“浮”，化静为动，把凌空而立、翼然石上的梅雨亭写得神采飞扬，惟妙惟肖。另外，作者还运用拟人化的手法，将动态的景物写“活”，使景物具有了人的情感和灵性。“轻风起来时，点点随风飘散，那更是杨花了。——这时偶然有几点送入我们温暖的怀里，便倏地钻了进去，再也寻它不着。”作者写水花，不说“溅到我们温暖的怀里”，而是说“送入”，而“倏地钻了进去”，则把其轻、细、冷、滑的质感和活泼、可爱的动态写得细致入微，富有人情味。

七、《绿》的音乐美

《绿》的语言有着鲜明的节奏感和明朗、和谐的旋律，读起来朗朗上口，娓娓动听，能使读者陶醉在美妙的音乐之中，产生美感。那流淌的瀑布，不但没打破山间恬静的气氛，反而让人领略到了悦耳的音响美："她松松地皱缬着，像少妇拖着的裙幅"一句，显示了梅雨潭水微波荡漾的旋律美。"揪着草，攀着乱石，小心探身下去，又鞠躬过了一个石穹门，便到了汪汪一碧的潭边了。"这些精炼的口语化的语句，字数由少到多，用词变化而不做作，朴素自然，有自然的节奏，读得流畅，听得悦耳。如根据情感的变化，写景的需要而采用不同的句式，时而长句，时而短句，时而整齐句，时而错综句，使全文的语言舒卷自如，错落有致。特别是运用叠词，使文章的语言韵律和谐，给人以悦耳的美感。如写梅雨瀑，使人仿佛也听到"花花花花"的水声，看到"湿湿"的两条黑边，溅出的"朵朵"水花，"微雨似的纷纷落着"。写梅雨潭，使人也仿佛看见了绿色"闪闪""汪汪一碧""清清"一色。运用叠字，音韵谐和，悦耳中听，富有音乐的节奏美。朱自清先生娴熟的表达技巧和对梅雨潭水"绿"的准确而深刻的把握，使人读起来会有一种优美的审美享受。

综观全文，朱自清先生以纯正朴实的风格，漂亮缜密的笔法，富有美的特质的语言，雕镂出了这件震烁文坛、璀璨玲珑的艺术珍品，唱出了自然美的深切隽永的颂歌，成为我国文苑一朵永不凋谢、永远芬芳的奇葩！

（此文在《中学生报·教研周刊》2018 年 12 月第 53 期发表，CN44-0088。）

柔美幽怨的意境，清新飘逸的风格

——《再别康桥》品读

邓州市思源实验学校 王光海

《再别康桥》是一首优美的抒情诗，宛如一曲优雅动听的轻音乐，它是徐志摩的代表作，写于1928年11月徐志摩再次游历欧洲的归途中。康桥，即英国著名的剑桥大学所在地。1920年10月至1922年8月，徐志摩曾在此留学。1928年秋，作者再次到英国访问，旧地重游，勃发了诗兴，将自己的生活体验化作缕缕情思，融汇在所抒写的康桥美丽的景色里，也驰骋在诗人的想象之中。这首诗之所以具有强烈的艺术魅力，主要原因有三点：

一、强烈真挚的情感

“诗起于在沉静中回忆过来的情绪”（华兹华斯），诗人如果对自己所要描写的对象缺乏真情实感，是绝不可能写出好作品来的。凡是感染人的好诗，都是一首心灵的歌，是诗人从内心宣泄出来的一种激情，以真情打动读者，征服读者。

康桥，是徐志摩深深依恋的精神故乡，在徐志摩的诗文中是一个包含了丰富而独特意蕴的心理情结意象。此诗作于徐志摩游历欧洲的归国途中。时间是1928年11月6日，地点是中国南海。7月底的一个夏天，他在英国哲学家罗素家中逗留一夜之后，事先谁也没有通知，一个人悄悄来到康桥找他的英国朋友。遗憾的是他的英国朋友一个也不在，只有他熟悉的康桥在默默等待他，一幕幕过去的生活图景，又重新在他的眼前展现……康桥时期是徐志摩一生的转折点。诗人在《猛虎集·序》中曾经自陈道：在24岁以前，他对于诗的兴味远不如对于相对论或民约论的兴味。正是康河的水，开启了诗人的心灵，唤醒了久蛰在他心中的诗人的天命。因此他后来曾满怀深情地说：“我在康桥的日子，可真幸福，深怕这辈子再也得不到那样甜蜜的机会了……就我个人说，我的眼是康桥教我睁的，我的求知欲是康桥给我拨动的，我的自我意识是康桥给我胚胎的。”（《吸烟与文化》）可以说，康桥是诗人在外求学时遇到的“难得的知己”，在诗人心中，康桥是一个有生命、有性灵的地方，是一种理想的生活方式与生活境界。

《再别康桥》表达的感情是离别之情，离别之情是惆怅的，哀伤的，这是全诗的主旋律。诗歌通过对康桥旖旎风光的细腻描绘，抒发了对故地刻骨铭心的深情和对往事难以言说的追怀，那回忆时的眷恋与珍视，那寻梦的惆怅与落寞，那在飘逸洒脱的姿态下蕴藏着的苦闷与忧郁，在诗歌中自然地流露出来。

诗人的感情是澄清的，他的“幽叹音节，歌吟声息”都是出自肺腑。徐志摩曾经把诗人比作一种“痴鸟”，“他把他的柔软的心窝紧抵着蔷薇的花刺，口里不住的唱着星月的光辉与人类的希望，非到他的心血滴出来把白花染成大红他不住口。他的痛苦与快乐是浑成的一片。”（《猛虎集·自序》）《再别康桥》也正是诗人的生命与自我的真实表现，是他的痛苦与快乐浑成的一片！

二、柔美幽怨的意境

诗歌的最高美学层次是它的境界，即意境。正如王国维所说：“词以境界为最上，有境界则自成高格。”一首诗如果没有意境创造，就会使人读之索然寡味，失去艺术生命力。诗的意境，是情与景，意和象的融合与统一，是以意象为依托而产生的美学境界，因此意象是诗歌的重要构成因素。

诗人告别康桥时，避开送行的人、周围的高楼大厦、车水马龙等平常物象，而选取云彩等自然景物，这就避开了人间烟火，造出一种清新感。全诗紧扣着一个“别”字来写，共七节。诗的第一节，起笔轻快自然，连用三个“轻轻的”，使我们仿佛感受到诗人踮着足尖，像一股清风一样来了，又悄无声息地荡去。三个“轻轻的”，看似重复，然而正是在这种回环往复的韵律中，表露出作者难以割舍依恋不尽的细腻。这是某种近乎圣洁的心情，不是在告别地理上的康桥，而是在告别他理想中的那一方净土。“作别西天的云彩”中的“云彩”给人以轻灵飘逸的感觉，也给人以纯洁美丽的印象。来的时候，谁也没有惊动，走的时候更不曾打扰了谁，表面上显得洒脱飘逸，实际上隐喻着内心的骚动和不安，给全诗定下了感情基调。

诗的二、三节，“西天的云彩”“河畔的金柳”“波光里的艳影”“软泥上的青荇”等异彩纷呈的景象，形态妩媚，光影和谐，无不给我们展现出一个美丽而忧伤的情感场。境因像生，像因境美，境像之间，柔情荡泳，直至漫溢出作者的视野，进入无限美好的想象空间，极美地描摹了初到康桥时理想社会的境界："河畔的金柳"美得像"夕阳中的新娘"，康河"波光的艳影""荡漾""心头"，"水底""软泥上的青荇"在"油油的""招摇"，面对"自由、平等、博爱"的启蒙圣地"康河的柔波"，诗人甘愿做一条"水草"，这样就把无生命的景物化作有生命的活动，温润可人。柳树倒映在康河里的情景，浸透了诗人无限欢喜和眷恋的感情。夕阳照射下的柳枝，渡上了一层妩媚的金黄色。那金色的枝条随风轻轻摇摆，影子倒映在水中，像美丽的新娘。这波光里的艳影，在水中荡漾，也在诗人的心头荡漾。景中见情，情中有景，情景交融在一起。诗的四、五、六节，写出了理想破灭成梦，再到寻梦、梦醒、幻灭的情感历程。睹物思旧，物是梦非，"那榆荫下的一潭"已"不是清泉"而变成了"天上虹"，因为细细一看，"揉碎在浮藻间"的，只是"彩虹似的梦"的"沉淀"，诗人似乎不甘心就这样成梦，他要"撑一支长篙""向青草更青处"去"寻梦"，"满载一船星辉，在星辉斑斓里放歌"，但可能吗？"岂有豪情似旧时"，"但我不能放歌，悄悄是别离的笙箫；夏虫也为我沉默，沉默是今晚的康桥"，以管乐来写寂静，无异于说这是只有诗人自己能够理解的无声之歌。这是类似于戴望舒寻梦的幻灭，寻梦而不得的更深刻的幻灭。"悄悄"与"沉默"成为诗人理想破灭的情感旋律，写出了梦醒后的觉悟。诗人翻出了一层新的意境。借用"梦 / 寻梦"，"满载一船星辉，在星辉斑斓里放歌"，"放歌，但我不能放歌"，"夏虫也为我沉默，沉默是今晚的康桥"四个叠句，将全诗推向高潮，正如康河之水，一波三折！而美梦"揉碎在浮藻间"，又散发出一缕淡淡的哀伤……如画的美景又勾起了诗人对往昔美好"理想"的追忆和想象，到晚上泛舟归来，水波与星光交相辉映，所以诗人情不自禁地要"在星辉斑斓里放歌"。然而却不能放歌，因为彩虹似的梦幻已经被揉碎，斑斓璀璨的星辉早已流逝。而他在青草更青处，星辉斑斓里跣足放歌的狂态终未成就，此时的沉默无言，要胜过多少情语啊！

第七节以三个"悄悄的"与第一节回环照应。"悄悄的"走，是不想惊动自己心爱的康桥；潇洒地来，又潇洒地走。挥一挥衣袖，抖落的是什么？已无须赘言。既然在康桥涅槃过一次，又何必带走一片云彩呢？"不带走一片云彩"

是舍不得破坏康桥完美的形象：云彩离不开康桥，如同康桥离不开云彩一样，即使“西天的云彩”能够随心所欲地带走，诗人也是不愿意那么做的吧。离愁，不用说，是免不了的。但诗人的“眼泪也闪耀着欢喜的圆光”，他并没有过分流露那种黯然销魂的伤感，相反，却以清新柔丽的语言结束了这一幽婉的诗篇。

就这样诗人自觉不自觉地将传统的诗歌意象与西方浪漫派的影响结合起来，借生动的形象寄托丰富的情感，又使情感赋予意象以灵性，以此显示出自己委婉、隽永、含蓄的抒情个性，使诗歌在柔美清丽、流光溢彩的画面中透出一股淡淡的哀伤。

三、精湛圆熟的技巧

徐志摩的诗形象生动、风格平易自然，这与他的精湛圆熟的技巧是分不开的。他在诗的艺术形式上曾经做过许多有益的探索，十分重视章法的整饬、音节的和谐、形式的富于变化。闻一多说诗该有音乐的美，绘画的美，建筑的美。那是指对诗的音节、辞藻和章句的要求而言。他非常推崇闻一多关于“三美”（音乐美、绘画美、建筑美）的诗学主张，而且特别重视音乐美。假若以这“三美”的标准来衡量，《再别康桥》也堪称佳作。

1. 柔美和谐的音乐美

所谓音乐美，主要体现于音节和节奏的匀称整齐、旋律的自然流畅、韵脚的和谐动听等。徐志摩认为“一首诗的秘密也就是他的内含的音节的匀整与流动”，音节是诗的“血脉”，所以在创作中特别重视音节。徐志摩的诗表现手法多样，音乐旋律突出。他在创作中，善于根据诗歌所要表达的不同内容，采用不同的诗歌格式，运用不同的表现手法，创造出不同的然而又都是优美和谐的音乐旋律。《再别康桥》语言轻盈柔和，遣词用字恰到好处，在节奏、韵律、声调等方面都颇具音乐性。全诗七节，每行六至八字，大体上每行三顿，每节四行，奇行顶头，偶行退格，首尾呼应，整饬而活泼。音节长短不一，每节二、四行押韵，而且每节都自然换韵，韵脚分别为：来，彩；娘，漾；摇，草；虹，梦；溯，歌；箫，桥；来，彩。末节又回到首节的“ai”韵上，诗行整齐匀称，声调回环往复，随情变韵，平仄声交替使用，读起来抑扬顿挫，舒纡婉转，节奏鲜明和谐，形成流动感，极富音乐性。这优美的节奏像涟漪般荡漾开来，既是虔诚的学子寻梦的足音，又契合着诗人感情的潮起潮落，有一种独特的审美快感。《再别康桥》集中体现了复沓形式的运用，诗人善用叠字，“轻轻的”“油油的”等叠字的使用起到了很好的摹状的修辞效果，把诗人告别时的情态、行为的力度以及客观景物的色彩描绘了出来，让人产生如见其人、如闻其声、如临其境的审美效果。第一节四行诗有三行都用了叠字“轻轻的”，最后一节基本上与第一节相同，首尾呼应，只是把“轻轻的”换作了“悄悄的”，这一回环往复的特殊句式，给人一种轻盈柔和的旋律美，诗人对康桥无限的惜别之情、眷恋之情都婉转含蓄地表现出来了。《再别康桥》音节抑扬合度，声调回环反复，全诗构成一阕完整的乐曲，在艺术上达到了很高的境地。

2. 绚丽斑斓的绘画美

所谓绘画美，闻一多把他界定为辞藻，主要指象形文字在视觉方面给人造成的形体的美感。他认为好诗必须有“浓丽繁密而具体的意象”。他要求借助富有色彩的辞藻来创造“浓丽”的意象，以此增添画面的生动性。徐志摩的诗富于想象力，同时他又有很强的语言驾驭能力，所以他诗歌的文辞非常丰富，显示出色彩明丽、活泼清新的特色。《再别康桥》，夕阳中的金柳、水里的青荇、倒映的彩虹、斑斓的星辉织成了一幅色彩明丽的水粉画，别具一种温柔妩媚的风情。在诗的绘画美上，诗人非常注重对诗歌的绘画追求，讲究“诗中有画，画中有诗”的理想境界。全诗中选用了“云彩，金柳，夕阳，波光，艳影，青荇，彩虹，青草”等词语，给读者视觉上的色彩想象，同时也表达了作者对康桥的一片深情。《再别康桥》中，诗的每一节都可以称得上一幅迷人的图画，如诗的第二节就是一幅康河晚照图，诗的第五节就是一幅星底泛舟图，诗人敏锐地抓住“金柳”“波光”“星辉”等具体而生动的景象，通过动作性很强的词语，如“招手”“荡漾”“招摇”“揉碎”“漫溯”“挥一挥”等，使每一幅画都富有流动的画面美，巧妙地把气氛、感情、景象三者融合在一起，既写景又写意，融情于景，情景交融，富有立体感，创造了耐人寻味的意境。

3. 错落有致的建筑美

所谓建筑美，主要指节的匀称和句的均齐，属视觉方面的美感，要求诗行、诗节的整饬。即美要建筑在音节、句子之间一定的比例上。主要是指从诗的整体外形上看，节与节之间要匀称，行与行之间要均齐，虽不必呆板地限定每行的字数一律相等，但各行的相差不能太大，以求齐整之感。《再别康桥》

全诗七节，每节两句四行，组成两个平行台阶；一、三行稍短，二、四行稍长，单行和双行错开一格排列，每行六至八字不等，诗行有规律的长短错落，又大致整齐匀称，给人以美感。诗人似乎有意把格律诗与自由诗二者的形式糅合起来，使之成为一种新的诗歌形式，是富有民族化、现代化的建筑美。

徐志摩的诗大多狂放不羁，但这首诗却是温婉柔静的叙述，表达了一种微波轻烟似的淡淡的离情别绪。诗人的主观情绪和客观景物和谐融合，于是，他的笔下蕴注了康桥的生命，带了那一份灵性，与诗人柔和飘逸的风度，与诗人的情感完美地融为一体。徐志摩诗歌的艺术成就是在性灵、意象、音律等方面。性灵，在很大程度上需要通过意象来体现；意象，也需要通过音乐美这个重要的方面去完成。它们共同构成了徐志摩诗歌艺术的整体，使他的诗不仅在艺术上取得了较高的成就，而且给中国新诗的发展做出了重大的贡献！

在李芳老师的感召下健康成长

邓州市陶营初中　骆邓林

“做好老师，要有理想信念、要有道德情操、要有扎实学识、要有仁爱之心。”

——习近平

我出生在一个教师世家，奶奶是一名有38年教龄的小学退休教师，爸爸是一位河南名师，姑姑是南阳理工学院的一名教授。我从小耳濡目染，对老师这个职业充满了向往，梦想着自己有朝一日也能成为一名老师，站在三尺讲台上领着一群孩子飞来飞去。这颗种子从小在我的心里悄悄萌芽，记得小时候我像跟屁虫似的，偷偷溜进爸爸上课的教室里，跟着哥哥姐姐们听爸爸讲课，唱他教的歌。有时候，趁爸爸不在的时候，我一溜烟就站在讲台上学着爸爸的样子——鹦鹉学舌，来一段激情澎湃的“上课”，夸张的动作常常逗得大家哈哈大笑。

时光荏苒，当老师的梦想，像一颗种子在我的心田里扎根、发芽。初中、高中、大学，只要有人问我未来的就业方向，我都会毫不犹豫地回答——老师，也不管别人是艳羡，抑或嘲讽！

坚定我要当教师信心的是当我知道了李芳老师的事迹。今年6月中旬，爸爸给我转发了关于李芳老师的故事，小姑给我转发了微信，整个朋友圈的微信几乎都被李老师舍身救学生的事迹刷屏。她是信阳市浉河区董家河镇绿之风希望小学教师，从教29年如一日，全面贯彻党的教育方针，辛勤耕耘，无私奉献，在平凡的工作岗位上创造出不平凡的业绩；她始终把每一个学生都看作自己的孩子，对所教学生的性格、爱好、家庭情况都了如指掌，尽心帮助每一名困难学生，是学生心中的好老师、好班妈。在6月11日学生放学，面临生死危难的一瞬间，她用自己的生命护住了前面的学生，用自己的生命上了最精彩的一堂课！学生得救了，李老师却倒下了。我的心被她的先进事迹深深震撼了，挥笔写下了一首小诗：

李芳老师印象

你是上帝派到世间最美丽的使者
孩子们是你最爱最亲的人
一句赞美，一次抚摸，一点掌声
每一个细节都是教育和鼓励

你唤醒了孩子们沉睡的心灵
你开启了孩子们求知的梦想
你就像一只美丽的蝴蝶
在香气四溢的百花丛中
聆听花开的声音

你总说自己是一个普通的人
从来不愿被别人提起
可是在灾难面前
你昂首挺胸　双臂如翅
发出了一句铿锵有力的声音
——呵护孩子
你在危难面前的勇敢与坚定
构成了一道照亮人心的风景……

今年暑假，我大学刚刚毕业，得到招教的消息，就起了一个大早，第一个到教体局报名，参加邓州市教师招聘考试。结果却名落孙山，但我并不气馁，“穷且益坚，不坠青云之志”，王勃的名句更加激起了我的斗志。当我听到河南省招聘特岗老师的消息后，我毫不犹豫报了名。这次有了“经验”，我做了充分的准备，教育学、心理学、教材教法，结合自己所报的专业，对着靶子射箭——有的放矢。

“功夫不负有心人”。当我在河南省特岗考试的考场上，看到案例分析题是关于李芳老师的事迹时，我踌躇满志，信心满满地分析李芳老师的职业道德，完全符合“师德六条”——“爱国守法、爱岗敬业、关爱学生、教书育人、为人师表、终身学习”。爱是教育的灵魂，没有爱就没有教育。李芳老师用爱培育爱、激发爱、传播爱，通过真情、真心、真诚拉近同学生的距离，滋润学生的心田。李芳老师把自己的温暖和情感倾注到每一个学生身上，用欣赏增强学生的信心，用信任树立学生的自尊，用自己的生命诠释了爱，让每一个学生都健康成长，让每一个学生都享受成功的喜悦。李芳老师有扎实的知识功底、过硬的教学能力、勤勉的教学态度、科学的教学方法。她是智慧型的老师，具备学习、处世、生活、育人的智慧，能够在各个方面给学生以帮助和指导。我深深地被李芳老师事迹感动，几乎是含着热泪答完试卷……

最终我以初中美术组的“状元”顺利考上河南省特岗教师，我觉得是李芳老师助我一臂之力，我当上教师一定向李芳老师看齐，向她学习。

紧张又充实的培训后，我有幸分到了“明星学校”——陶营中学。从城里坐车 18 分钟，来到了陶中。首先映入眼帘的是宽阔的大门，笔直的中心马路，对称的办公楼，高大的教学楼，方正的大理石上镌刻着“厚德载物”几个大字，还有在蔚蓝的天空下高高飘扬的五星红旗……真是一所美丽的花园式学校！我尤其感到幸福的是，自己遇到了一群真诚无私、任劳任怨的老师，还遇到了一位温厚和善、学富五车的老校长。

老校长在和新老师见面会上又一次给我们讲述了李芳老师事迹：她坚守乡村教学一线，29 年如一日，全心全意贯彻党的教育方针，辛勤耕耘，无私奉献，深受学生爱戴、家长尊敬、学校认可，在平凡的教学工作岗位上创造出不平凡的业绩。她放弃了调往城市工作的机会，在乡村教学，不怕条件艰苦，默默奉献，在危难之际，舍己救人，把学生放在第一位，用自己的行为诠释了“四有”好老师的深刻内涵，树立了新时代人民教师的光辉形象，被评为“全国优秀教师”荣誉称号。人民教师是蜡烛，是园丁，是太阳底下最光辉的职业，生活中还是有很多老师默默地付出，在人群中是那么普通，但是，在紧要关头就会奉献自己。作为教师，不仅仅要尽责尽心教书育人，还要时刻关注学生的安全，李芳老师就是我们每一个教师学习的榜样。

老校长送给我们新教师四句话，带着钦敬之心，我把那四句话写入了日记的扉页：

第一句话：“有爱，才有教育。”“没有爱，就没有教育”，苏联教育家苏霍姆林斯基曾经说过："教育的技巧全部奥妙就在于如何关爱学生。"爱心润过，即便铁树，依然可以开花。我相信，爱心满腔的我，若干年后定可育出无数芬芳桃李。

第二句话："责任，奠定教育之基。"经学校安排，今年我教七十班语文和七五班历史。每当站在讲台上，看着一张张稚嫩的面孔，一双双求知的眼神，我陡感肩上的担子很重。责任促使我百揣千摩教学重难点，千演万练授知导学法。

第三句话："宽容，是师生感情'谐振'的'润滑剂'。""天空能收容每一片云彩，不论其美丑，故而广阔无比；高山能收容每一块岩石，不论其大小，故而雄伟壮观；大海能收容每一朵浪花，不论其清浊，故而浩瀚无比。"哲人之言，无疑是对宽容最生动直观的诠释。作为一名教育工作者，毫无疑问我将遇到一个个犯错的学生，对待这些犯错的学生，我将以宽容之心架起沟通的桥梁，以激发其主动性和积极性。

第四句话："无私，要'捧着一颗心来，不带半根草去'。""教师的愿望是'千教万教教人求真'；学生的职责是'千学万学学做真人'"。陶行知先生的箴言让我感受到教师的无私和奉献。要用好课堂讲坛，用好校园阵地，用自己的行动倡导社会主义核心价值观，用自己的学识、阅历、经验点燃学生对真善美的向往和追求。

李芳老师的感人事迹，一直感动着我，伴我成长，伴我入职，将来还会永远鼓励我走好教师之路。当我坐在书桌前整理完这些文字，窗外飘来了《长大后我就成了你》的歌曲，我不由自主地跟着唱了起来，此刻我成了这首歌曲的主人公。

（此文在2018年12月河南省教育厅"争做李芳式的好老师"师德主题征文活动中荣获三等奖）

向青草更青处漫溯

——观河南名师骆志成专题复习课有感

邓州市城区一初中　翁梅

3 月 9 日上午，我参加了骆志成名师工作室到城区六初中的送教送培活动。我们一行到六初中时已近八点，那天温度极低，骑着电动车的我们被冻得瑟瑟发抖，而骆老师已经站在讲台上候着了。一起观课的老师悄声问："不是说今天是两位老师讲吗？怎么只有骆老师一个呀？"我也纳闷。

骆老师执教的两节课分别是《信息的提取与概括》《现代文阅读之段落的作用》。骆老师不愧是有着多年教学经验的一线语文教师，他整合了各种问题题型并进行了明确的分类，兼以答题方法的指导，最后结合历年来的中招试题让学生当堂训练。第一节知识点比较多，庞大的信息量让学生一时有点无所适从，骆老师就适时点拨，极大地调动了学生的积极性。骆老师在台上指挥若定、激扬文字，同学们台下摩拳擦掌、跃跃欲试。有了第一节课的铺垫，第二节课更是水到渠成，老师和学生们都沉浸在学习的乐趣之中了，就连我也禁不住像学生一样随声附和着回答问题。"学而时习之，不亦说乎？"在这个课堂上得到了最好的展现。

我想这就是语文课堂应该呈现出来的样子，骆老师在课堂上的风采应该就是我们语文老师要呈现出来的状态吧。一大早他不顾严寒骑着摩托车早早赶到开始准备，连上两节大课依然神采奕奕，评课环节他如惯常一样拿着笔不时地在笔记本上记录着什么。这就是成为名师的原因！这就是名师的态度！我白愧弗如！

评课时我们才得知原本安排的两节课分别由骆志成老师和周江老师上，周江老师临时有其他公事要办，于是两节课就都由骆老师一人包了。

评课环节中名师工作室张宗成主任的讲话是关键。张主任，哦，那是张宗成老师，我初中时就已耳闻，当时我在文渠一初中读书，彼时的张老师在文渠八中任教，好遗憾没能成为张老师的学生。如今他就坐在面前，花白的头发，时而蹙眉深思、时而露出会心一笑，在其他老师发言时不时夹杂有他急促的咳嗽声。已经退休的张老师仍旧活跃在我们邓州的文化圈，身兼数职，我读过的《邓州师训报》几乎每期都刊有他的文字。“老骥伏枥，志在千里”，我们这些后辈们有什么理由懈怠不前？有什么理由让抱怨喑哑之辞充斥耳畔、任岁月蹉跎徒增伤感？

张主任的发言简单明了、条分缕析，手不拿稿、张嘴就来。他先是明确了名师工作室目前的“四大任务”和“四大目标”，又对骆志成老师的两节课提出了中肯的建议。一个侃侃而谈，一个低头记录不时伴以谦逊的微笑；一个宝刀未老，一个正值壮年；高山流水两相惜，同道中人相遇之快意！张主任和骆老师，他们是邓州教坛上的旗帜，我只有崇拜和钦敬的份儿！

我奋笔记录着他们口中吐出的每一个字，生怕错过。

每一次听课以及每一次听评课，我都会从中受到莫大的教益。是的，教育是默默地耕耘、是奉献、是几十年如一日的三尺讲坛，作为一线教师怎样在日复一日、年复一年的耕耘中保持为人师的热情？怎样在平凡的岗位上做出不俗的成绩？我想对面的这两位——张宗成主任和骆志成老师，他们用行动向我们诠释了问题的答案。

时值早春，春寒仍料峭。在我写这篇文章的时候窗外正飘着淅沥的雨，感谢春天，洒下了希望的春雨，感谢春雨滋润着正蓬勃生长的青草。向青草更青处漫溯，做一个有情怀的语文人！

（作者现在深圳市坪山同心外国语学校任教）

群文策略

一节与众不同的群文阅读课

——听河南名师骆老师的作文指导课有感

邓州市高集一初中　张俊琦

2018年11月13日上午，初冬暖阳，晴空碧蓝，白云朵朵，这是一个与众不同的暖冬日子。高集镇实验学校请来了两位名师——河南名师骆志成老师和河南省骨干教师王光海老师。这机会实在是难得，我上完早自习便匆匆赶去，遗憾的是——只赶上了第二节公开课。

第二节课是骆志成老师执教的《建安风骨话三曹》群文阅读课。骆老师激趣导入，他首先用一副对联巧妙导入新课："三国三曹三父子，一歌一赋一诗书。"横批："建安风骨。"这幅蕴藏着数字、传统文化知识又概括性强的对联着实引起了学生的好奇心。接着，骆老师让学生讲了曹植的七步成诗的历史典故，一下子抓住了学生的心。学生可能对"本是同根生，相煎何太急"耳熟能详，但对其写作背景及"釜""漉""菽"这些文言词甚有因敬畏而疏远之意。经骆老师这样深入浅出的点拨，学生便欣欣然走进三国文化殿堂，去感受"建安风骨"。接下来骆老师展示曹操的《观沧海》《龟虽寿》《短歌行》《蒿里行》四首诗，来走近"乱世奸雄""治世能臣"的曹操，评价他是"可爱的奸雄"形象。他跟学生一起走进诗词朗读的百花园，用深情的诵读来入情入境，从"知人论世"品鉴诗歌、学习诗词。讲"千古的枭雄"到尽情处，骆老师高歌一曲："蓝脸的窦尔敦盗御马，红脸的关公战长沙，黄脸的典韦，白脸的曹操，黑脸的张飞叫喳喳……"赢得听课师生的掌声。再接着学生朗读曹丕的《燕歌行》和曹植的《梁甫行》。骆老师指导他们读准字音，划好节奏，把握朗读的抑扬顿挫，学生互相评价并弥补不足。在对三曹的探究分析结束后，教师引导学生对比分析三曹诗歌风格的异同，并畅所欲言，谈出自己对课堂学习的独特感受和收获。

最后骆老师让学生在《我眼中的曹操》《我为曹操翻案》《我眼中的三曹》

《一节与众不同的语文课》作文题中任选一题，限时快速成文。不一会儿，下课铃不合时宜地响了，学生们恋恋不舍地走出教室。

第三节课开始后，只听见教室内学生奋笔疾书“沙沙沙”的写字声。是啊！这样内容丰富、素材充实、激情四射的语文课堂，可以想象学生得有多少感慨要表达出来呀！当然，也有个别咬住了笔杆，不知从何切入。骆老师就轻轻走到他们身边，一番循循善诱之后，学生愁眉舒展，欣然执笔书写。这样大约30分钟后，班级有几位同学昂首扬眉，将手高高举起，摩拳擦掌，跃跃欲试。骆老师将他们分别请上讲台，当众宣读自己的佳作。实验学校八年级的孩子们的朗诵基本功也确实扎实，一番吟咏，几多感慨，将骆老师带给他们的人文素养与学习感悟娓娓道来，精彩之处赢得了台下师生的一片喝彩。一位同学上台，台下几位同学点评，让小作者听了生发反思，听者闻之产生共鸣。几位优秀的学生习作展示之后，骆老师仍不满足于此，又抛出了一篇教师下水文《我为曹操翻案》。一改众人口中的奸雄形象，将曹操之英明与谦让，聪明远谋，政治卓见，一一道出。这辩护，力透纸背，字字入骨，自然当堂就为“千年奸雄”成功翻案。他不愧是指导学生数次登上各种刊物的名师，于静谧处现惊鸿，于朴实处倾真情，再加上他风趣幽默的点拨，充满磁性的诵读，现场多次响起阵阵掌声。

第四节课，与会教师教研，对王光海老师的古文教学《周亚夫军细柳》和骆志成老师的群文阅读《建安风骨话三曹》及作文教学指导课进行讨论，经过梳理探讨，大家对群文阅读教学有了新的认识，“大语文观”思想也被很好地凸现了出来。

听了骆老师的课，我这名带多年毕业班的“老兵”也深有感慨，这真是与众不同的语文课。其一，骆老师的语言诙谐幽默，还适时地加上夸张的肢体语言，在谈及曹操时还唱起了京剧，这课堂与那些单纯地追求热闹的课堂大不一样。其二，课堂展示丰富的一组“三曹”议题，最大限度地提升了学生语文学习的兴趣，让学生在愉悦的心境下，更易接受课堂新知。其三，课堂凸现了“大语文课堂”的精髓——文艺作品知识内涵，诗歌文化背景，建安文学特点以及诗词歌赋的韵味儿，都在老师的梳理引导讲解中潜移默化地被吸收，内化成了孩子们的“诗与远方”。这是真正让学生长知识的语文课堂，这是真正让教师升技能的语文课堂。老师并未回避“讲”，但讲得学生爱听却总也听不够，刚刚能懂却有些许不懂，而这“不懂”又激励着孩子去阅读，去感悟，去追问，去深思，自己主动要提升。骆老师的课在“同中求异，异中求同”的高阶辨析，情感渗透时，获得哲学辩证思维，“于无声处听惊雷”，洗脑隐蔽巧妙，于朴实中彰显精辟透彻。学生当堂的佳作也证实了这一点——学生思维空间被拓展得更加广阔，学生“听说读写”的语文能力得到提升！

“听君一席话，胜读十年书”，同学们感到这两节课收获满满，内心温暖，如同窗外的暖阳！“万丈高楼平地起”，此时我才发现自己的语言是那么匮乏，以至于无法抒发此刻的听课感受。于是，只能在心底里说，听了这样与众不同的群文阅读课，啥都不说了，像骆老师一样，做一名爱阅读、爱研究的一线语文名教师！我要成长，我要学习，我要读书，我要多读书！

（作者在2017年河南省“一师一优课”晒课活动中获省优质课一等奖）

揭开群文阅读的神秘面纱

邓州市桑庄一初中　张应娟

作为教师，乍一听，群文阅读，一头雾水。学生们更是既迷茫又觉得神秘。静下心来想一想，其实九年级老师一直就在进行着群文阅读，可能只是浅层次。只不过我们把它称之为分专题阅读。所谓群文阅读就是围绕着一个或多个议题选择一组文章，而后教师和学生围绕议题展开阅读，最终达成共识的过程。这样一来，群文阅读的神秘面纱将被我们慢慢揭开。

群文阅读的意义：首先是让师生回归到"阅读"的本原；其次，群文阅读有对真实阅读情状的模拟意义。那么老师进行群文阅读教学就必须在"教"的方面改变。

一、转变教师的教学方式

这意味着老师不可能讲太多话，不可能提太多问题，不能发起太多讨论；意味着老师对课堂结构的艺术性不能有太多苛求，不可能更深、更细、更透地讲析文章了；意味着老师也不能按部就班地"从字词的学习开始，经由句式、篇章结构、内容探讨进行教学"，不可能面面俱到，不可能步步扎实；意味着老师不能将"朗读"、将"有感情朗读"无限放大。因此，实施"群文阅读"，教学目标一定要抓住重点，突出要点，把握难点，一定要学会放弃。必须根据读物的不同性质，更多地尝试略读、浏览、跳读等阅读方式。群文教学的本质就是——"让学"。德国海德格尔称：所谓"让学"，就是要求教师，必须把学习的方便或好处给学生，使尚蒙的学生觉悟、聪慧。

二、改变学生的思维方式

群文阅读把大块时间用于学生的自读自悟，真正告别内容分析式阅读教学，积极倡导自主、合作、探究的学习方式，调动学生思考。我们老师在学生的语文课外阅读指导中，就要组织多种活动，让学生充分释放自己的阅读积累，展示自己的阅读收获，感受到课外阅读给自己带来的成就与快乐，从而形成和谐、合作的课外阅读氛围。

三、增加学生的阅读量

“群文阅读”主要是让学生自己读，在教师的引导下让学生自己在阅读中学习阅读。我教语文二十多年，前十年教七、八年级，教材是人教版的，一直都是按体裁分类。换为苏教版之后，我发现，单元分类多元化了——按体裁、按主题、按时间。经过认真思考和参阅资料，我对群文阅读有了新的认识：

其一，落实“群文阅读”的前提是选好文章

教师要结合教材及课外读物，针对相同的议题，进行多文本的阅读内容选择，进而才能进行多个文本、同一个议题的教学。这就需要教师大量地去阅读，去寻找同一个主题的文章，对大量的文章筛选之后给学生去读。这样有针对性的阅读指导，可以拓宽孩子的阅读视野，引领孩子的阅读生活。更有利于培养学生整体把握文章的能力，有利于学生自主阅读能力的提高。

其二，要想上好群文阅读课，教师多读是关键

要想上好群文阅读课，教师要花大量的精力去备课，去读书，然后带领孩子去读书，用阅读给孩子们带去快乐，让孩子们沐浴在书的芳香里——多读书，读好书，好读书，读整本书。其实，群文阅读就是一种分类对比的阅读方式。通过选择性的划分同类型却不同风格水平的文章进行对比阅读，使阅读者形成一定的鉴赏和品评能力，逐步提高阅读者自身的文学造诣。这种阅读方式在现今高效率、快节奏的社会，倒不失为一种快速提高阅读能力的方法。

其三，文章的选择和学生的阅读感悟是衡量教学是否成功的唯一标准

几篇文章一堂课，不但可以提高孩子们的文学修养和底蕴，甚至能够陶冶和净化孩子们的内心和灵魂。新编语文教材已经尝试以课文单元为基础，开始对孩子们进行指向性的引导阅读，这完全可以作为我们群文阅读教学的分类设想和构思方向。因为孩子们对本单元课文已经有一定教学认知，再结合不同水平和风格的同类文章对比阅读，能够得到最鲜明最直观的阅读体验！所以实际教学工作中，在每单元教学内容结束之后，我以单元课文为基础，结合我在网络上收集整理的相关文章，设计一堂群文阅读教学，效果不错！我在设

计群文阅读教学的时候，重点强调一个“读”字，不板书，不笔记，不归纳，不分析，一切的一切都通过阅读去体会，去感悟，让孩子们顺着不同作者的文字，展开想象的翅膀，去发现，去寻找，什么是美，文字的美，语言的美，世界的美。

群文阅读教学，提高学生语文学习的兴趣，培养学生的探究能力，拓展了学生的思维，增加了学生的阅读量，但群文阅读不能取代教材教学，而是教材教学的有力补充；语文教材仍然是语文课堂最基础、最重要的教学资源。培根说过：“阅读使人充实，会谈使人敏捷，写作与笔记使人精确。”我相信，坚持阅读，会让我们的语文教学更精彩！

让学生在群文阅读的海洋中遨游

——教材内外结合的群文阅读教学策略

邓州市城区一初中　杨帅杰

摘　要　群文阅读是一种新型的语文阅读教学模式，它关注学生的自我建构过程，通过合作阅读多篇具有相同主题或结构的文章的方式，让学生能够多层次、全方位地把握和理解文章，有助于学生理解和创作能力的提升。本文重点探究将教材与课外读物相结合的群文阅读教学策略。

关键词　阅读教学　教学策略　群文阅读　内外结合

一、自主选文，激发学生的阅读兴趣

要将教材和课外阅读结合起来进行教学，选文是一个相当重要的环节。所选取的文章要能够与教材文本主题呼应、深度相当，篇幅也不能过短或过长，这样才能够让学生更为直观地感受到多篇文章之间的结构差异、对同一事物或场面的描写侧重，以及作者的不同用意等，真正达到比较阅读的目的。

根据“少教多学”的教学理念，笔者建议教师在选择文章群的时候可征求学生意见，在教学已经筛选出的 10 篇文章中进行投票，得票最高的前三名进入课堂教学的群文比较阅读环节，剩下的文章则作为学生课后的消遣读物，可读可不读。也可让学生自主选择围绕某一阅读目的来搜索自己感兴趣的文章进行阅读，不一定要全体学生都读同样的文章，以体现新型阅读教学的个性化和人性化。比如有的学生喜欢研究某种文体的文章，而某个学生则欣赏某位作家的文笔，另一部分同学又痴迷于修辞炼字，那么他们就可以根据自己的喜欢选择与教师所确定的阅读主题相关的文章，在课堂上积极发表自己的观点，使语文课堂成为学生各抒己见的平台。这样的群文选定方式有效避免了学生的审美疲劳和阅读倦怠，也在一定程度上培养了学生整合资源、提取信息的能力。而且，在自主筛选文章的过程中，学生会接触到大量与教材内容相似的作品，浏

览到各种体裁、各类作者的文章，这在无形之中增大了他们的阅读量、拓宽了他们的眼界，对他们阅读速度和文学素养的发展都有积极影响。

二、多方讨论，发展学生的感悟能力

“学而不思则罔”，阅读不仅仅是为了积累词汇和写作技法、增长见闻，同时也是为了深化思维、陶冶情操。所以在结合课外读物开展群文阅读时，教师应着重引导学生通过推论、比较、猜测、反思等方法对文本进行探究性思考，充分与作者对话，悟出生活的智慧。

比如在学习七年级第五单元“关注科学”这一单元的内容时，教师可事先在班级内做一个小调查，了解班上的学生都对科学领域哪一个具体的研究项目感兴趣，比如5G技术、克隆、时空穿梭、航空等，然后选择主题或内容与这些相关的科技文，极大引发学生的阅读兴趣和讨论热情。这类科技文能够使学生认识到严谨、客观、准确也可以是文章的评判标准，同时也可以给他们广阔的空间任思想飞翔：“机器人会不会取代人类”“科技给人们带来的便利和灾难”“如果你是科学家，你最想发明什么”等，这些都可作为议题供学生们讨论，让他们在互相交换思想的过程中渐渐发现科技文也并不是冷冰冰的数据和事实报道，掺入个人对未来的神往、对人性的思考、对科技的期冀会更加精彩。而讨论的最终目的也不是为了得出什么重要的结论，而是为了发散学生的思维，发挥学生的想象力和辩论能力，发展学生的感悟力和理解力，激发他们对于生活、文字、表达的热爱。

总之，教师要为学生们营造一个宽松和谐的讨论空间，让他们得以抒发各自的独到见解，在集体阅读的过程中做到求同存异。因为只有在师生同读共议、分享阅读感受的过程中，学生们才能享受到群文阅读的快乐，找到阅读的自信，逐步提高自己的阅读能力。

三、应题仿写，巩固学生的阅读所获

所谓“读写不分家”，大量的阅读和思考实际上最终都是为了更好地表达而服务的，所以教师在组织群文阅读时要有意识地将读和写结合起来进行教学，实现学生能力的迁移和语文综合素质的提升。

群文阅读的筛选依据是多层次多角度的，阅读时的议论主题也是丰富多样的，在写作时教师只需从这些主题当中挑选出一个侧重点作为学生的写作依据即可，让他们进行仿写、扩写、点评文章或是自主创作，至少让群文阅读的效果“跃然纸上”，让他们通过前后不同阶段的作业对比看到自己的进步，从而树立起学习语文的自信心和阅读兴趣。比如以人物为主题进行群文阅读时，我们就让学生围绕“我的朋友”“最可爱的人”“巴金笔下的人”等选题展开自主创作；以游记为主题进行群文阅读时，就可让学生写写景、记一件事、介绍一个景点；学习古诗时，可让学生试着作作诗等。偶尔也可以以小组开展仿写比赛，以“顶真”为例，看哪一个小组能够写出更多顶真的句子，哪一个小组就获胜。这样的形式无疑给我们的课堂增加了趣味与生机。而且，教师还可以将学生创作的这些文章保留备份下来，在下一次某相应主题的群文阅读训练中加入到阅读文本中去，和大师们的作品一起拿来给班级同学分析研究。这是一种变相鼓励的方式，对于该名学生来说是无限光荣，对于全体学生来说则是诱人的光环，因而能够在班级中掀起一阵爱读书、好写作的风气。

学生通过作文形式抒发自己对于生活的感悟、阐述对所读文章的理解，表达对文学大家的钦佩，这些都有助于学生养成观察生活的习惯、阅读积累的习惯、了解文章的写作背景和作者的经历及写作目的等，从而达到提高学生感悟主题的能力和语言运用能力的目的。另一方面也给教师了解学生的阅读情况和思想状况提供了一条良好的途径，进而根据学生个体的不同差异给予相应的指点，有效调整自己的教学进度和群文阅读的篇数及深度，提高教学的效率。

群文阅读是扩大学生阅读面、培养学生思考能力和阅读能力的一条良策，望广大语文教师能够广泛采用、好好利用，以弥补传统阅读教学模式中的不足，发展语文阅读教学的新形式、新方法。

（作者在2017年河南省“一师一优课”晒课活动中获国家级优课）

群文阅读：学生多角度“阅赏探测”学习模式“阅”策论述

邓州市城区四初中 翟文杰

摘 要 在群文阅读中，指导学生多角度“阅读、赏析、探究、测评”，这种学习模式中，“阅”是前提，是“赏析、探究、评测”诸环节的基础。主要解决四个方面的问题：一是“啥体裁？三大类、三特点”；二是“写了啥？点素材、说内容”；三是“为啥写？联背景，看倾向”；四是“怎样写？观结构，辨手法”。让学生在“阅”中习得方法，学会辨识文体，快速获取内容信息，整合写作意图与背景，对结构手法讨论质疑，为进一步展开“赏、探、测”环节学习打好基础。

关键词 群文阅读 阅赏探测 学习模式

群文阅读教学是最近两年来悄然兴起的一种具有突破性的阅读教学实践。群文阅读教学，就是把一组文章，以一定的方式组合在一起，指导学生阅读，并在阅读中发表出自己的观点，从而提升学生的阅读能力与思考能力。师生围绕一个或多个议题选组文章，而后围绕议题进行阅读、赏析、探究、评测，最终达成共识。

在群文阅读教学中，“阅”是前提，是“赏析、探究、评测”诸环节的基础。邓州市基础教育教学研究室初中语文教研员马克老师主持的“群文阅读学生多角度‘读、赏、探、测’学习模式研究”，为当下群文阅读教学另辟蹊径。在教学实践中，就“阅读”这一个基础环节，我们主要从四个方面入手：

一、啥体裁？三大类、三特点

群文阅读的一组文章，可能体裁相同，也可能相异。不同文章体裁有其自身的阅读规律和文体特点。文章体裁有“记叙文、说明文、议论文”三大类，这是初中生阅读的主要文章类型。当然文学作品中的“散文、小说、诗歌、影视文学剧本、戏剧文学剧本”都有自身的特殊属性，把握文体、辨析文体是指导阅读的第一步，特别是一些易混的文章体裁。如记叙文中的“写人、写事”之分，“写景、状物”之别；说明文中的“事理说明文、事物说明文”的辨别；一些“夹叙夹议”写法的文章，如《纪念白求恩》属于议论文，《闻一多先生的“说”和“做”》属于回忆性的散文。只有这样，才能让学生在辨析中增强文体意识。

二、写了啥？点素材、说内容

文章是围绕中心思想和情感表达需要组织材料的。了解文章的总体内容，就要在体悟中心、情感的基础上，说出主要素材的内容，以及素材选取、布局的理由。这样，学生在数篇文章的选材比较中，能更深地理解内容为中心服务的宗旨。如朱自清《背影》中素材角度的选取，邹韬奋《我的母亲》中的素材片段组合，川端康成《父母的心》中“送出、索回孩子”事件，在推动情节中突出中心等，要让学生在比较中认识素材使用方法的多样性。

三、为啥写？联背景，看倾向

作者的写作意图与写作背景，对理解概括中心思想至关重要。“知人论世”是阅读教学中非常重要的一把钥匙。文本中，要理解作者的议论抒情，所阐述的道理，从研究时代背景入手，看作者的情感思想倾向性。

《小石潭记》与《记承天寺夜游》，均系贬谪之作，柳宗元与苏轼，被贬后寄情山水，景中寓情，性情自见。前者“凄神寒骨，悄怆幽邃”道出悲怆凄凉之心境，凄苦孤寂之甚得到曲折反映；而后者，“何夜无月？何处无竹柏？但少闲人如吾两人者耳”，连发两问，感慨深长，虽有宦海沉浮的悲凉之感，但又有领悟人生哲理之况味，在痛苦中得到某些慰藉的甘味。这样，在群文阅读教学中，结合背景，让学生比较情感之同异，立见古人心性，柳宗元之胸襟不若苏东坡之旷达乐观可见一斑。学生在比较辨析中提高了洞见能力，不亦惊喜乎？

四、怎样写？观结构，辨手法

通过文章的结构形式去探究文章内容，是理解文章主旨的基本途径。文章结构决定于写作思路，教师可引导学生从文章题目、线索等入手，用提纲表解之法，图示文章写作思路，最终让学生确定文章基本结构。当然，学生要先掌握相关知识点。如文章线索的种类，文章结构的类型；如纵式结构、横式结构。段与段之间的平行关系、推进关系，以及“总一分一总”的基本模式、变式；要让学生学会从文章开头、结尾、过渡、呼应等关键结构点入手，熟悉文章脉络纹理，方可达“庖丁解牛”之游刃有余。

辨手法的情况较复杂，包括语言风格、修辞技巧、表达方式的运用等。不过在文章初读阶段，学生只要能够说出文章主要手法，或在群文比较阅读中辨识出手法使用的异同，领悟手法使用与中心思想、情感表达的作用即可。若深入探索文章写作方法、特点，可放在“赏析、探究”两个后续环节解决，此处恕不赘述。

“四环节”群文阅读，“阅、赏、探、测”各有侧重，旨在有意识地渗透阅读策略，增强群文阅读功效。“阅”的阶段至为关键，让学生在“阅”中习得方法，学会辨识文体，快速获取内容信息，整合写作意图与背景，对结构手法讨论质疑，为进一步展开“赏、探、测”环节的学习打好基础，给教师与学生群文阅读教学带来更大的互动空间，从而提高阅读质量。

关于记叙文群文阅读的思考与探索

邓州市九龙镇一初中 杨志俊、雷长锁

摘 要 群文阅读是指把一组文本，按一定的方式组合在一起进行阅读。它一改传统的单篇课文教学，在主题教学的框架下，在精读引领课的基础上，更加重视课内外材料的整合、比较和延伸，因而对学生发散思维习惯的培养、阅读能力的提高和知识视野的拓展都大有裨益。群文阅读要求“一节课里读一群文章”，这意味着，教师不能讲太多话，不能提太多问题，要让学生自己读，让学生自己在阅读中学习阅读。群文阅读的教学目标一定要抓住重点，突出要点，把握难点，一定要学会放弃。教师不能将“朗读”或“有感情地朗读”无限放大，必须根据读物的不同性质，更多地尝试略读 、浏览、跳读等阅读方式，必须更多地尝试生活化阅读。

关键词 群文阅读 定主题 选文章 找方法 勤反思

阅读教学向来是语文教学中的重点和难点，而记叙文阅读教学又是制约语文教学发展的短板。现今的农村中学，我们的“阅读教学”重点仍然以识记为主，缺少理解、质疑和发现，是在为老师自己的阅读而教，为教参而教阅读，为考试而教阅读。“单篇精读”类阅读教学仍然是阅读教学的主流，所谓的“单篇精读”是指围绕一篇选文进行精讲细读，反复琢磨，充分挖掘选文的识字、阅读、写作、口语交际等全息性的语文教学形式。在传统课堂阅读中，阅读者的阅读行为又过多地受到教师的干预与评价，缺乏独立地位。

“阅读教学除了单篇精讲之外，还有哪些教学形态？”面对诸多的阅读教学现状，我禁不住发出了这样的疑问。

2015 年 1 月份，我有幸参加了在华中师范大学举办的为期一个月的“省培”计划，一些专家学者提出了“群文阅读”这一全新名词，让我开始彻底反思现今的阅读课堂。为了改变缺乏学生参与意识的阅读教学模式，更为了提高现代文阅读教学的效率，在阅读教学中我做了初步的探索，根据“以教师为主导，学生为主体”“倡导自主、合作、探究的学习方式”等新课程理念，结合我班学生实际，尝试出用群文阅读的形式解决现代文阅读教学的难题，下面我以“记叙文群文阅读”为例，把我中考备考前在现代文群文阅读方面的思考和探索分享给大家。

一、定主题——梳理记叙文阅读考点

群文阅读要想能够顺利实施，主题的选定显得尤为重要，鉴于我确定尝试群文阅读的想法在 2015 年春季，当时我的教学计划已经进入专题复习备考阶段，我决定先从“记叙文群文阅读”入手。

在课堂上让学生带着什么阅读侧重点去阅读群文？我思考再三，决定从河南中招语文记叙文考点切入来确定主题。我首先认真研读了 2011 年的新版《语文课程标准》和河南省基础教研室编发的《2015 年河南省初中毕业生学业考试说明与检测（语文）》（以下简称《说明与检测》），明确在记叙文阅读方面导向性明确的参考文献中对其提出的要求。在此基础上，我梳理出记叙文阅读的常考的七大考点，即概括文章的内容或情节、赏析语言、分析人物形象、辨析写作手法、把握文章的主旨、理解题目的含义或作用、补写迁移。然后，我根据学生在记叙文阅读方面的实际情况把七大考点进行了归类整合，定出了记叙文群文阅读的五大主题，即概括文章的内容或情节、赏析词语或句子的表达效果、多角度分析人物形象、辨析典型的写作手法及作用、多元化探究文章的主旨。最后，我按照设定的主题计划用五节课的时间带领学生开展记叙文群文阅读的尝试。

二、选文章——依据考点精心选择文章

所谓选文章就是依据教学需要围绕一个主题或者多个主题选择的一组文本。一组选文最大的特征是他们之间有共同的议题，围绕议题可以展开教学。（议题就是一组选文中蕴含的可以供师生展开讨论的话题，一组选文中可有一个或多个话题，议题的最大特征就在于具有可讨论性。）群文阅读教学成功与否，很大程度上取决于教师怎样选文，选怎样的文章组成“群”，这无疑考验着教师的阅读视野、品位与阅读教育理念。

我尝试的“记叙文群文阅读”与中考专题复习紧密相连，因此在选文方面

我遵循了一个原则，那就是课内外文章统筹兼顾。一个主题我一般精心选择 5 篇文章，苏教版 1—6 册语文教材中的经典文章选 2 篇，《说明与检测》（上下册）中文质兼美的文章选 3 篇。例如，在进行“多角度分析人物形象”这一主题教学时，我选了苏教版第 3 册第 3 单元朱自清先生的叙事散文《背影》和苏教版第 6 册第 6 单元李森祥的小说《台阶》两篇课内文，又选了《说明与检测》中王周生的小说《桥在水上》、七堇年的小说《成长之痛》和徐怀谦的叙事散文《静默是一种深刻的语言》，这 5 篇文章所塑造的主要人物是父亲或母亲，都从不同的侧面展示了父亲或母亲的形象，并且作者在塑造人物形象时都用到了不同的人物描写方法，同时为了突出人物形象作者都选取了人物相关的典型事例，采用了不同的写作技巧等，这群文章的这些固有的特征为多角度分析人物形象提供了可能。

三、找方法——群文阅读的阵地在课堂

群文阅读实施的主阵地应该在课堂，根据我设定的记叙文群文阅读主题和精心挑选的群文，我用“阅——赏——探——测”四环教学法对记叙文群文阅读进行了尝试，我仍以“多角度分析人物形象”这一主题教学为例来赘述。

“阅”。我留给学生十分钟的时间让他们用略读的阅读方式默读 5 篇群文，读前告诉他们本节课我们的学习目标是用群文阅读的方式去多角度分析人物形象，要求他们在阅读的过程中要更多地关注作品中重要的人物，思考作者运用了哪些方法来塑造了什么样的人物形象？

“赏”。读完群文后，让学生先独立思考阅读时老师所提出的问题，待学生有了自己的思考后小组交流自学所得，小组长组织组员把未达成共识的所得整理下来，接下来全班学生交流有疑问之处，这一过程中老师也应参与进来和学生一起交流，一起探索。

“探”。师生共同探究“多角度分析人物形象”这一记叙文考点的出题类型、试题的难易程度、分值设定等多个方面的情况。

“测”。以小组为单位，组长组织组员针对群文和考点自拟训练题两道并拟出答案，然后小组相互交换所出的中考训练题进行相互测评、批改和讲评。

参考文献

[1] 中华人民共和国教育部 . 中学语文课程标准 [S]. 北京：北京师范大学，2012.

[2] 蒋军晶 . 文章能不能一组一组教？群文阅读的尝试与思考 [J]. 教育淘宝，2012（9）.

于无声处增加阅读的厚度

——记叙文群文阅读策略初探

邓州市城区二初中　姚丽萍

“不积跬步，无以至千里；不积小流，无以成江海。”多读书、多积累是我国传统语文教学的宝贵经验。《语文课程标准》在“课程目标”中规定：“第四学段的学生课外阅读总量不少于 260 万字。每学年阅读两三部名著。”世界各国也非常重视儿童的阅读量，美国纽约州规定小学生每年必须读 25 本书。但在实际的阅读学习中，学生的阅读量远远达不到大纲的规定。以初中语文教材为例，六册教材，每册有 26 篇课文，即使每篇课文按 2000 字计算，学生的阅读量也远远不够。

究其原因：一是当前我们的语文教学，教师仍然比较重视语文教材中课文阅读的教学。3 分钟即可读完的课文要学 3 节课，3 天即可读完的教材要学半年，学生怎能不厌！字词句强拉硬拽，段篇章条分缕析，重难点深度剖析，满堂灌照本宣科，教师怎能不累！二是学生的日常学习生活被大量的作业所充斥，学生每天疲于应付各科作业，哪有时间阅读。三是不少学生家长及学生本人不够重视学生的阅读，他们所追求的只是一个好的分数，而忽视了海量阅读对学生能力潜移默化的影响。书读得少，学生的阅读能力自然很难得到有效的提高。能否有一种实用的方法来提升学生的阅读能力，让学生在有限的时间能有效地大量地阅读？在这种情况下，我们学校语文组教师尝试着走近“记叙文群文阅读”。

所谓群文阅读教学，就是围绕着一个或多个议题选择一组文章，而后教师和学生围绕议题展开阅读和集体建构，最终达成共识的过程。群文阅读教学既是对阅读教学内容的突破，也是对传统教学思想的创新。选文就是依据教学需要围绕着一个或多个议题选择的一组文本。一组选文的最大特征就在于它们之间有着共同的议题，围绕着议题可以展开阅读教学。议题就是一组选文中所蕴含的可以供师生展开议论的话题，一组选文可以具有一个或者多个议题。议题的最大特征在于可讨论性，也就是说议题给予读者一个思考和赋予意义的空间，让读者可以在这个空间内发挥自己的创造性，充分与文本对话，从而形成不同见解。

记叙文作为一种最基本的文体，是学生学习其他文体的基础。遵照阅读能力训练的规律性及可操作性，记叙文阅读教学也就成了中小学语文阅读教学的重头戏。那么该如何加大学生的阅读量，尤其是记叙文的阅读量？如何提升学生的语文素养，培养学生正确的人生观、价值观？要想提升学生的阅读量，只有依靠语文课堂这个主战场，只有进行群文阅读。在此基础上，我校语文教师确立了“关于记叙文群文阅读策略研究”，以期通过语文课堂提升学生的阅读量，于无声处提升学生的情感体验。为更好地做实这个课题，我们重点从以下几个方面做起：

一、确定议题

1. 单元整合法：议题的选定以课文为基础，按教材的编排，以单元为主体，每一个单元就是一个议题，引导学生群文阅读。如苏教版八年级上册共六个单元，“长征之歌、爱国情怀、至爱亲情、江山多娇、人与环境和高新科技”。围绕议题让学生展开阅读讨论。

2. 课内外整合法：每种教材都按照单元编排，每单元无论从内容还是从教学重点、难点上，基本上都有明确的主题。围绕每个单元主题，从课外选择五篇相关、相近、相似，甚至相反、相连续的文章，组合成一组文章，让学生阅读。

3. 课外议题确定：课外记叙文阅读整合，每月月初课题组成员制定五个议题，以每一个议题为核心，整合出五组记叙类的文章，每组文章5—6篇。课外每组记叙文的选定由课题组成员及所任教班级的学生共同确定，这样既发挥了学生的积极性，又提升了学生的记叙文阅读能力及鉴赏品味能力。

二、精选群文议题

确定课外议题之后，老师围绕每个议题选取若干篇文章。例如把老舍的文章放在一起，是以“作者”为议题；把友情类文章放在一起，是以“人文主题”为议题；把“反复结构”的故事放在一起，是以“表达形式”为议题；把环保类文章放在一起，是以“保护环境”为议题……“议题”的丰富性远远超出了想象，它考验着编选者的视野、眼光、智慧和对阅读教学的理解。每次选文对老师来说是一个艰难跋涉的过程。要从诸多的文章中选取适合学生阅读的记叙类文章，对每一位课题组成员来说是一个痛苦并快乐的过程。

三、教学策略：“阅赏探测”模式初探

群文阅读意味着“教”的改变。意味着老师不可能讲太多话，不可能提太多问题，不能发起太多讨论；意味着老师对课堂结构的艺术性不能有太多苛求，不可能更深、更细、更透地讲析文章了；意味着你也不能按部就班地“从字词的学习开始，进而对经典句式、篇章结构、内容探讨进行教学”，你不可能面面俱到，你不可能步步扎实；意味着你不能将“朗读”、将“有感情朗读”无限放大。这对我们每一位课题组成员是一次全新的考验。我们运用“阅赏探测”课堂模式：邓州市教研室的马克老师的“阅赏探测”模式，“阅读——赏读——探读——检测”四个环节旨在发挥学生阅读的主体性，于潜移默化中提升学生的阅读能力。这种模式能更好地适应群文阅读，促使老师将学习的主动权交给学生。

1. 阅读：引导学生抓住这几个问题阅读一组文章，“啥体裁？写了啥？为啥写？怎样写？”这一环节引导学生初读文章，整体感知这一组文章的主要内容；体会作者的感情倾向；理清每一位作者的基本思路。例如：苏教版八上“至爱亲情”这一组文章，学生通过读课文把握课文的主要内容；读懂父母之爱，手足之情。

2. 赏读：这一环节是学生的交流互动环节。引导学生从以下几个方面交流互动，“拟题、选材、立意、构思、语言、情感”。从这几个方面中任选一个方面，学生分组交流合作，读出自己的感悟，读出自己的情感体验。如苏教版八上“至爱亲情”这一组文章，《背影》中学生读出了父子情深；《甜甜的泥土》读出了母亲对儿子的至爱亲情等。学生们不仅仅徜徉在文字中，更多地体会灵动的语言以及文字背后的情感。这一环节开展民主、互动、多元的对话，不仅能让孩子们一同分享到阅读心得，而且能营造出浓厚的团队读书氛围，提高个体与群体阅读素养。在这里，学生的感悟无论是深刻还是肤浅，都是属于他们的独特感悟，教师都应充分地尊重，让他们感受到成功的喜悦。教师要摆正自己在活动中的角色，教师应该是学生阅读兴趣的激发者，应该是学生开展阅读活动的引导者，应该是读书过程的组织者，还应该是阅读活动的参与者与聆听者。在这个环节中，教师不是一味地将课文讲深，而更多的是关注学生多元的理解。课堂似乎少了一些精彩，但这种实实在在的“聊书”形式让他们感觉很轻松，而且很有成就感。

3. 探读：“群文阅读”主要是让学生自己读，让学生自己在阅读中学习阅读。“群文阅读”，教学目标一定要抓住重点，突出要点，把握难点，一定要学会放弃。于是在课堂上我们尝试抓住每篇文章的重难点以及亮点让学生探究。老师设定一定的话题，让学生围绕话题阅读这一组文章；老师话题的设定围绕文章的重难点、亮点等来设计。例如：《背影》围绕品味饱含深情的语言；摄取闪光瞬间的选材构思法。设计如下话题：（1）请找一找，文中父亲一共说了几句话？分别在什么情况下说出的，分别表达了什么情感？（2）文中还有哪些词语或语句运用得准确、生动又饱含深情？试找出来并加以赏析。诸如此类的话题设计引导学生阅读文本。

4. 检测：分两步走，第一步学生自测，学生围绕中考考点设计试题，自己批改；第二步老师测验，通过测评检测学生的阅读效果。

5. 课时安排：每一组议题安排 3-4 个课时。

“群文阅读”更是对语文教师的课堂教学提出了巨大的挑战！课堂上，如果要让学生读“一群”文章，就意味着教师去读更多的文章，因为只有精神丰盈的教师，才能引导学生朝向“丰盈”精神的方向发展。为此，就需要我们语文教师要不断丰富阅读积累！让我们也大胆尝试“群文阅读”教学，给语文课留下一定的时间，让学生更自主、更愉悦地阅读、理解、质疑、发现，从而达到提升其阅读能力的效果。

“路漫漫其修远兮，吾将上下而求索”。我相信“群文阅读”能够为学生学习语文打好基础，也为学生学习各门知识打好基础，为学生一生的发展、一生的幸福打好基础。我校语文教师愿在群文阅读中努力探索出更适合自己的课堂教学模式。积极引导学生用真情感知美，用智慧捕捉美，用语言规范美，让他们为自己营造一个多彩的世界。让孩子们在自己的世界里自由畅想，自由呼吸，我相信孩子们的阅读能力及写作能力一定会变得强大起来！

说明文群文阅读教学应注意的几个问题

邓州市彭桥镇二初中　王新志

说明文阅读教学是初中语文阅读教学的重要组成部分。在中考现代文阅读中，说明文阅读三分天下有其一。因此，构建说明文教学高效课堂，具有极强现实意义。然而，综观苏教版教材，七至九年级仅有两个说明文专题单元。采用群文阅读教学，实现单元整合，打通课内课外，可以加大说明文阅读量，从而有效促进说明文教学，帮助学生更深入理解说明文知识，更熟练掌握说明文阅读技巧。

所谓“群文阅读”就是打破一篇文章一篇文章、一本书一本书顺序阅读的习惯，围绕着一个或多个议题选择一组文章，从“一篇”到“一群”，由教师和学生围绕议题展开阅读最终达成共识的教学形式。群文阅读是最近几年受到热捧的全新的教学形式，在具体教学实践中尚有许多需要不断探索、完善、发展的地方。一年来，我校在说明文群文阅读教学方面也进行了一些有益的探索，积累了一些经验教训，以期和大家交流商榷：

一、在说明文群文资源的准备上应注意的几个问题

（一）说明文文本要规范、简明、宜读

说明文是一种偏重于应用的工具性文体。其文本资源不像散文、小说、诗歌等文艺作品在报刊杂志上俯拾皆是，而是零散分布。尽管一些科技期刊上有不少说明文，但大都专业性强、深奥难懂，不太适合中学生阅读。搜集规范、简明、适合中学生阅读的说明文文本是一件颇让人费心费神的事。在搜集的过程中我们发现历年中考、高考试卷中的说明文大都是精挑细选，适合中学生阅读的好文章。它们是我们搜集说明文文本的一个宝贵的资源库。另外，不同版本的语文教材上的说明文，我们也可以汇集起来加以应用。

（二）说明文文本要具有知识性、趣味性、思想性

说明文本身就是介绍事物说明事理的，其内容大多侧重于知识、信息的传递。它远不及文学类作品那样情节曲折，感情真挚，引人入胜。因此大多数学生偏爱小说、散文、诗歌等文学作品，而冷淡说明文文章。这样说明文文本具有趣味性就显得十分重要。我们一定要多选一些语言生动且贴近学生生活的说明文，以此来激发学生的阅读兴趣，使学生面对说明文课堂不至于恹恹欲睡。另外，我们还要选一些介绍前沿科技的科普说明文，有意识地培养学生热爱科学、勇于探索的良好品质，为学生的终身发展打下基础。

（三）说明文文本资源要科学组群，方便教学

面对所选的说明文文本资源，我们要依据一定的标准科学分类组群，为以后组织教学做好准备。在说明文的分类上，我们是这样做的：首先，将所选说明文依照事物说明和事理说明分成两大类。事物说明文再依照介绍动物、植物、建筑物、工艺品、工艺制作等标准进行二次分类。这样的分类组群适合说明文初期阶段的教学，易于学生把握每类说明文的写作特点。第二，按同一性原则，依据某一主题选文组群。比如，我们依据说明顺序相同，或说明方法（大体）相同，或结构形式相同，或语言特点相同的标准选择文章。这样组合起来的群文文本适合第二阶段说明文教学，易于学生深入理解并掌握某一说明文文体知识，易于学生利用所学知识去解读其他近似的文本。第三，我们依据差异性原则，把同一类别而写法迥异的说明文组合起来。比如：《凡尔赛宫》和《苏州园林》从表面看都是介绍建筑群的，但两文写作顺序却截然不同（前者是按空间顺序，后者是按逻辑顺序）。把这样的文章放在一起，便于学生在比较差异中加深对文章的理解。这样的群文适合后期的说明文教学，颇能开阔学生视野。

二、说明文群文阅读教学过程中要处理好的几个关系

（一）说明文群文阅读教学要处理好“一”与“众”的关系

在说明文群文阅读教学中，要将一篇课文的精读与群文的略读结合起来。教师首先要组织学生精读一篇说明文，使学生掌握一定的说明文文体知识，掌握一定的说明文阅读技巧，然后再组织学生阅读群文。这等于交给学生一把解读说明文的钥匙。如果没有这把钥匙，学生阅读说明文群文就等同于“盲人骑

瞎马”。这样的群文阅读难免会肤浅粗糙，流于形式。所以，说明文群文阅读教学要处理好“一”与“众”的关系，做到以“一篇”带动“众篇”。

（二）说明文群文阅读教学要处理好“点”与“面”的关系

说明文群文阅读教学的初期，不宜面面俱到。我们不要妄图“一嘴吃成个胖子”，妄想通过一组说明文群文阅读，使学生掌握所有说明文知识，掌握所有说明文阅读技能。而要一步一个脚印，利用一堂课，利用一组群文只解决一个方面的问题。比如，可以用一组群文解决某种说明顺序，也可以用另一组群文解决某种说明方法，也可以再用一组群文解决某一种说明语言（如：生动说明、平实说明）。一个一个的知识点牢固掌握了，能灵活运用了，教师再组织学生从整体上去解读群文，就会显得游刃有余，事半功倍。这样，群文阅读课堂教学学生压力减轻了，课堂效益也会大幅度提高。

（三）说明文群文阅读教学要处理好“同”与“异”的关系

说明文群文阅读应先“同”后“异”。要先组织学习同类别，同结构，同说明顺序，同语言特色的群文。在“同”中归纳出具有规律性的东西。然后，组织学习大的类别相同而说明顺序、文章结构、语言风格相异的群文。在比较差别的过程中，加深理解，开阔视野，感受品味说明文的多样性。先“同”后“异”，先易后难，循序渐进，符合学生的认知规律。

（四）说明文群文阅读教学要处理好“读”与“写”的关系

新课标明确提出中学生应学会写简单的说明文。学写说明文是说明文群文阅读教学终极目标之一。我们不妨把说明文群文阅读教学与说明文写作结合起来。通过写简单的说明文可以有效地检测、反馈说明文群文阅读教学的成效，也可以巩固说明文群文阅读教学的成果。所以我们要把“读”和“写”结合起来，让“写”贯穿“读”的整个过程，以“读”促“写”，以“写”促“读”，相辅为用。

总之，说明文群文阅读教学是一个值得探索和研究的语文教学新模式。希望与大家共同学习，共同勉励，共同提高。

群文阅读：学生多角度“阅赏探测”学习模式“赏”策论述

邓州市城区四初中　王杰

摘　要　群文阅读实践中，面对大量的阅读材料，该怎样赏析呢？对初中学生而言，赏析重点放在“赏析内容”与“赏析语言”两块。赏析内容即赏析文章的具体描写对象，可分成对人物、事件、景物以及物体的赏析。赏析语言可从“赏析字词含义运用、句子意义修辞、段落内容结构、全篇风格手法”等入手。渗透质疑讨论的阅读策略，鼓励学生从不同角度提出自己的问题、表述自己的观点。层层递进、步步深入地引导学生在文本赏析的过程中，培养学生的独立阅读能力，通过阅读教学引导学生情感、态度、价值观的形成。

关键词　群文阅读　阅赏探测　学习模式

“群文阅读教学”，是指教师在一个单位时间内指导学生阅读相关联的多篇文章，是拓展阅读教学的一种新形式。这种教学形式不仅关注学生的阅读数量和速度，更关注学生在多样化文本阅读过程中的意义建构，对全面提高学生的语文素养具有十分重要的意义。

如今时代已经步入信息化，博客、微信、网页上大量需要阅读的文章、材料如潮水般涌入我们的视野，快速阅读能力，探究发现能力，表达阅读见解的能力……这些能力的培养已经势不可挡地摆在语文教学的面前。在这样的时代背景下，群文阅读这种全新阅读教学模式顺应时代潮流，立足于课内精读，做好方法引领，使学生的阅读实现向课外多向度的有效迁移、拓展、整合，从而达到拓宽知识视野，提高有目的地获取并概括信息的能力，涵养人文情怀的目的。

那么，在具体的群文阅读实践中，面对大量的阅读材料，我们该怎样赏析呢？

初中阶段群文阅读的赏析基本可分为“赏析内容”“赏析结构”和“赏析语言”三块。对初中学生而言，赏析重点又放在“赏析内容”与“赏析语言”两块。

一、内容赏析

赏析内容即赏析文章的具体描写对象，可分成对人物、事件、景物以及物体的赏析。赏析人物，即分析人物形象。主要是从人物所具有的精神品质及性格特点这些方面按点分析。赏析事件，主要是文中描写了哪些事，对表达中心有什么作用，具体需从此事在文章的内容、结构及主旨三方面的作用去赏析。赏析景物，即赏析文章中的景物描写（环境描写）。在赏析环境描写的同时，要通过环境来感受作者的表达意图，品味环境描写的作用，如渲染气氛、烘托人物心情、推动情节发展、交代时令季节、表达作者的思想情感或主题等等。最后，赏析物体，即赏析文中描写到的某个物体。我们可以用这样的句式来提取主要信息“文章中重点描写了（第 × 段描写了）× × 事物，你认为有什么好处？（你对这个事物有什么看法？你是否欣赏这个事物？……）”赏析物体的文章中需要注意这一物体上所寄托的情感或者这个物体上所承载的某种精神。

二、语言赏析

对文章有了整体把握后，我们就得具体地从文章的语言方面来进行赏析，语言赏析从小到大可分为“字、词、句、段、篇”，因此“赏析语言”也可作如下细分：

1. 赏析字词。即问某字、词为什么运用得好。在进行这样的赏析时，我们首先要找到该字词在文中的位置，然后结合上下文解释字词的含义，结合语境或主题思想体会词语的准确性或生动性。

2. 赏析句子。句子赏析可分为“非修辞句”和“修辞句”两类。对“非修辞句”的赏析，通常还是对句中某核心词的赏析，因此需要抓住中心词，体会词语的深层含义和双关意义。对“修辞句”的赏析更常见，主要是找出句中运用了什么样的修辞方法，然后加以具体分析，体会这样的修辞为什么会有如此好的表达效果。

3. 赏析段落。被赏析的段落一般较短，且在文章结构中处于较重要的位置。如首段、过渡段、尾段。因此在段落赏析时，除了赏析段落内容外，还需要体会此段在整篇文章结构上的作用。

4. 赏析全篇。全篇赏析主要要求读者在阅读完整篇文章后，整体品味全篇语言风格。常见的语言风格有幽默、雄浑、华丽、朴实等；其次，赏析文章的表现手法或人物描写。常见表现手法如下：借景抒情，托物言志，咏物寄情，以小见大，直抒胸臆，衬托，对比，象征，欲扬先抑等。人物描写主要包括：细节描写，外貌、语言、动作、神态和心理描写。

群文阅读作为一种新的阅读形式走进课堂，对我们语文教学既是创新又是挑战，因此，我们要付出更多的努力，在传统阅读的基础上，有意识地渗透质疑讨论的阅读策略，鼓励学生从不同角度提出自己的问题、表述自己的观点，在交流中提高探究发现能力。层层递进、步步深入地引导学生在文本赏析的过程中培养独立阅读能力，通过阅读教学引导学生情感、态度、价值观的形成。

对于阅读能力而言，我们不仅要培养学生的鉴赏能力，更要真正使语文学科成为学生全面发展的得力工具。实施群文阅读教学的过程中，教师精选文本，按题材、体裁、表达形式、语言风格等合理统整，在给学生带来了丰富的信息和巨大的思考空间的同时，也带来了许多疑惑，因此就更加需要学生在阅读鉴赏时，相互交流讨论，提出有价值的问题，从而解惑释疑，在阅读中获得丰富的情感体会和价值认识。

人民文学出版社社长管士光说："群文阅读理念的提出，让我们看到了儿童阅读的希望之光，用这样一种全新的思想来打造阅读课堂，将是一件特别美妙的事情。"群文阅读作为一种全新的阅读理念，进入课堂教学，必将掀起一场语文教学的变革。

（作者现在深圳市天誉实验学校任教）

群文阅读学生多角度赏析研究初探

邓州市桑庄镇中心校校本部 孙占齐

摘 要 遵循教育理论的指导和教育政策的引领，改变单篇教学的传统，冲破单元教学的框架，构建一种具体的有生命力的教学形态、教学模式，培养学生的阅读兴趣，增加阅读量，扩展阅读面，提高阅读的深度和广度，让学生掌握阅读的方法策略，使他们在围绕同一议题进行群文阅读多角度赏析的语文实践过程中，体会到自主阅读带来的乐趣，实现综合素质的全面发展，从而具备终身学习的能力。

关键词 群文阅读 多角度赏析 单元整合 课内外衔接 链接中考

一、群文阅读学生多角度赏析的内涵

（一）群文阅读

“群文”就是聚集在一起的一组文章。群文阅读就是师生围绕着一个或多个议题选择一组文章，而后师生围绕议题进行阅读和集体建构，最终达成共识的过程。群文阅读是最近几年在我国悄然兴起的一种具有突破性的阅读教学实践。它不是阅读文本进入“课堂”后的简单叠加，而是对阅读教学内容的突破，更是对传统教学思想的创新。

（二）学生多角度赏析

即以现行的初中语文教科书为载体，在有效整合单元教学、融合课内外阅读并链接中考的基础上，选择一组文章，引导学生从文章的拟题、构思、选材、立意、情感、语言、写法等多个角度赏析文本，教给学生赏析的方法，培养学生“多角度，有创意的阅读能力”。

二、开展群文阅读学生多角度赏析教学实践的意义

《语文课程标准》指出：“九年义务教育的学生课外阅读总量应达到 405 万

字”，并提出“培养学生广泛的阅读兴趣，扩大阅读面，增加阅读量，提倡少做题，多读书，好读书，读好书，整本的书”。在“关于阅读教学”中指出：“阅读教学应注重培养学生感受、理解、欣赏和评价的能力”，而且要“在理解课文的基础上，提倡多角度，有创意的阅读”。

理想是美好的，现实是残酷的。受应试教育和传统教育观念的影响，农村学校的老师大都已经习惯了教语文就仅仅是教语文教材，一学期下来就让学生学习一册课本的二三十篇课文，他们考虑得更多的是如何教给学生得高分，做得最多的是大量低效甚至无效的重复性机械训练。由于大量时间被“训练”占领，学生阅读量严重不足，有限的课外阅读也缺少具体指导，课堂内外阅读严重脱节，课堂教学与孩子们课外阅读经常是两张皮，没有做到有效的衔接，学生课内所习得的阅读方法和阅读能力，未能在课外阅读中得到有效的运用。而《语文课程标准》所提出的“培养学生感受、理解、欣赏和评价的能力”就无从提高，“在理解课文的基础上，提倡多角度，有创意的阅读”更是纸上谈兵，语文教学的“少、慢、差、费”现象没有得以根本扭转。

群文阅读学生多角度赏析研究就是在考察当下农村初中段学生语文阅读教学现状后，遵循教育理论的指导和教育政策的引领，期望通过群文阅读多角度赏析文本的探索实践，对教师而言，更新语文阅读教学理念，改变单篇教学的传统，冲破了单元教学的框架，从而构建一种具体的有生命力的教学形态、教学模式，实现阅读教学效益的最大化；对学生而言，培养学生的阅读兴趣，增加阅读量，扩展阅读面，提高阅读的深度和广度，让学生掌握阅读的方法策略，使他们在围绕同一议题进行多角度赏析的语文实践过程中，体会到自主阅读带来的乐趣，实现综合素质的全面发展，从而具备终身学习的能力。

三、群文阅读多角度赏析的教学策略

（一）有效整合教材单元教学，打破以单篇独进、深探细究的精读教学的模式，让群文阅读最大限度解放与培养学生的阅读能力

现行的初中语文教材大多按类或主题为单元来选编课文，如苏教版语文教材七年级下册语文课本共六个单元，分别是“人物风采”“童年趣事”“建筑艺术”“动物世界”“信息传播”“诗词拔萃”等。这样的编排非常适合单元整体教学，非常适合开展群文阅读学生多角度赏析的语文实践活动。以苏教版语文

教材九年级上第二单元的小说单元教学为例，如果按照传统的教学方式，一篇一篇组织教学，大概需要九节课时间甚至更长，而且四篇小说的故事离学生比较久远，情节不那么曲折生动，学生读起来可能会觉得枯燥无味，作品主旨学生虽能理解，但不一定能理解得那么透彻，对人物形象的分析容易概念化。怎么办？我们不妨把这四篇小说放在一起，拿出2–3节的时间，组织学生阅读研讨，在理解文意的基础上，老师可从“课堂故事会”“小人物的辛酸”“我最欣赏____（作家）的小说语言”“谈谈小说中的环境描写”等方面，引导学生深入文本，多角度赏析这四篇小说，把课堂激活，把时间交给学生，让学生在读中思，思后议，议中悟，真正把教材“嚼透”“嚼烂”，读出感悟，掌握方法，形成能力，从而实现课堂教学效益的最大化。

（二）基于文本特点，引进课外阅读，实现课内外阅读的有效融合和衔接

课本中的某一些课文，对于某个年龄段的孩子来说比较难理解，对于老师也是只可意会难以言传，在这样的课文教学时，我们边教边引进相关文本的阅读，不仅拓宽了学生的阅读面，而且可以用主题相同却丰富多样的文本，帮助学生更好地理解课文主题，把握主旨。

比如鲁迅先生的文章《从百草园到三味书屋》《藤野先生》，都出自《朝花夕拾》，时代久远，语言凝练，内涵丰富，文章主旨学生不大容易理解，教学时我们可以打通课内外，把整个《朝花夕拾》十篇文章全部引入课堂，先让学生进行课外通读，在学生初步理解文意的基础上，再拿出3–4节的时间，引导学生从写作目的（主旨）、人物描写方法等角度引导学生进行深入分析、研讨，从而全面理解和把握《朝花夕拾》的写作特点、主旨。这样的阅读教学容量大，效率高，有效实现了课内外的融合和衔接，而且学生在教师的督促和引导下高质量地完成了《朝花夕拾》的名著阅读。

（三）链接中考，读练结合，增强阅读的针对性，提升阅读品位，让学生学到知识、获得方法，形成多角度赏析文本的能力，从而使学生的语文素养得以全面提高，为终身发展奠基

群文阅读在基础年级实施，师生可能都会接受，而毕业班师生可能心里会犯嘀咕：要迎接中考，哪有时间开展群文阅读？其实不然。多角度赏析能力的考察是近些年语文中考的必考点，无论是现代文阅读还是古诗文阅读都有涉及。比如从拟题分析、选材构思、语言赏析、写法辨析、情感把握、主旨理解

等方面设题。老师可以把平时的应考阅读训练和群文阅读结合起来，针对以上不同的考点，精选一组文章（诗），进行群文阅读学生多角度赏析训练，链接中考，读练结合，既增强阅读的针对性，提升阅读品位，又能让学生学到知识、获得方法，形成多角度赏析文本的能力，从而使学生的语文素养得以全面提高，为终身发展奠基。

总之，只有开展“群文阅读学生多角度‘赏析’”教学实践，不断优化语文课堂教学，创新课堂教学方式，才能真正实现特级教师蒋军晶所说的“努力改变阅读教学的痼疾”“让师生回归到阅读的本原”。

群文阅读赏析如何“沙里淘金”

邓州市穰东镇二初中 王坤

通俗地讲，语文课程课堂教学的基本步骤是“解其词，通其意，知其法，赏其美”。而语文课程的基本特点是工具性与人文性的统一。“赏其美”是语文学科工具性与人文性的最佳结合点。因此，在语文教学中，我们必须引导学生赏析语文，进一步培养学生的赏析能力。那么，在实际的教学活动中，如何培养学生的赏析能力呢？怎样才能让赏析“沙里淘金”呢？

一、赏析做到“沙里淘金”要理解赏析的本意

《语文课程标准》“课程目标与内容”中指出：“对课文的内容和表达有自己的心得，能提出自己的看法，并能运用合作的方式，共同探讨分析、解决疑难问题”，“赏析文学作品，有自己的情感体验，初步领悟作品的内涵，从中获得对自然、社会、人生的有益启示。对作品中感人的情境和形象，能说出自己的体验；品味作品中富于表现力的语言。”

“问渠那得清如许？为有源头活水来”。由此可见，赏析是语文教学的高级阶段、关键部分。赏析就是品味，赏析就是学生读完课文的收获与提高。初中阶段，语文教学赏析应紧紧围绕以下几个切入点进行：

（一）文本的标题赏析

题好一半文，在语文教学中对标题的赏析显得尤为重要。标题是否简练，标题是否醒目，标题是否雅致，标题是否别出心裁？

（二）文本选材的赏析

选材是文章的骨肉，要恰到好处！选材要真实，选材要充实，选材更要典型。

（三）文本立意的赏析

立意是文章的灵魂，要明确，要新颖，更要深刻，是否让人警醒，是否让

人有所收获有所感悟！

（四）文本的构思赏析

构思是否合理，是否巧妙，是否有创意？

（五）文本的语言赏析

语言是作者与读者沟通的桥梁，语言的赏析显得很有必要。语言的华丽与质朴，语言的灵动与巧妙，语言的出彩之处、精要之处。

（六）文本情感的品味赏析

文本情感流露是否真挚，作者情感的独特之处，是否引起读者的共鸣？从赏析的本源出发，紧扣语文课堂教学的赏析切入点，这样的赏析能够做到有的放矢，这样的赏析才可能是“有源之水，有本之木”。

二、赏析做到“沙里淘金”要考虑学生的接受能力

课堂教学以学生为根本，学生的接受情况，决定了赏析的内容和赏析的程度。比较而言，七年级学生理解表达能力不高，教师在赏析教学环节，针对赏析的切入点，有所体现即可，不可面面俱到。八年级学生理解能力有所提高，表达能力欠缺，针对赏析的切入点，教师应面面俱到，尽可能多让学生参与，让学生在赏析环节暴露缺点，吃点苦头，有更大提高。九年级是初中阶段的收官之年，应让学生熟练掌握赏析的要点，做到准确赏析，快速赏析，规范赏析。

语文赏析教学是科学的、循序渐进的，只要我们依据学情确定赏析的内容，我们就抓住了赏析精要之处，赏析也就做到了“沙里淘金”。

三、赏析做到“沙里淘金”要依据文本性质确定赏析内容

文本赏析最怕对牛弹琴，脱离实际。文本的性质就是赏析的实际，要实事求是。一般来说，小说的赏析倾向于选材、语言、情感，而散文的赏析，立意、语言、拟题、构思显得更为重要，诗歌的赏析，语言、情感却是并蒂之花。文本的性质是赏析的实际，决定了赏析的要点。我们从文本的性质出发来决定赏析的要点，可谓精准赏析，也让赏析“沙里淘金”。

总之，群文阅读赏析教学是语文教学的关键环节，我们只有从群文阅读赏析的本源出发，充分考虑学生的接受能力，依据文本的性质，群文阅读赏析教学才会“沙里淘金”，开辟出语文教学的新天地！

如何让学生变“苦赏”为“美赏”

邓州市都司镇二初中　王纯亮

群文阅读教学中要从学生学习方式的角度创设模式。

首先要“换位”思考。由于初中七年级学生年龄较小，理解水平有限，可他们要“赏”的文章有时是名家之作，这就让学生“消化不良”。所以大多数学生都是囫囵吞枣，走马观花，阅读只是一知半解，索然无味。但为了应付考试，只能针对考题，死记硬背，并没有真正去“赏析”美文，记一堆自己不理解的句子、文字，被当成一只“被填的鸭子”，怎能不感到痛苦不堪？

通过课题实验群文阅读“换位”思考，如何让学生变“苦赏”为“美赏”呢？

一、老师引导，渐入佳境

“半亩方塘一鉴开，天光云影共徘徊”。引导学生群文阅读需做到循序渐进，根据学生的实际水平，难易适度的设问，让学生充分发挥主观能动性，积极思考，得出答案，老师及时给予鼓励表扬，让学生得到肯定，获得阅读的成就感，让学生愿意去读，愿意去思考，渐渐地学生提高了理解能力，渐入佳境，就有能力赏析、品味文章之美了。

二、学生协同探寻，催化自主思考

因为同班同学，大多数年龄相仿，各方面能力相当，所以同学之间相互沟通，比师生之间沟通更有效，更能受到影响和启发，学生协同探寻，思想的碰撞，激起花火，同学们积极地去思考，更能畅所欲言，自己用心悟出的见解才是有所得。放手让同学们自己去领悟去体会，同学们协同探寻就起到了催化剂的作用。

三、群文对比，“赏”中进步

“群文阅读”是指同时阅读同一专题或议题的多篇文章，举一反三的阅读，是“美”与“美”的对比，七年级《新语文读本》群文议题“成长足迹”《十七岁》《拣麦穗》《书桌》《童年笨事》《胆小鬼》《邴原泣学》《薛谭学讴》等都是美文，各有千秋，让学生体会到成长的足迹，欣赏到文章之美如“春夏秋冬”四季各有特色和风格，不断提高自己的赏读鉴赏品位。

“问渠那得清如许？为有源头活水来”。语文课堂教学实践中，我们坚持躬行以上几点，指导学生变“苦赏”为“美赏”，孩子们定会衷心热爱读书，热爱阅读，与书为友，终身受益。

如何教学生赏析把握基本赏点和特殊赏点

邓州市桑庄一初中　张硕

语文学习的基础是阅读。语文教学更不能离开文章的阅读。“不积跬步，无以至千里；不积小流，无以成江海”。如果把文学比作殿堂，大量的阅读就是奠定文学殿堂的基石，如果把文学比作高塔，丰富的积累才能成就文学的高塔。离开了阅读，语文教学只能是空中楼阁，离开了阅读，文学也只能是无源之泉。

“阅读是运用语言文字获取信息，认识世界，发展思维，获得审美体验的过程。阅读教学是学生、教师、作者、文本之间对话的过程”。在阅读的过程中，学生阅读的是文章，是作者人生的体验，是对自己内心的审思，更是对生活的感悟和升华。在阅读中积累的是素养，开阔的是视野，丰富的是内心，厚重的是人生。“美育者，与智育相辅相成，以图德育之完成者也”。而阅读则是美育的最佳方式。

《语文课程标准》要求：“义务教育阶段的语文课程应培育学生热爱祖国语文的思想感情，指导学生正确地理解运用祖国语文，丰富语言的积累，培养语感，发展思维，使他们具有适应实际需要的识字写字能力，阅读能力，写作能力，口语交际能力。培养具有国际视野、民族情怀、高洁幸福的公民。”以语文课标为指导，群文阅读是初中现阶段内，能够很好地指导学生进行阅读，并且在阅读中体会语言的魅力，进行大量阅读，有效阅读的最佳组织形式。适合初中学生阅读的文章灿若云霞，浩如烟海。在卷帙浩繁的众多文学作品中如何选择阅读的对象呢？通过群文阅读课题研究，对于初中教材和课外阅读的群文议题分析，我总结出来一个规律：“似而不同。”

“似”即相同之处，可从以下几个方面入手：1. 中心情感相同；2. 人物类同；3. 作者相同；4. 题材相同；5. 元素相同。“不同”即区别，在同类文章中找出不同之处，可以更加透彻地理解文章的内容，体会作者的意图，更有利于做到把书“读进去，读出来”，从而能够更好地进行情感的反思和迁移。

一、中心情感相同

朱自清的《背影》和龙应台的《目送》两篇文章中，均是以“亲情”“分别”来组织材料。因此，两篇文章中都流露出浓浓的亲情和离别的眷恋。但两者之间又有明显的区别：

《背影》以儿子为视角，展现出父亲的拳拳爱子之情，同时也写出了成年之后，倔强自负的儿子对于亲情的突然领悟，和对父亲的理解，怜惜。这篇文章中完成了一个儿子的情感升华和思想的成熟蜕变。

《目送》是从母亲的角度讲述儿子和她的一次次分别。每一次的分别意味着儿子的成长。每一次都是儿子迎着如喷薄朝日的前方，毫不迟疑地出发；每一次都是母亲紧跟其后，目送远去，由健步如飞到跌跌撞撞。不经意间，母子之间距离越拉越大，儿子始终忘记回头……

两则故事似乎意味着生命的轮回：背影中“我”似乎就是目送中的“儿子”的未来。亲情总在不经意间流走，而又总在怅惘中追悔莫及。

把这两个故事放在一起阅读，不仅可以在文章中找出共通的情感，更重要的是，可以利用二者之间写作角度的不同，让学生学会情感的多角度分析，学会以人度己，由己度人，感受到亲情的不可等待。从而实现由书本到情感，由情感到现实的迁移升华。

二、人物类同

祥林嫂和阿长二者有许多相似之处。如：同为旧时代、受到封建礼教和道德束缚的女性，同是生活在社会底层的贫困劳动人民，同在“我”家帮佣，同样心地善良，吃苦耐劳。但二者却有截然不同的性格和命运：

由于祥林嫂的内向、软弱、自卑，因此她对自己的过往讳莫如深，限制了她与人的正常交流，因此当她身处困境之时，周围的人虽有心帮她，却顾忌良多。阿长非常善于和人沟通交流。居然送给我梦寐以求的《山海经》，从而得到了我的亲近和敬爱。祥林嫂在孩子遇害后，陷入自责、懊悔的深渊中无法自拔，见人便说，最后让人避之不及。而阿长则把自己“躲长毛”的遭遇演绎成了人生的一次“传奇”，让我“肃然起敬”，并且原谅了她每晚睡成一个“大”

字。祥林嫂的软弱和内向的性格，让她接二连三地遭遇人生的重大打击，阿长爽朗乐观的性格，则让她获得了周围人甚至是“我”的喜爱。从两者之间，不难看出“性格决定命运”的道理。有人永远躲在阴影下自怨自艾，有人则勇敢接受人生的种种困难，并且勇敢跨越。

在文章的阅读中，不仅要了解文章的内容，更要在对比中获得人生的思考。这样才能让阅读更有价值，更有意义。

三、作者相同

如李白的诗歌，豪迈浪漫，瑰丽多彩，可上九天揽月，可下五洋捉鳖，飘逸俊秀，无所不能。但是在不同的文章中也有相似的情感，《静夜思》《望天门山》《将进酒》《南岭别儿童入京》《行路难》既有对家乡的思念，对壮丽山水的喜爱赞叹，又有壮志难酬的无奈黯然；既有对出仕入相的渴望，又有对达官权贵的傲然轻蔑，对大展宏图的憧憬。

有选择地阅读他的文章，才能对他的个人形象有一个全面立体的了解和评价。在遇到他的其他文章时，才会有一个清晰的认识。对文章分析时，紧紧把握他的作品风格，就会准确直接，有的放矢。

四、题材相同

刘心武的《美丽的藩篱》，魏清潮的《希望的种了》，陈妙青的《寒夜急诊》三篇文章虽然内容不相同，但是都符合小说的基本要求，都把重点放在人物的塑造上，并且运用了不同偏重的人物描写方法来刻画人物。

通过这三篇文章的阅读，可以让同学们更加全面地了解不同的人物描写方法的作用和优点，并且还可以让学生更准确地体会到不同的写作需要应该通过什么描写方法来体现。通过对比阅读，让学生领会小说类文本的阅读方法，这样才能使学生对于小说的欣赏更加准确和全面，也可以使老师更有针对性地对学生进行写作指导和训练。

五、元素相同

苏教版九年级下中鲁迅的《雪》，可以与黑王辉的《父爱就像那场雪》、赵丽宏《晶莹的瞬间》比较阅读。三篇文章虽然都在描写雪花，但是根据故事需要，不同作者赋予了雪花不同的象征意义。雪可以是暴风雪的战士，也可以是滋润心田的父爱，也可以是诗意的温馨。通过文章的对比阅读，开阔了学生的思维空间，丰富了学生的写作素材。并且更加深刻地体会到“一切景语皆情语”的含义。让学生们学会处处留心、时时观察的好习惯。

群文阅读给老师极大的选择材料、组织材料、呈现材料的自主权，也给老师带来了更大更高的要求。老师在课下要进行大量的阅读，并且要具备“慧眼”，学会“浪里淘金”，找寻适合初中阶段阅读的文章，要在材料的选择上，结合教育热点，学生思想状况，学习水平，以能力训练作为重点。

学生通过有组织有目的地不断进行群文阅读，由这些群文议题“似而不同”的作品，体会到了语言的风采，文学的魅力，获得了智慧的启迪，生活的感悟，人生的思考。

如何引导学生把握基本赏点和特殊赏点

邓州市城区四初中　王杰

随着群文阅读研究的日益加深，语文学科越来越重视加强学生对文学作品的鉴赏分析能力的培养，作品赏析是对文学作品的一种审美认识，包括对艺术形象的具体感受，对作品思想的情感体验，对文学内容的深入领悟，对作品语言的品析评点，对写作手法的鉴别欣赏等。

要想赏析好一篇文章，就要抓住、抓准文章的赏点。在训练学生赏析作品时如何引导学生准确把握文章的赏点和特殊赏点，成为我们语文教学的一个重点。根据语文教学的经验以及对学生考试中赏析题的归纳总结，我认为可从以下几方面着手：

首先，从选文来看，入选课文和考试卷子的文章，一般都是文质兼美的。按写作一般要求，主题突出、内容集中、结构严密、立意深刻、语言生动、条理清楚等方面都是应该考虑的。

其次，我们要根据不同的文体特点，具体文体具体把握要点，进行赏析。如：记叙文主要抓住记叙的要素、线索、材料、形象、方法等方面赏析；说明文要把握说明的对象、顺序、方法、结构等方面；议论文找出论点的提出、论据的运用、论证的方法等；小说要理清楚小说的要素、内容、主题、情节等方面。

总体来说，文章的赏析点离不开以下两个方面：

一是赏析内容。赏析文学作品的主题思想，在此要抓住以下三个要点：1. 把握作品的主旨、思想情感，需要读者完整把握作品、深入理解内涵、注意含蓄或明确的提示，甚至联系相关的作者资料、创作背景。2. 既可根据显性信息把握主题，也可根据隐性信息把握主题。3. 思想主旨题的表达格式是："文章通过（记述、描写、分析）某某对象，（揭示、刻画、论证）了某某（现象、形象、道理),(反映了、形象揭示了、阐述了)某某(本质、特征、道理)。”

二是赏析文学作品的语言特色。要点有三处:1. 赏析文学作品的语言，要建立一个知识体系，包括:语言的准确、简练、生动、形象;风格的幽默、辛辣、自然、简明、含蓄、深沉;长短句式的特点，各种修辞手法及其表达效果，音韵、构图和结构之美，含蓄与直白，“赋、比、兴”的运用，多种表达方式等。2. 抓住作品最突出的语言特色进行赏析。3. 从语言的炼字、炼句、炼意的角度来赏析。句子的赏析可从关键词、修辞法、句子结构、艺术特点等方面入手进行赏析。

第三，我们还应进行多方面的思考，必要时找准文章的特殊赏点。可从以下几点赏析:1. 把握文章的结构，从结构层次的角度赏析，一般有并列结构，显得层次清楚;递进结构，论述步步深入;总分结构，观点明确、内容具体。2. 体验作者的情感。3. 体味作品的意境。4. 评论作品的内容。5. 表达自己的见解。6. 赏析文章的美点等。

在平时的语文教学中，我们应逐步渗入，在实践中教给学生从哪些方面把握文章的赏点和特殊赏点，逐渐融会贯通，进行课外文章的拓展练习指导，让这些基本的赏点和特殊赏点牢牢地刻在学生的心中，让学生做到心中有数，遇到新的文章，他们都可以从这些赏点中去筛取、提炼、思考，自然分析问题就会游刃有余、得心应手。

(作者现在深圳市天誉实验学校任教)

群文阅读：学生多角度“阅赏探测”学习模式“探”的研究

邓州市汲滩一初中 史凌

摘 要 “探”在整个学习模式中，是一个非常关键的环节，对学生阅读能力的提高起着至关重要的作用。那么，在阅读教学中该如何教会学生用好“探”这个抓手呢？可从五个方面入手。

关键词 探重点 探难点 探疑点 探亮点 探探点

阅读，是一个人成长的基石。如何利用好教材，教会学生阅读，并从阅读中获得最大收益，应成为每一位语文教师的努力方向。正如叶圣陶先生所言：“语文教材无非是个例子。”这句话大道至简，明确告诉我们——今天的“教”是为了明天的“不教”，语文课存在的意义，更多的是让学生具备终生学习的能力。但是，初中阶段，学生需要一个“抓手”，需要一根“拐杖”，我和我所在的团队的其他成员，阅读了大量相关教学论著，听取了许多一线语文教师的意见和建议，经过多次实践，探索出一套行之有效的教学模式——学生多角度“阅赏探测”学习模式。其内容梗概如下：

1. “阅”——啥体裁、写了啥、为啥写、怎样写；
2. “赏”——拟题、选材、立意、构思、语言、情感；
3. “探”——重点、难点、疑点、亮点、探点；
4. “测”——学生测、老师测。

“探”在整个学习模式中，是一个非常关键的环节，对学生阅读能力的提高起着至关重要的作用。那么，在阅读教学中该如何教会学生用好“探”这个抓手呢？可从以下五个方面入手：

一、探重点

一篇文章学习重点的确定要综合考量多种因素，比如课标的要求、单元主题的要求，课文的题眼（即题目中的重点词，它不但透示出文章要记叙的重点，也往往揭示出文章的中心）、文眼（指文中最能揭示主旨、升华意境、涵盖内容的关键性词句）等。如苏教版八年级上册第五单元第二十三课《幽径悲剧》一文，这篇课文是第四学段的教学内容：从单元主题上讲，它从属“人与环境”；从体裁上讲，它是一篇借物抒情的散文；从题眼上讲，应紧扣“悲剧”二字；从文眼上讲，要关注课文最后一部分的关键句子……

当然，在课堂上我们不可能面面俱到，但上述内容，作为教师一定要做到心中有数，引导学生自定学习重点，《幽径悲剧》一文的学习重点可定为：

1. 理清文章的思路和作者的情感变化；

2. 理解作者所要表达的思想情感。

在此过程中，允许学生有不同见解。

二、探难点

所谓教学难点，是指学生不易理解的知识，或不易掌握的技能技巧，或难以达到的认知，所以文中的这些情况要引起师生的关注：

1. 贬词褒用。例如，高尔基的《海燕》中“海燕像黑色的闪电，在高傲地飞翔”，对“高傲”一词的理解。

2. 正话反说。朱自清的《背影》中“我那时真是聪明过分”，对“聪明”一词的理解。

3. 借古讽今。如《扁鹊见蔡桓公》《捕蛇者说》《愚公移山》等文章就采用了这种手法，应引导学生深入探究。

4. 渲染烘托。例如对莫泊桑的《我的叔叔于勒》中“在我们面前，天边远处仿佛有一片紫色的阴影从海里钻出来。那就是哲尔赛岛了。”对这句景物描写的作用的理解。

一篇文章的难点不限于此，教师应依据学情来确定教学难点，逐步引导学生自定难点。

三、探疑点

“学习疑点”，顾名思义，就是课文中那些让学生心生疑窦的地方，如：文章中的错误处、矛盾处、分歧处、反常处……如苏教版九年级下册第五单元第十九课《雪》一文，江南的雪与朔方的雪，在鲁迅笔下，各有千秋，都很美，那作者更欣赏哪里的雪呢？这个地方，学生容易发生分歧，因此可以作为疑点来探究。

四、探亮点

一个人让别人眼前一亮，肯定有其自身的亮点，一篇文章也是如此，那些明显的、突出的、出彩的地方，都是一篇文章的亮点。如苏教版八年级上册第四单元第十九课《美丽的西双版纳》一文，它的亮点就是，用小标题的形式构建文章，重点突出，以斑窥豹，条理清晰，给人印象鲜明。又如日本作家川端康成的《父母的心》一文“一波三折”的精彩构思，让文章波澜起伏，引人入胜。

五、探探点

每篇文章要达成的学习目标，都不可能一蹴而就，在学习过程中，肯定有得也有失，有已知知识、略知知识也有未知知识。对于那些已知的知识，学生能否发表自己的新见解，分享给其他同学；对于那些略知的知识，学生能否谈谈自己的新发现，协同其他同学把知识学得更透彻；对于那些未知的知识点学生能否提出创新性的问题，让大家合作解决……这些内容都可作为学习过程中的探点。如苏教版九年级下册第三单元第十二课《呼兰河传（节选）》一文，写《呼兰河传》这部小说时，萧红已经是一位很成熟的作家了，为什么她这样怀念童年的生活？牵一发而动全身，引导学生对作者生平的探究、对作品写作背景的探究、对整部作品的探究……

一篇文章的“重点、难点、疑点、亮点、探点”之间，有时候是互通的，呈网状结构，所以在学习运用过程中不可太拘泥于形式。教师在这一过程中要充分发挥自己的主导作用，力争“放得开，收得拢”，做学生学习过程中的引领者、参与者以及最佳助手和最佳“探”友！

（作者现在郑州市123中学任教）

怎样使学生多角度“探”，逐步丢开“教参”这一拐棍

邓州市汲滩镇一初中　史凌

当下，各种教辅资料充斥校园，导致学生过度依赖教辅，失去了自主学习的能力。多角度“阅赏探测”这一教学模式，力求使学生摆脱对教辅资料的依赖，在学习一篇课文时有自己独到的见解。具体落实到“探”这一环节，教师该如何做才能使学生丢开“教参”这一拐棍呢？

一、“硬件”方面：我们应让学生了解“多角度探”包括哪些方面的内容

学习新课之前，可用课件把“探重点、探难点、探疑点、探亮点、探探点”这五点依次展示在大屏幕上，一方面让学生做到心中有数，另一方面加深学生对应探寻对象的印象。然后提示学生探寻一篇课文的重点可从“课标、单元、题眼、文眼”等方面入手；探寻一篇课文的难点可从“贬词褒用、正话反说、借古讽今、渲染烘托”等方面入手；探寻一篇课文的疑点可从“错误处、矛盾处、分歧处、反常处”等方面入手；探寻一篇课文的亮点可从“明显的、突出的、出彩的”等地方入手；探寻一篇课文的探点可从“已知（即结合往昔所学知识或本身已具备的能力而形成的见解）、略知（即在本节课中生成的新知识、新能力、新发现）、未知（即对文本的创新性解读）”等方面入手。

二、“软件”方面：力求“情景设置和谐化、教师引导艺术化、课堂形式开放化，培养习惯‘补弱’化”

（一）情景设置和谐化。学生的学习环境和学习热情对学生的自主学习很重要。教师在语文教学中，更要注重学生学习的情绪，营造宽松和谐的课堂氛围。尽可能为学生提供必要的时间、空间和相应的条件，让学生主动介入、主动参与；让学生感到自己是学习的主人，具有主人翁意识。

首先，给学生自主学习的时间应充足。把学习的主动权交给学生，让学生真正成为学习的主人。教师在课堂上应尽量少讲。

其次，给学生主动参与质疑的情境。在教学中老师要精心设疑，让学生充分发挥主动参与、主动思考的个性。

（二）教师引导艺术化怎样引导、调动、激发学生潜在的学习能力和自主动脑能力？老师可以通过各种各样的方法去引导学生，让学生在思考中感受到成功的喜悦，激发学习兴趣。

（三）课堂形式开放化营造开放式课堂，拓展学生自主意识，要求老师要随着学生学习方式的改变来改变教学的方式。开放式课堂包括空间上的灵活性，学生讨论活动的选择性，学习材料的丰富性，课程内容的综合性。首先要使学生在广度和深度两方面学好基础知识。其次要根据教材潜在因素，创设想象情境，提供想象材料，诱发学生自由想象，让学生在创设的课堂情境中，充分展开想象翅膀，在想象的自由王国里遨游。

（四）培养习惯“补弱”化培养学生自主学习的习惯，应从“补弱”抓“学困生”入手，老师在教学中要求慢、求稳，使学生有一个适应的过程。老师对学生要有耐心，使学生对自己有信心，这样才有自主学习的冲动。老师对学生其余的知识学习要求也要相应降低台阶，为各种类型的学生设下不同的知识台阶。教好“学困生”，教好最后一名，前面的学生自然更加优秀！

如何让学生丢开“教参”这一拐棍，学会自主多角度探究课文是一项系统工程，老师要持之以恒，学生要循序渐进。只有激励学生主动参与，主动实践，主动思考、探索、创造，才能全面提高学生的素质，使语文课堂焕发出生命的活力！

（作者现在郑州市123中学任教）

群文阅读之探微比较法在中考现代文段落分析中的妙用

邓州市城区四初中 骆志成

群文阅读新形式的出现，赋予了普通一线毕业班语文教师“编者”的身份，让其拥有了更多更大“选择议题”的自由和责任，语文教师研究群文阅读，可以在中考的复习备考范围内，以自己对语文的认识与理解，组合起一定数量的群文，精选习题，拓展练习训练，巩固提高学生语文素养，实践打造自己心目中理想的语文复习高效课堂。笔者运用群文阅读探微比较法，在中考现代文段落分析中收到极好的复习效果。

现代文阅读试题中，往往有这样一类题，提问方式如下：1. 作者写 ×× 段有什么作用（好处、效果）？ 2. 为什么要写 ×× 段内容？ 3. 删去 ×× 段可以吗？

教师要引导学生分析应对的解题思路：1. 确认段落在行文中的位置。2. 明确重要段落的基本作用。3. 明确答题方向，从结构和内容两方面入手分析。弄清答题格式一般为：结构手法（开门见山，卒章显志，伏笔照应，铺垫悬念，承上启下，首尾呼应，顺倒插叙）+ 内容（表现何内容，抒发何感情）。教师要引导学生分析应对的解题思路如下：

一、开头段的作用

1. 开篇点题。作用：总括全文，揭示主旨，统领全文，表达与主旨相关的感情。典范示例：朱自清《绿》：“我惊诧于梅雨潭的绿了。”《背影》：“我与父亲不相见已二年余了，我最不能忘记的是他的背影。”郭沫若《白鹭》：“白鹭是一首精巧的诗。”萧红《呼兰河传》：“呼兰河这小城里住着我的祖父。”

2. 开篇没点题。作用：引出下文，或与下文形成对照，或为下文做铺垫。典范示例：陆蠡《囚绿记》：“这是去年夏间的事情。”叶圣陶《多收了三五斗》：“船里载的是新米，把船身压得很低。”

3. 开篇景物描写。作用：结构上，它起铺垫作用；景物描写从内容上看，勾勒环境，提供背景，或渲染气氛。典范示例：朱自清《春》："盼望着，盼望着。"老舍《在烈日和暴雨下》："六月十五那天，天热得发了狂。"谢大光《鼎湖山听泉》："江轮夹着细雨，送我到肇庆。冒雨游了一遭七星岩，走得匆匆，看得蒙蒙。"

4. 开篇连续发问，作用有引人入胜或发人深思。

教师引导学生回顾九年级课文，季羡林的议论文《成功》的开头："什么叫成功？顺手拿过来一本《现代汉语词典》，上面写道：'成功，获得预期的结果。'言简意赅，明白之至。"

①议论文开头作用"二引一证"即：一引起读者阅读兴趣，引出论点或论题，（如果是事例开头）作为事实论据证明论点，（如果是名人名言开头）作为道理论据证明论点。

②说明文开头作用"三引"即：一是引起读者阅读兴趣；二是引出说明对象；三是引起下文。

5. 开篇连续感叹，有强烈的抒情作用。例如《野菊花》：文章的开头有什么作用？

"①野菊花！漫山遍野的野菊花！②有谁见过这般豪放壮烈的花云？有谁闻过这么沉郁凝重的药香？那样泼泼辣辣地开。一簇一簇，一摊一摊，一坡一坡，灿烂辉煌！"

参考答案：它不仅总括全文，开篇点题，而且表达了作者的惊喜之情和对野菊花的赞美之情。

让学生小试牛刀，教师出示经典示例 2011 年河南省《漓江情韵》：

"雨霏霏，雾茫茫。雨雾好像是漓江的纱巾，笼罩在它美丽的面颊之上。江里的渔舟、游船以及江边的垂钓者，都成了一个个逗点，在雨雾漓江的诗章中，挑逗着你手中的笔，把大自然中的绝美编织成篇。"

问题：第一段在文中起什么作用？

参考答案：①交代故事发生的环境。②引起下文。③营造朦胧的诗情。④用漓江的阴柔情致烘托摇船人的阳刚之美。

二、特殊中间段（过渡段）的作用

写作中要用某些词、句、段贯通文意，起桥梁作用，叫“过渡”。例如：岑参的《白雪歌送武判官归京》中诗句：“瀚海阑干百丈冰，愁云惨淡万里凝。”鲁迅的小说《孔乙己》记述主人公悲惨遭遇的主体部分分两个层次，写断腿前后的孔乙已，过渡句：“孔乙已是这样的使人快活，可能没有他，别人也便这么过。”鲁迅的散文《藤野先生》中第三段：“到别的地方去看看，如何呢？”李森祥的《台阶》中“接着开始造台阶”。魏巍的散文《谁是最可爱的人》中“我们的战士，对敌人这样狠，而对朝鲜人民却是那样的爱，充满国际主义的深厚热情”。

1. 比较短的过渡句，作用：承上启下（过渡）。要答出上下文的内容。

如鲁迅的《藤野先生》第三段：“到别的地方去看看，如何呢？”结构上承上启下。一方面承接上文，要离开东京，与首句呼应；另一方面开启下文，为下文张本过渡，进而转入对仙台生活的叙写。

2. 比较长的过渡句，描写的是选文的主要物象，作用：扩展思路，丰富内涵，具体展示，深化主题或照应前文。

3. 如描述的次要物象与选文的主要物象在形象、意境或情感上一致，作用：衬托（烘托、铺垫）。不一致时作用：反衬。

让学生小试牛刀，教师出示典型示例，2013 年河南省中考试题《放学》：

③一个小时零十分之后，妈妈拎起汽车钥匙，准备出门找安安。门铃响了，安安进门，看见妈妈生气的面孔，惊讶地问：“怎么啦？”妈妈生气地说：“怎么啦？还问怎么啦！你过来给我坐下！”安安卸下背上的书包，嘟着嘴在妈妈指定的沙发角坐下。他的球鞋一层泥，裤膝上一团灰，指甲里全是黑的。“你到哪里去了？”审问开始。“没有呀。”安安睁大眼睛。“只要十五分钟的路，你走了一小时零十分，你做什么了？”“真的没有呀！”安安渐渐生气起来，声音开始急促，“我跟米夏儿、克利斯、史提方一起走，就这样一路走回家，哪里都没去，什么都没做呀！”他气愤地站了起来。看样子孩子没说谎。

问题：第③段中哪些语句为后文写安安放学路上经历做了铺垫？

参考答案：①他的球鞋一层泥，裤膝上一团灰，指甲里全是黑的。②只要十五分钟的路，你走了一小时零十分，你做什么了？

三、结尾段的作用

1. 一般有总结全文，照应题目，呼应开头，点明主旨，深化中心，升华主旨。2. 委婉含蓄，意在言外，发人深思。3. 暗示主题，强化作者感情。

解题思路：（1）结尾段与开头、题目比照，寻找结构关系《绿》《白鹭》照应题目呼应开头（首尾）。（2）结尾段与全文、主旨比照，理清关系：总结全文、点明主旨、暗示主题、深化中心。（3）结尾段表现作者情感（议论、画龙点睛）。

例如，著名散文作家萧乾《枣核》的结尾段："改了国籍，不等于就改了民族感情；而且没有一个民族像我们这么依恋故土的。"鲁迅的小说《故乡》中结尾段："我想：希望是本无所谓有，无所谓无的。这正如地上的路；其实地上本没有路，走的人多了，也便成了路。"表达方式是议论，前者的作用是画龙点睛，后者的作用是富含哲理，表达了作者对新生活的追求。

引导学生联系 2015 年河南省中考语文试题《滴水之恩》结尾段：

他听了果然高兴："其实你也不用谢我，要谢就谢那个给我水喝的人。那次之后，我才晓得，人有时候是多么需要旁人帮一把。""马山到了！"他刹住车。"谢谢你啊，下车来喝杯热茶，歇会儿吧。"他一边倒车一边说："我还得赶回去运货呢——本来，我的车是不到马山的。"

问题：联系全文，简要分析结尾的妙处。

参考答案：①点明他是雨夜专程送"我"的，更突出他的善良和爱心，使人物形象更鲜明。②突出受人滴水之恩，便涌泉相报、回馈社会的主题。③故事结尾，在意料之外又在情理之中，更具艺术表现力。④戛然而止，给读者留下回味的余地。

让学生小试牛刀，教师出示《阳关古道苍凉美》文章的开头有什么作用?

"一到敦煌，我就想起了阳关。阳关在哪里？它还是那么的荒凉、那么的令人感伤吗？于是，一缕思绪把我们带到了古阳关遗址。"

参考答案：①连续发问，引起读者兴趣。②引出下文古阳关遗址。

《阳关古道苍凉美》文章末尾引用郭小川的诗句表现了作者什么样的情感？有何作用?

"自古以来，阳关在人们心中，总是烽火连天，黄沙穿甲，满是凄凉悲惋。然而，今天阳关附近，则已出现柳绿花红、林茂粮丰的景象。游人漫步这里，既可凭吊古阳关遗址，又可以远眺绿洲、沙漠、雪峰的自然风光。何必

‘劝君更尽一杯酒’，这样的苦酒何须进，且把它还给古诗人！什么‘西出阳关无故人’？这样的诗句不必吟，且请把它埋进荒沙百尺深！这是郭小川的诗句吧！”

参考答案：①表达作者的豪情壮志及对今天美丽富饶的阳关的赞美。②回应文章开头的提问，使文章前后照应，强化了作者的观点。

教师引导学生群文阅读时分析比较文章段落的不同作用，用课内文段分析得出方法和技巧，潜移默化，拓展延伸，解决课外文章的阅读分析，提高学生的阅读能力和技巧，不失为一条语文复习的捷径！

群文阅读：学生多角度“阅赏探测”学习模式“测”的研究

邓州市城区四初中 骆志成

学生多角度“阅赏探测”学习模式内容简洁明了，可操作性强。“阅”是基础：从“啥体裁？写了啥？为啥写？怎样写？”四问入手；“赏”是内容：从“拟题、选材、立意、构思、语言、情感”六个方面把握；“探”是支撑：从“重点、难点、疑点、亮点、探点”五个角度考虑，激发学生阅读的欲望；“测”是知行统一，只有学生真正读懂文本、深入进去、理解文本才能提出问题，设计出令人叹服的题目来，进而提高学生语文素养，达到叶圣陶先生“教是为了不需要教”的最终目标。“阅赏探测”学习模式中“测”可分为“学生自测”和“教师检测”两方面。下面笔者结合课堂教学实际逐一分析解说：

一、学生自测

“学生自测”就是学生自己在完成了“阅赏探”三个课堂学习环节之后的第四个学习环节，学生分组结合文本设计出 4–5 个可行的阅读题，师生互评、生生互评。此环节教师可教给学生阅读设题的方法，循序渐进，学习实践，分类对待，掌握方法，逐步提高。

（一）知识型

内容包括：“文学常识、文化常识、科普知识……”学生可结合作者、文本体裁、时代背景设计问题。例如：学习杜甫的《春望》诗歌，学生命制出：杜甫是唐代著名的 __________ 诗歌的代表，被后人誉为“_______”。他的作品反映了“安史之乱”后唐朝由盛转衰的历史过程，被称为“________”，他的诗歌风格特点是 __________。从文学文化常识方面考查对“诗圣”杜甫的高度关注，具体全面。

（二）文体型

内容包括："六要素、顺序方法、论证思路……"学生可依据"记叙文、说明文、议论文、小说"等不同的体裁设计问题。例如："记叙文"体裁，阅读时把握"叙事线索"，可从人物见闻、特殊物品、情感变化、中心事件、时间、地点变换等方面考虑。"记叙顺序"四种：①顺叙：按照事情的发生、发展和结局来写。作用：脉络清楚、有头有尾、印象鲜明。②倒叙：把后发生的事情写在前面，然后再按顺序进行叙述。作用：引人入胜、避免平铺直叙。③插叙：由于内容的需要中断原来情节，插入有关情节或事件，然后再叙述。作用：补充、衬托中心内容（人物或事件）、丰富情节、深化主题。④并叙：两方面事件同时进行。作用：花开两朵各表一枝。再如：理清"议论文的论证思路"，可以结合《得道多助，失道寡助》一文教给学生方法。用上"首先，其次，再次，最后"，结合文本内容，得出《得道多助，失道寡助》论证思路："首先，作者提出全文'天时不如地利，地利不如人和'的中心论点；其次，列举'攻'方，攻而不胜，论证'天时不如地利'的观点；再次，列举'守'方，弃城而逃，论证'地利不如人和'的观点；最后，作者从战争推论到治国，采用正反对比论证，得出'得道多助，失道寡助'的观点。"今后学生遇到"理清议论文一段或者全文的论证思路"，学生都可以借鉴模仿《得道多助，失道寡助》一文的分析写出答案。

（三）能力型

内容包括："理解分析、概括评价、赏析想象、辨别探究……"例如，"记叙文的词语或句子的含义辨析"问题设置，教师引导学生可从以下几点考虑：①结合特定语境，即具体的句、段、篇、上下文，分析词语的含义。②注意词语的感情色彩（褒义、中性、贬义），明了词语的本义、引申义、比喻义、一词多义等。③注意语气、语调。④着眼词句的搭配。⑤着眼词义范围的大小、轻重、程度。⑥注意言外之意。如：挖掘比喻句中的本体或者事物的象征意义。在阅读中指导学生要借助语感，结合语境，理解词语的语境意。坚持"词不离句，句不离文"的原则，读上下文，寻找线索，推知语境意。理解词语的字面意思是第一步，更重要的是理解词语的动态意义和在文章中的深层含义。

（四）出彩型

内容包括："拟题、选材、立意、构思、手法、语言、情感"，可以结合具体文本分析它的出彩之处。例如，“记叙文从结构上分析句子的作用”分三种情况：①开头句子作用：开篇点题、照应题目、总领全文、引起下文、埋下伏笔、做铺垫、设置悬念、引起读者阅读兴趣、奠定全文抒情基调、渲染气氛，烘托人物心情等。②中间句子作用：承上启下过渡句、总结上文、引起下文、埋下伏笔、做铺垫、推动情节发展。③结尾句子作用：篇末点题、总结全文、深化中心、升华主题、卒章显志、画龙点睛、令人深思、让人回味、前后呼应等。

（五）拓展型

内容包括：“续结尾、换方法、补论据、揣心理、想未来、说典故、扩诗句。”例如，阅读议论文《刘翔没错，错的很可能是我们》课外文段后，学生从“揣心理”的角度命题：“在刘翔退役之日，希望你送去一句祝福，一份善意，请你给刘翔写出一段话。”并且拟出符合语境的答案来：“刘翔大哥，退役仅仅是人生的一部分。人生的跑道还很长，还有很多的栏等着你去跨越。我们相信你一定不会辜负大家的期望，一定会努力跨好人生新的一栏。”符合语境，换位思考，采用比喻，给人激励，传播了正能量。

二、教师检测

“教师检测”就是学生在完成了“阅赏探”三个环节之后的第四个学习环节，教师结合文本设计出3–5个切实可行的阅读题，或者借助与文本相应的精选题，每年中考题，模拟题等。师生互评、生生互评。例如，针对“小说阅读”时，教师提醒学生从应注意的技巧讲起。明白三要素：人物形象、故事情节、环境。“情节是人物性格的历史”，譬如：《水浒传》中的林冲由安分守己、逆来顺受、忍辱负重到奋起反抗、逼上梁山；《变色龙》中的奥楚蔑洛夫的见风使舵、趋炎附势、老奸巨猾的性格特点。教师指导学生分析人物形象、性格特点时，不仅要关注人物言行，更要关注人物身份、职业特点，这样很快就会分析出恰切的答案。例如，“父母”：爱孩子、教育孩子、体谅孩子、孩子犯错能原谅孩子，父严母慈；“工人”：爱岗敬业、任劳任怨；“农民”：憨厚淳朴、勤劳吃苦、任劳任怨、珍惜劳动成果；“军人”：保家卫国，敢于牺牲，一不怕苦，二不怕死；“体育运动员”：热爱体育事业、勇于拼搏、敢于争先夺冠；“商人”：有商业头脑，追逐利益，富有爱心；“科学家”：珍惜时间，刻苦钻研，执着敬业、无私奉献；“法官”：公平公正、执法严明，依法治国；“教师”：教书育人、无私奉献、呕心沥血、教学有方、爱护孩子、关爱学生；“孩子”：纯洁、活泼、可爱、心地善良、乐观开朗、无私无畏、有爱心、知错能改，寄托了作者对未来的希冀和期望。

三、测评步骤

学生多角度“阅赏探测”学习模式中“测”是课堂上拓展反馈的主要内容。课堂上测评步骤可操作如下：“自拟→展示→对比→发现→评价→奖励。”首先，学生结合文本自拟问题；第二，分小组展示设置的问题；第三，学生相互对比问题；第四，发现问题的内容；第五，学生之间相互评价；最后，教师对课堂“测”活动中的优胜者予以表彰奖励。

总之，“现代文阅读是有规律可循的”。课内学习是“点”，课外阅读是“面”。多角度“阅赏探测”的学习模式高效地实现了语文课“点”与“面”的有机结合。一方面对学生课外阅读效果作了一个科学的检测；另一方面，充实了语文动态的课堂，培养了学生的语文素养，提高了课堂效率。打造高效课堂，增强学生学习语文的积极性、自主性、合作性和探究性。

初中语文课堂如何进行“阅赏探测”的“测”

邓州市城区四初中　骆志成

学生多角度“阅赏探测”学习模式中课堂达标“检测”是一节课的收尾环节，是有效课堂教学的检验阶段，是促进学生自主学习发展的有效途径之一。为此，我在课堂上是这样做的：

一、目标明确

目标是语文课堂教学的方向和灵魂，在目标明确的课堂教学中，学生们像在赛跑；而在目标不明确的课堂教学中，学生们像在散步，两种课堂教学的效率差别很大。当堂达标教学首先要求“标”要准确，教学目标准确是当堂达标教学的第一要素。

二、方法灵活

课堂达标“检测”要求在目标准确的前提下，选择适当的检验学生的达标方式。检测学生学习是否达标的方式有多种，可以让学生做题，可以进行提问，可以让学生结合课件内容进行活动，但是不论什么样的方式，都要注意“学以致用”这个原则，学习的目的是为了应用，学生的应用程度的高低既体现出我们这节课生成性的高低，而且通过这种课堂达标检测的引入能给学生的反思提供依据，让他们自己去发现自己学习中的漏洞，查缺补漏，弥补不足。

三、精心设计

课堂达标“检测”的设计做到量少而精，适时、适量、适度、有效。

1. 明确训练的内容。练的内容主要指学生在自学过程中暴露出来的带有普遍性倾向的问题，即学生目前尚未掌握的课程内容。为保证整体效率，如果只是个别或极少数学生没有掌握，可以采取其他的辅导措施进行补救，而没必要在课堂上进行统一的教学。

2. 认真编制检测题。在设计教学时，要把达标检测作为教学内容完成后的一个附加环节，有时觉得课堂检测可有可无，有时间就检测练习，没时间就算了。这说明我们还没有意识到可以用检测来以测促学，发挥课堂检测的更大功用。今天新的教育形势下，如何使群文阅读教学重点和难点在学生的积极学习热情中得以突破，达标“检测”这一教学环节已成为课堂教学不可或缺的一个重要组成部分，可以引导学生在达标检测的活动中，自主探究归纳而生成新知，达到“温故而知新”的效果。具体做法如下：

首先，题目设计典型并有针对性，符合语文教育的要求和新课程、课堂教学改革的趋势，做到触类旁通。

其次，设计趣味性和开放性相结合的练习。学生对所学知识一旦产生了浓厚的兴趣，就可以在课堂练习中主动地、轻松地、持久地、集中地投入到练习中来，这样有助于学生语文知识能力的提高。

再次，要具有拓展性。一定得对本节课的知识做好拓展延伸，为学生的发展搭建一个更为广阔的平台。学生智力不等，发展不同，对学习所提出的要求也不同，语文教师应该给学生这样一个视角广角镜，让他们去了解与之有关的课本以外的知识，做一些难度较深的题目等，对我们老师来讲，这样做也为我们自己搞好校本教研提出了更高的要求，至于拓展什么，延伸什么，应该尽量从现实、生活及学生感兴趣的角度出发，例如：选择文质优美的《读者》《意林》时文训练、感动中国人物、国家科技奖获得者等事迹。

最后，要强化辨析。很多题目的设计都能迷惑学生，这说明学生学习过程中有许多不清楚、不牢固的地方。而在辨析中，也能强化学生的理解，澄清学生的认识。语文试题中有不少基础题都需要师生去共同辨析，比如字音、成语、病句等，教师在课堂上应有意识发现这样的问题，给学生创设练习的机会。

四、分析评价及时有效

1. 及时进行反馈。评析时要抓重点、抓典型，分析透彻，从认知结构上把错误纠正过来，以免学生一错再错。

2. 能在课堂上完成的作业尽量让学生在课堂上完成。“当堂达标检测”环节增强了师生的效率意识，极大地提高了语文课堂学习效率。

3. 学生学会分析错因，让学生自己认识自己。课堂上可以把学生出现的典型性错误拿出来让学生一起分析，掌握分析的方法。并让学生用文字来记录思维的过程。

4. 学生检验的重要性。运用什么方法检验最有效，需要学生自己的理解、创造，当然也少不了教师的引导。课堂上，教师不要把它当成一种负担，它同样是对知识的深入、升华。如字音部分的练习，有不少是多音字的辨析，需要学生认真翻查工具书才能解决，教师要引导学生进行经常性的积累。

五、达标检测的原则和方法

1. 原则

首先要坚持不懈，每节课都要做这些训练。持之以恒，不能遇到问题半途而废。其次，严格要求，严格要求每一名学生。

2. 方法

（1）集体检测法。面向全体学生，针对本节课的目标进行检测，检验学生的掌握情况。

（2）小组检测法。分小组的时候，要采取取长补短的方法，每一组要有成绩好的，也有差的。合理搭配，优化组合。由小组长检查，最后把信息反馈到一张表上。

（3）同学互助法。同学之间互相检测，互相帮助，共同提高。

（4）限时训练法。比如限时一分钟背诵，让大家比赛，看谁背得快。限时默写，3–5 分钟，看谁写得多，这样有利于学生集中精力进行读写。

课堂达标检测目的是让尽量多的学生在课堂上最大限度地掌握基础知识、最大限度地进行基本技能训练、最大限度地得到情感态度价值观的培养。具体到每节课堂上，必须有一定的达标练习时间，并要及时反馈达标训练情况，掌握学情，有效地减轻了学生的课外负担。

巧借中招典型例题教会学生自测

——记叙文阅读之重要词句含义的理解

邓州市陶营初中　骆邓林

记叙文的重要词句主要是指文章极富表现力的、含义深刻的、在文章结构上起重要作用的词语和句子。它们对标志文章线索、显示行文思路、突出层次转换、突出人物性格、揭示文章主旨有重要作用。这是语文教学中的重点难点，是中考记叙文常见考查的内容之一。解答此类试题，可从以下几个方面把握：

一、理解重要词句的含义

对词句含义的理解和分析，要联系文章的中心或人物形象，从内容和结构两方面理解、感悟。答题时一定要结合语境，按照“词不离句，句不离段，段不离篇”的原则，切忌架空分析。

1. 比较辨析词语可从词义、使用范围的大小、词语的感情色彩、语体色彩入手。如，【2013 年杭州】(《晶莹的瞬间》阅读，原材料略）第 14 题：根据全文内容，指出标题中“晶莹”的具体含义，并分析作者在文中所表达的思想情感。

分析：结合文章题目“晶莹”和有关内容进行分析，可知雪花和琴声的明朗洁净，小姑娘的单纯天真，表达对宁静生活的向往之情。

【参考答案】含义：雪花和琴声的明朗洁净，小姑娘的单纯天真，自己向往的宁静生活。情感：在困境面前，表现出积极乐观的心态，充满着对美好生活的期望；在喧嚣的生活面前，表现出对自由平和生活的向往和追求。

2. 找出代词的指代内容，可扣住上文，由此及前顺藤摸瓜。如，【2013 年河北省】(《雪一化就有路了》阅读，原材料略）第 20 题：“选文中加着重号的‘病人’一词的含义是什么？”

分析：结合文章第三、四段“我听说有人搬弄是非……我决心当面要去质问她”，我由老大娘“你是去看望病人吧？”顿悟：“虽然世上常有误解和诽谤，但是充满阳光的心灵却能够宽恕和融化它。”经分析可知“病人”是“心灵有疾病，不健康的人”。

【参考答案】这里是指搬弄是非、给“我”造成心灵伤害的人，但也是可以原谅的人。

3. 理解富有表现力的关键动词和形容词，可从所表现人物的性格、情感和景物特征入手，从内容和表现力两方面体会其具体作用。如，【2014年河南省】（《看自行车的女人》阅读，原材料略）第8题：品读第③段和第⑥段，从人物描写的角度，结合相关语句进行赏析。

第③段：____________________ 第⑥段：____________________

分析：第③段，主要运用了外貌描写。写出了她衣服的廉价、穿着的过时、工作的辛苦。第⑥段，主要运用了动作描写。写出了她被抢后的为难、无助与伤心。若答细节描写，分析合理，可酌情给分。

【参考答案】第③段：主要运用了外貌描写。“旧迷彩服”“老式旧布鞋”“脚面晒得很黑”写出了她衣服的廉价、穿着的过时、工作的辛苦。或：“她的两只眼睛，呈现着莫大而又无助的惊恐”写出了她当时的处境和内心的惊恐。（意思对即可。）第⑥段：主要运用了动作描写。“追”“回头看看”“慢慢走回”“捡起”“瞧”“抵”“哭”写出了她被抢后的为难、无助与伤心。（意思对即可。）

如，【2012年河南省】（《桥在水上》阅读，原材料略）第10题：从画线句中找出几个体现细节的词语，结合具体内容进行赏析。

分析：本题考查学生鉴赏语言和内容理解的能力。答题的关键是明确题干的两点要求，一是“体现细节的词语”，二是“结合具体内容”，前者要求找准答题点，后者要求找准切入点。细节描写是指文学作品中对人物动作、语言、神态、心理、外貌以及自然景观、场面气氛等细小环节或情节的描写。这里比较突出的是孩子的动作和男子的心理。

【参考答案】示例一：“绕住”“扑”等词语具体细致地展现了两个孩子拥抱男子的感人情景。突出了孩子的纯真善良。示例二：“犹豫”“紧紧”等词语细腻地表现了男子内心的波动，写出了孩子的纯真善良给男子的感动。

4. 从文章主旨入手，理解句子的含义。如，【2015年河南省】（《滴水之恩》

阅读，原材料略）第 8 题：“头裹苗帕的老妇人”在文中起什么作用？请结合具体内容，从情节和主题两个角度进行分析。

分析：从情节上分析，交代“我”面临的困境，为故事情节的展开作铺垫。从主题上分析，老妇人充满善意的言行，表现她对陌生人的友善与关爱，“赠人玫瑰，手留余香”使主题更丰厚。

【参考答案】①情节：交代“我”面临的困境，写出“我”步行返回的原因，为故事情节的展开做铺垫。②主题：老妇人充满善意的言行，表现了她对陌生人的友善与关爱，使主题更丰厚。（意思对即可。）

如，【2010 年河南省】（《寻找妈妈的寻人启事》阅读，原材料略）第 10 题：第（13）段加点词语在表达上的好处。

分析：这一段有两处加点词语，第一处写同学们的服装；第二处写同学们的态度，从对母亲的服装是否了解来写。“干净漂亮”表面是写同学们的服装，实际表现的是母亲对孩子的爱。而同学们对母亲穿什么，则“从来也没有留意过”，折射出的是亲情的缺失。作者想表达的思想情感，就在这种对比中显露出来。

【参考答案】10.“干净漂亮”从侧面反映了母亲对孩子的精心照料，反衬出孩子们对母亲的忽视。“从来也没有”写出了孩子们潜意识里认为母亲对自己的关心是理所应当的，而自己不需要关注母亲，与上面对同学和明星穿戴的关注作对比，突出孩子们对母亲的忽视。

5. 总结上文、领起下文和提示上下文的过渡句，要注意其结构上的承上启下的作用。如，【2013 年山西省】（《绿茵场上的非主流》阅读，原材料略）第 13 题：请从“商业家族”和“足球王国”两个方面，概括皮尔洛“非主流”的具体表现。

分析：从“商业家族”和“足球王国”两个方面，概括皮尔洛“非主流”的具体表现。可知皮尔洛不遵从意大利足坛的主流理念，坚持自己的另类踢法，最终成为国际足坛巨星。

【参考答案】（1）皮尔洛放弃庞大的家族企业，坚持自己的梦想，毅然走上了足球之路。（2）皮尔洛不遵从意大利足坛的主流理念，坚持自己的另类踢法，最终成为国际足坛巨星。

6. 从联系时代背景来理解。如，【2013 年江西省】（《两角钱》阅读，原材料略）第 17 题：结合具体语境，理解“他的笑容让我感到一种天真的亲切，很干净透明的那种感觉”中“干净透明”的含义。

分析：素不相识的外乡男孩子帮助作者付了两角钱的邮资，使作者感受到孩子的可爱、天真、纯洁、无私，真挚待人。

【参考答案】“干净透明”是指男孩子内心纯洁，待人真挚。

二、赏析有表现力的句子

品味、赏析富有表现力的句子，一般是指那些运用了修辞手法、表达技巧、含义深刻的句子。品味这些句子时，首先从修辞手法及其表达效果分析。解答此类题的格式一般是：运用了什么修辞手法，写了什么内容，这样写的表达效果。其次是品味关键词语的作用，从内容和表达效果两方面入手，如动词的准确传神，形容词的生动形象，副词的准确、语气强弱等。

1. 联系实际，典型联想来理解。如，【2013 年成都】(《燕子》阅读，原材料略）第 10 题：（1）解释文中加点词语的含义。朦胧的欢喜；朦胧的悲伤。（2）从修辞的角度赏析文中“这不就是燕子吗？这不就是我从来没有见过的燕子吗？这不就是书里说的、外婆歌里唱的那一只燕子吗？”的表达效果。

分析：（1）联系文本可知“朦胧的欢喜”是回想起和故乡亲人在一起的快乐日子；“朦胧的悲伤”是燕子寄托了作者浓浓的乡情，心中觉得孤寂和伤感。（2）从修辞的角度可知是反问，起强调的作用。

【参考答案】（1）朦胧的欢喜：儿时外婆给自己唱歌，唱到了燕子，此时注视着南国的燕子，回想起和故乡亲人在一起的快乐日子，时间虽然久远，但值得回味。朦胧的悲伤：注视着南国的燕子，燕子寄托了作者浓浓的乡情，心中觉得孤寂和伤感，无法排解。（2）连用三个反问句，作者将“乌秋”认作了故乡的燕子，增强语气，突出强调了作者突然在南国发现“燕子”的惊喜之情，同时表现了作者心中对故乡深深的思念。

2. 从句子的修辞手法去理解。如，【2013 年河南省】(《放学》阅读，原材料略）第 9 题：品读第⑦－⑧段，从词语运用、修辞方法、细节描写中任选一个方面，结合相关语句进行赏析。

分析：本题考查学生鉴赏语言和内容理解的能力。答题的关键是明确题干的两点要求，一是“从词语运用、修辞方法、细节描写中任选”，二是“结合相关语句”。词语运用可结合第⑧段刻画孩子们动作的词语；修辞方法可结合第⑦段反复修辞的运用；成功的细节描写在刻画人物性格、丰满人物形象、连接故事情节、丰富作品内涵等方面具有重要作用，可结合第⑨段对黑色蚂蚁的细致观察。

【参考答案】“词语运用”示例：第⑧段“三个男生蹑手蹑脚地走向大铁门，一接近铁门，狼狗扑过来，小男生尖叫着撤退，尖叫声中混着刺激的狂喜”一句中，“蹑手蹑脚”“尖叫”“摸”等词语传神地刻画出孩子们逗狗时既害怕又异常兴奋的样子，充满了童真童趣。

“修辞方法”示例：第⑦段中“小男生一个接一个爬上去，惊险地走几步，跳下来；再爬上去，惊险地走几步，跳下来”一句，运用反复的修辞方法，突出了孩子们爬短墙的乐此不疲，表现了“小男生”喜欢冒险的天性。

“细节描写”示例：第⑨段中“地面上有一只黑色的蚂蚁，蚂蚁正用它的细手细脚，试图将一只死掉的金头绿眼苍蝇拖走”一句，运用细节描写，侧面写出了孩子们观察的细致专注，表现了他们强烈的好奇心。

总之，巧借中招典型例题教会学生自测的角度，依据文本的具体内容及考题所指的意项，从理解重要词句的含义，从赏析有表现力的句子的角度把握，就可以快速地解决记叙文阅读中遇到的问题。

浅谈群文阅读背景下语文课堂检测的有效性

邓州市赵集一初中　房炳安

课堂检测，是实施课堂优化教学的重要手段，课堂检测可以检测学生的学习情况，课堂教学是教师引导学生掌握知识、提高能力的一个过程，在实施群文阅读的过程中，教师并不能全面地了解学生的学习情况，而课堂检测后，教师可发现学生对知识掌握得怎样，能力提高到何种程度，哪些同学已达到了目标，哪些同学还有待于进一步提高，之后教师可制定出相应的措施予以帮助。它可以检查教师教的情况。教师的备课，往往是将精力主要放在研究教材、教法上，对学生的接受能力往往估计不足。有时认为学生学起来很容易的知识，在课堂上却进行不下去；有时觉得用起来应该很好的方法，学生却不予采纳。只有进行了课堂检测之后，教师才能发现备课中的不足，才能及时地调整方法，改变策略，从而达到理想的目标。如何有效进行课堂检测，应该从下面几个方面进行：

一、落实课堂中基础知识的检测练习

在每一节语文课中，学生都要识记生字词，都要积累文中的好词佳句，课上学生虽然在老师的引导下自学了生字词，但在课后的语文作业和生字本上仍有不少生字词写错。因此教师应在课前布置生字词的预习任务，课中通过听写及时发现易写错的字词，将问题及时在课堂上予以解决，避免课后再出现错误。教师也可以通过课堂检测的形式，让学生将当堂所学重难点落到实处。在积累运用的教学中，课堂上如果一味地只重视积累和理解，而忽略了学生的写，即使每个学生已背得滚瓜烂熟，但写起来好多学生仍会出现大量的错别字，因此课堂上的听写、默写是提高有效教学的必要途径。

二、课堂冷场时以写代说来促进有效教学

语文课堂上当教师提出问题，学生大眼瞪小眼或举手的同学寥寥无几时，好多教师总是不厌其烦地引导或把举手的同学当成一根救命稻草来化解当时的僵局。当课堂上学生分小组讨论只成为一种形式或一些同学思想已开小差时，教师总会无计可施。这时只要发挥写的作用，一切问题都可以迎刃而解了。让每个同学将自己心中的答案写在纸上，这样可以使那些游离课堂之外的同学重新回到课堂；使那些问题考虑不成熟的同学进一步完善自己的答案；使那些胆怯的同学的答案得到老师的肯定重燃自信；使那些回答有困难的同学及时引起老师的注意，老师适时地进行指导，使不同层次的学生都能通过写的训练把他们解决问题的能力真正地得到提高，从而培养他们的理解能力。

三、练习题设计要多层次多样化

学生是学习的主体，应以“乐学”为最优化境界。要“乐学”，首先就要设计多种形式的练习来激发各层面学生的学习兴趣，达到整体优化的效果。我在语文教学中采用过如下练习形式：

1. 画一画。在学习《画山绣水》一文时，我让学生朗读完该课文，画出自己印象中的桂林山水甲天下的美景，让学生更深刻的理解课文内容。

2. 演一演。在学习课文《江村小景》一文时，抽学生上讲台给全班同学分角色朗读表演。通过表演让学生正确认识故事中的人物、体会人物形象，理解作者要传递的主旨：呼唤和平，反对战争，铸剑为犁。

3. 填一填。在学完姜孟之的《一双手》一文后，要求学生完成下列填空：张迎善的一双手是__________________的手。

学生填出：创造绿色宝库、天下第一奇手、无私奉献、创造财富……填空练习可帮助同学们更好地理解课文内容，突出文章的重点，起到直观识记和认识深化作用，经常对学生进行这种仿写阅读训练，必能取得事半功倍的成效。

4. 记一记。学习古诗后，我要求学生分类背诵，记下古诗词中的千古名句，丰富学生的语言积累。

5. 写一写。学习鲁迅的散文诗《雪》，让学生结合自己的体会写一写文学评论。学生写出了《坚硬中的柔软》《民族战士的柔软与坚硬》《孩童与斗士的精魂》《厚重与深刻》《雪非雪》《雪的意境之美》等有深度、有独到见解的

好文章。

四、分层设计课堂作业

通过和学生面谈，采用口头签约，确定每个学生的层次，一般分三层，学生的层次是动态的。在实践中，我们把学生分层的全过程当作教师做好学生心理辅导的载体，由于低层学生的作业相对较容易，低层学生乐意做，在做作业的过程中能获得一定成功的喜悦，提高他们向上递进的信心。由于中层学生和低层学生作业不一样，低层学生无法抄作业，只得请教同学、老师、家长，改掉了以往抄作业的坏习惯。而高层次同学大大提高了自己的学习能力。

课堂练习做到少而精，让学生在乐中学。只要我们潜心研究，科学设计，有效实施恰当练习，语文课堂的练习检测就一定能发挥作用，使学生在每一节课中都能有效地练习，把知识转化为能力，获得更大的发展。

如何提高初中语文群文阅读课堂检测的高效性

邓州市城区四初中　骆志成

随着新课程改革的不断推进和群文阅读研究的不断深入，越来越需要教师彻底转变传统的教学观念，用新的视野、新的思想、新的方法去思考问题，解决问题。在这种情况下，我们积极探索的新形势下的群文阅读课堂教学模式，便成了全面提高教育教学质量的重要途径。在此背景下，我们提出“学生多角度‘阅赏探测’的学习模式”，研究如何提高中学语文课堂检测的高效性。

所谓“高效性”顾名思义就是“高效果，高效率，高效益”。效果是课堂教学活动的结果与预期的教学目标相吻合的程度；效率是指投入和产出之比，以较小的投入，花费较少的时间和精力，获得较大的教学效果；效益是产出、收益，即通过课堂教学活动促进全体学生素质和个性的最优化发展。如何提高中学语文课堂教学中检测的高效性？我有这样的思考：

一、深入钻研文本，提出检测目标

新课程提倡开发与利用教学资源，其实最重要的教学资源就是语文教科书。提高课堂教学有效性的根本途径在于教师必须先钻研、理解文本，明确教学目标，确定教学重点，挖掘训练要素，并选取符合教材与学生实际的群文阅读文本。如果教师自身对群文文本没有吃透，不了解编写意图，教学目标不明，教学重点不详，甚至南辕北辙，便很难做到以文本为凭借，帮助学生提高语文素养。

要想提高课堂教学的有效性，就应该这样去做：每每钻研一篇新的课文，总应先通读一遍，给每个自然段标上序号，画出学生可能不理解的词语，对这些词语的理解方法做出“预设”，或查字（词）典解释，或对照近义词、反义词理解，或结合生活实际理解，或联系上下文理解。如果要联系上下文理解的，则在一旁作上标记。对于要通过查字（词）典理解的词语，自己先查字

（词）典并把义项写在一旁。为了扫除阅读障碍，我们先应认真地把课文朗读或默读几遍，发现一些难于把握停顿或比较拗口的语句，及时做上记号，备课时写入教案，课堂上予以指导。此外，在阅读《新语文读本》时，我们把文章的结构分析在课本上做好批注，对于重点词句的含义理解的预设，更应写在一旁，方便课堂上对比参考表述。对课堂所选文本内容、教学重点、难点等做到成竹在胸。

课题组骆志成老师执教《思乡诗词曲》群文阅读，教师“阅赏探测”示范《次北固山下》，学生分组“阅”《十五夜望月》；学生分组“赏”《渔家傲·秋思》；学生分组“探”《天净沙·秋思》，教师带领学生小试牛刀“测”课外诗歌《月夜忆舍弟》。学生手中有方法、有抓手，所以课外诗词迎刃而解，达到语文课堂教学的有效性。

钻研教材的主要目的，是充分挖掘教材资源，正确设立教学目标，科学设计教学方法，以最佳的教学设计换取最大的教学效益。这个过程中，针对文本内容、教学重点、难点等提出训练检测目标，使训练检测有目的性、针对性、方向性，达到事半功倍，使课堂训练检测的高效性有了保障。

二、精心设计教学环节，调动学生学习积极性，完成训练检测

学生学习积极性指在课堂教学中，学生有浓厚的兴趣，主动、自觉地进行学习内容的探索。学生的学习积极性越高，课堂教学效率就越高。设置悬念，激发兴趣，这确实是提高课堂教学有效性的秘方。课堂教学中激发学生学习兴趣的方法很多，开端引趣就是其中的一种。上课一开始以趣引入，会激发学生强烈的兴趣。开端引趣的方式就从“设疑”开始，针对检测“设疑”，为训练检测很好完成埋下伏笔。

在教学中引导学生参与训练竞争也是提高学生学习兴趣的重要措施。竞争符合学生的心理特点，因而能调动积极性。为了提高学生的积极性，教师要创造条件让学生在课堂教学之中参加训练竞争。如果你仔细观察，学生在训练中是非常活跃的，连后进生都不甘示弱。在教生字时让学生比一比，谁认得快，记得牢，谁组的词多；在朗读课文时，让学生比一比，谁读得有感情，谁领会得深刻；在总结课文时，比一比谁的发言有创意。比赛的形式可以学生个体为竞争对手，可以小组为单位进行训练等。

课题组骆志成老师执教《舍生取义》群文阅读，师生从“阅赏探测”四个角度，分别学习《万事莫贵于义》《贫贱不能移》《文天祥传》《荀巨伯远看友人疾》，学生学得轻松，练得充分，受益匪浅。

联系生活实际，激趣的效果也是相当明显的。学生对学习有浓厚的兴趣，就能喜欢学习，上课能积极参与，精力集中，在学习过程中能自觉学习，能提出各种疑难问题，勤于请教；能积极参加学习小组的讨论研究，设法解决有一定难度的题目，并且主动地寻找具有挑战性的学习任务，他们的学习目标已不是为了分数，而是切切实实地掌握和运用知识。

三、运用多种形式学习，发挥学生的主体作用，完成检测目标

在课堂教学中，学生的认识内化成行为的具体表现是学生主动参与学习。主动参与，即主体参与认识的行为实践不是被强制的、勉强的、被动的，而是自觉的、积极的、主动的。如果学生主动性越明显，课堂教学的高效性就越大，越表明良好学习习惯的形成。因此，我们应创设给学生主动施展才能的平台，组织学生运用多种形式学习，促成学生主动参与课堂教学的全过程。所以，我们教师应该精心组织学生各种形式的训练检测。

1. 鼓励学生自主学习，勤思多问。学习知识要善于思考、思考、再思考。可以说，一切有成就的人都善于思索，都有好思的习惯。教师在指导学生学习时一定要注意多启发，多反问，不要包办代替，要鼓励他们想问题、提问题、钻研问题。现在有些学生不但手懒，脑子也懒，总想依赖别人。学生一看题目较难尚未好好琢磨就去问老师，这时候如果老师鼓鼓劲，学生仔细一分析，可能就想出来了。如果鼓劲还不行，老师可以给学生指出思路。要根据学生所提的问题教给学生思维方法。学问学问，又学又问。好问也应有一定的方法，也是需要培养的，好问不等于胡问瞎问。好问首先要问自己，要多给自己提几个问题，多问几个为什么。不要盲从，别人的答案究竟对不对，还要经过自己思考、鉴别。将别人的答案同自己原先的想法对比一下，想一想自己与别人的差别，从而发现自己思维的毛病，学习人家思维的方法。学生只有在会思、会问、会学的基础上，才有可能与别人合作交流，也只有在学生个体的潜力得到发挥时，课堂训练才变得高效。

2. 引导学生探究学习，不断完善。作为教师就是要创造条件让学生在大

组的交互影响中使自己的个性的优势得到充分发展。在共同的学习活动中，学生能用优势去克服劣势，取人之长，补己之短。互改作业，作业批改过去由教师一手包办，学生的参与性不够。小组中的批改往往特别认真负责，要求特别严格，对于有分歧的地方还会争论得面红耳赤，这样，学生加深了对自己所学知识的认识，并逐步锻炼了学生的评判能力，提高了他们的认识水平，使课堂学习显得更加丰满和完善。当然，组织学生批改，内容要选择，如果是开放性题目，会更有价值。当然教师要加强批改指导，逐步提高批改要求。

教师引导学生学习《新语文读本》中群文议题“说明的技巧”，可以引导学生预习事物说明文专题：《故宫三大殿》《滕王阁》《岳麓书院》《晋祠》《天鹅》《萤火虫》《动物界的殡葬师》等说明文，前四篇是有关建筑物的说明文，以空间顺序为主说明；后三篇是关于动物的说明文，以逻辑顺序来说明。有平实语言，有生动语言，具体选择什么风格的语言，这要由作者的观察角度和说明目的来决定。

四、发挥训练检测评价的激励、导向、调控功能，使学生学有方法

《语文课程标准》指出，对学生的日常表现，应以鼓励、表扬等积极性的评价为主，采用激励性的评语，尽量从正面引导。事实上，任何人都有获得新鲜刺激的需求，对于中学生而言，更是渴望变化，期待惊喜，追求新鲜。我们为何不尝试多种多样的评价，在训练检测评价的方式方法上创新求变呢？

1. 我们可以在口头语言的评价上机智多变，灵活地采用激励式言语评价、导学式言语评价、明理式言语评价、幽默式言语评价等。最好能广泛收集，加强积累，使评价用语定期更换、常用常新、层出不穷，时时给学生以因时因景因文因人而异的新鲜评价或富有情趣的评价语，让学生听而不厌，学而不倦。

2. 我们可以将口头语言的评价和体态语的评价相结合，爱抚地摸头、亲切地握手、深情地拥抱、由衷地鼓掌、有力的伸出大拇指，加上真诚的赞语，如此声情并茂，更能传播一种情绪，交流一种感情。在特级教师的公开课堂上我们经常能看到他们这样表达对学生的真诚的赞许，一切都是那么自然得体。使学生学有动力，学有方向，学有方法。

例如：《新语文读本》群文议题“永在的温情”中是记人叙事类散文专题。从题材范畴看，有的侧重家庭层面：《温馨》《汤水一生》《父亲的画面》；有的

侧重社会层面:《生命的礼物》《烟花惊艳》《永在的温情》，所有篇目强调某一生命主体对于其他生命的意义和价值，热情赞唱“永在的温情”。

3. 我们可以尝试实物评价，可以赠送有象征意义和纪念价值的小物品，一支书签、一片枫叶、一颗种子、一幅书法作品、一样教具，都会燃起学生的希望和期待。语文评价应加强形成性评价,《语文课程标准》建议要:“采用成长纪录的方式，搜集能够反映学生语文学习过程和结果的资料”，建立学生的语文学习档案，“用最有代表性的事实来评价学生”。

群文阅读背景下的语文课堂教学是一门很深的学问，具有极强的艺术性。为了提高群文阅读课堂教学训练检测的高效性，我们必须以教学理论作指导，经过自己的不断实践，不断总结，不断完善和创新，熟练地运用课堂教学的高效性策略，真正提高课堂教学的质量，提高学生阅读的质量、学习的质量。

如何在语文教学中培养学生的探究能力

邓州市汲滩镇一初中　史凌

《语文课程标准》明确指出："学生是学习和发展的主体。语文课程必须根据学生身心发展和语文学习的特点，充分激发学生的主动意识和进取精神，倡导自主、合作、探究的学习方式。"语文老师的任务就是让学生意识到自己是学习的主角，引导学生合作学习，培养学生主动探究、团结合作、勇于创新的精神和能力。现结合个人教学实际，从正确认识合作学习，彻底转变教育观念，教给学生合作探究方法，提高合作探究能力等方面谈几点自己的看法：

一、授之以"渔"，教给学生探究的方法

《语文课程标准》指出："教师是学习活动的组织者和引导者。"带着知识走向学生，不过是"授人以鱼"，带着学生走向知识，才是"授人以渔"。教师是学生成长的引导者、学生发展的领路人，而学生本人才是学习的主人、发展的主体。教师要加强引导，鼓励和帮助学生采用多种方式，培养探究问题的能力。

（一）读思结合，探究问题。托尔斯泰说过："知识只有靠积极思维得来而不靠记忆得来时，才是真正的知识。"阅读并不是仅仅把书看一遍，还必须要求学生联系上下文理解课文，对文章的遣词用句、中心思想、写作方法、人生启迪等有比较细致的了解。因此，教师要注意引导学生仔细阅读课文，尽可能在读文的基础上，联系上下文勾画圈点重点词句进行思考，并能通过自己查询资料分析解答，从而理解知识、掌握知识。

（二）思议结合，探究问题。经过阅读思考，学生通过探究得到的答案有可能与其他同学答案一致，也可能不一致。如果答案不一致时，就可以引导学生自觉与同学交流探讨，达成共识。

（三）合作交流，探究问题。对于富有挑战性、具有难度的问题，学生自

主难以解决，就让学生小组探讨。但必须让学生明白小组合作探究的程序：先个体自主学习，独立思考，再小组内相互交流，教师做必要的指导和调控，最后全班交流，小组代表综合汇报学习结果，最后教师针对课堂中出现的问题进行点拨、引导，这样学生不仅能解决课文中的问题，而且有一个明确的探究思路。

二、创造探究条件，培养学生的探究能力

学生具备了探究的意识，并不意味着学生具备了这种能力，要将探究变成一种能力需要一个过程。要将这种做法持之以恒地坚持下去，积年累月地坚持，学生的探究能力才会真正得到培养和提高。为此，在教学过程中，我们要持之以恒地为学生创造探究的条件，从而培养学生的探究能力。

（一）充分尊重学生的认知风格和学习方式，培养学生的探究能力。如在教授《春》这一课时，我设计了这样的教学情境：请同学们阅读课文，找出自己最喜欢的内容，然后把这部分内容用自己的方式独立或合作汇报一下。语言表达能力强的同学，可以说一说，讲一讲；喜欢画画的同学，可以画一画春的美景；喜欢搜集资料的同学，可以交流课前查找到的有关春的图片资料；喜欢朗读的同学，可以尽情地读一读，如果还有什么别的方法也可以。二十分钟后，好几个学生以各自不同的方式展示了自己的收获，有用语言绘声绘色地描绘春花、春草的；有用画的方式描绘出五幅图画的；有几名同学还到前面表演了孩子们的嬉戏；有两名同学到前面用实物投影仪展示课前收集的图片和资料等。每个学生的认知风格是不一样的，每个学生都有自己不同的学习方式。这样给了学生自由选择的学习方法，是尊重认知风格和学习方式的体现，为学生自主探究创造了条件，有效地培养了学生的探究能力。

（二）善于挖掘教材，启发学生质疑，培养学生的探究能力。如我在教授《愚公移山》一文时，教材中对“杂然相许”的注解是：“异口同声地表示赞成。杂然，纷纷。许，赞同”，我认为这种解释不太合理，理解为“纷纷表示赞同”更合乎文意。在引导学生学习时，我没有直接把这种想法告诉学生，而是趁机创设了这样的问题情境：“文中两处‘以君之力，曾不能损魁父之丘，如太行、王屋何？且焉置土石？’语气是否相同？”“愚公的妻子是否一开始就毫无异议？全家人是否异口同声地表示赞同？”此时课堂气氛热烈起来，学

生们纷纷发言：愚公之妻与智叟语气不同，一个关切，一个嘲讽。愚公的妻子一开始就提出了疑问，纷纷同意并不等于异口同声地同意，他们也是经过讨论后才纷纷同意的。这样经过师生之间、生生之间一番激烈的讨论，学生一致对书中的解释产生了质疑，大家都认为“纷纷表示赞同”更合乎文意。这样，学生学会了批判地接受知识，在问题探究中激发了学生探究的意识，培养了探究的能力。

（三）充分利用作者的写作思路，培养学生的探究能力。如我在教授郦道元的《三峡》这一课时，我引导同学们思考：课文写三峡风光时，为什么从山写起？写水时，为什么不按春夏秋冬的顺序来写，而是先写夏水？作者是怎么考虑的？在教授《木兰诗》这一课时，我提出这样的问题：为什么诗中对木兰从军的缘由、离别、辞官和还家都写得比较详细，而对出征前的准备和军旅生活写得较简略？这样充分利用作者的写作思路，引导学生探究，不仅有利于对作品的深入了解，而且有利于培养学生的探究能力。

（四）充分利用教材中知识的互相渗透，培养学生的探究能力。如我在教授《死海不死》一文时，引导学生重点探究“为什么人掉在死海里不死？”学生要了解这个问题，就必须了解死海的地形特点、海水成分、浮力的有关知识及死海浮力大的原因等。学生要完成这个问题，就必须探究多方面的知识。语文是一门综合性很强的学科，教材内容涉及的知识面非常广泛，我们充分利用教材中知识的互相渗透，引导学生探究，有效地培养了学生的探究能力。

学生探究能力的培养不是一朝一夕、一蹴而就的事，作为语文教师，我们要充分利用好语文课堂这块特殊阵地，让学生真正成为探究活动的主体，从而真正培养学生探究问题的能力。

（作者现在郑州市123中学任教）

巧用疑问培养学生的探究能力

邓州市汲滩镇一初中　史凌

语文教学过程是主导与主体双边活动的过程，如何使这个双边活动达到最佳状态？语文教师起着决定性的作用。一个好教师不仅要研究如何教，更要研究如何学，尤其是研究如何调动学生的积极性和主动性。初中学生正处于生理发育和心理发展的高峰期，他们大多没有了小学生的单纯幼稚，也还不具备高中生的坚韧和成熟，他们对一切都充满疑问，充满兴趣。长期的教学实践证明，激发学生在思考探索的过程中体验到乐趣，是提高教学效果的一个窍门。

一、设疑：激发学生的求知欲

教学过程中设置疑问，可以激发学生的求知欲，吸引他们寻根究底，深入到学科知识的内容中去，从而成为不断激发思维的动力。语文课的全过程都可以设疑，但不可通堂提问，使课堂教学程式化。所以，设计疑问要紧扣教学目标，切合学生心理，捕捉契机，适时、巧妙而有意义，这样才能很好地起到激发学生求知欲的作用。设疑有以下几种方法：

1. 课头设疑，导入新课。虽然在一节课中占的时间很少，但可以使学生完成注意的转移和情趣的迁移，把学生带入新课的意境之中。诸多导入方法中，设疑导入尤其能激发兴趣、启动思维。课头设疑要紧紧围绕教学目标，制造适度的悬念，造成学生心理上的焦虑、渴望和兴奋，即教学中所需的状态。

2. 在深层处设疑。典范文章中常常有许多曲笔、奇笔、巧笔、神笔，有含蓄丰富的，有结构精巧的，有韵味优美的，有饱含哲理的，一经教者发掘其中的奥妙，引发疑问，学生便会兴趣盎然。

3. 在平淡无奇处设疑。深层意蕴处可以设疑，平淡无奇处也可以设疑。教材中的许多文章，看似一目了然、平淡无奇，学生浮光掠影地一读，难解其中奥妙，不免兴味索然。教师此时如能设疑，引导学生寻根问底，其学习兴趣定然激增。《周总理，你在哪里？》诗意很浅，学生可以读出诗句的深层韵味。如第一节："周总理，我们的好总理，你在哪里呵，你在哪里。你可知道，我们想念你，——你的人民想念你！"学生一读之后便能明白：破折号表解释，"我们"指人民，诗句表达了人民对周总理的怀念之情。学生一旦认为课文无深意，便无兴趣用心再读。此时笔者设置两个问题：运用反复的表达效果怎样？"人民"前面加上限制语"你的"有什么含义？学生会发现自己尚有未理解之处，于是联系全诗再认真读，最终理解到：反复修辞，倾诉了对总理深切怀念之情；"你的"和"我们的"照应，生动地表现了周总理和人民的血肉联系。

4. 课尾设疑。课尾设疑能再燃学生的兴趣之火，把一堂课的知识化成绕梁不绝的余音。如教授《我的叔叔于勒》一文，结束全文时，教师不妨问一句：假若菲利普和于勒相认结局会怎样？学生在兴趣的作用下，依据原文情节向纵深处设想，进一步认识了所谓"民主竞选"的实质。

二、解疑：调动学生的主动性和积极性

思维从有疑开始，但要不断深入进行，并能形成一定的思维品质和能力，则有利于分析问题、解决问题的逐步展开。教师设疑后，要注意析疑、解疑的条件和气氛，引导学生谈看法，摆见解，比较、分析、判断、推理。学生的知识结构、经验阅历有限，对课文的理解会有不同，教师要让学生充分发表个人见解，这既能满足学生的表现欲，也能充分体现和发挥他们的主体性特点。

1. 教会学生分析问题，分散难点，理清思路

课程改革后，教材变化了，教师不再是教教材，而是用教材去教学，教会学生从解决学习问题中获取更多营养。所以设计疑问不能过于简单，否则无法激起学生思考的兴趣。综合性强的疑问，往往是若干个小问题的组合，对学生来说，既有兴趣，又难以下手。教师要善于教会学生找准切入口，让学生在问题的分解中理清思路，掌握教师设问的意图。如教授《白杨礼赞》一文，教师设疑：白杨树有什么象征意义？作者是怎样揭示出来的？对这个问题，如果仅以笔记的方式"逼"学生记下，便索然无味了。对此我作了如下分解：回顾上文，白杨树有什么特点？学生答：力争上游，不屈不挠，顽强对抗着西北风。我又问：具有这样特点的树会使我们联想到什么？学生发挥想象，联想到各种

各样的人。我又提醒写作背景，学生明确：党领导下的北方抗日军民。我又设问：这些人有什么精神？文中反问句有什么作用？经过一番分析、讨论，学生很准确地答出了白杨树的象征意义和文章逐层深入揭示的行文特点。

2. 灵活运用各种比较方法，培养学生良好的思维习惯

语文教学中比较的方法很多，可以纵向比较，如古今作品比较，课文前后比较，抓住课文关键词句或某些段落引导学生进行前后对比，可帮助学生把握事物的本质。可以横向比较，也就是说在一个时间平面上同时将几个方面的问题进行比较，开拓学生视野，培养思维的广度，使学生学会全面、具体地分析问题。如在鲁迅小说《孔乙己》中，孔乙己最后一次来喝酒，“从破衣袋里摸出四文大钱”的动作描写，“摸”字含义深刻，在分析这一细节时，将“摸”与前文的“排”作比较，同时取钱，为何前面是“排”，后面是“摸”？又可将其与《鲁提辖拳打镇关西》中取钱动词设疑：鲁达与李忠取钱周济金老父女时也是用“摸”，两处“摸”有什么区别？这番解疑，定能使学生情绪激越，课堂气氛热烈。

3. 鼓励创新，培养求异思维

解疑时，教师不能以自己思考问题的范围和方式，要求学生答案的唯一性。教师要善于把握各种因素，培养和鼓励学生的创造精神。对学生的奇思妙答给予及时的肯定、表扬，学生的学习热情和学习兴趣也会随之高涨。如教《我的叔叔于勒》一文时，笔者设疑：过了两年，于勒归来了，那又会发生哪些故事呢？有的学生设想，于勒又发了财，但他领教了菲利普夫妇的自私、虚伪、唯利是图后，伤心离去；有的学生设想，于勒还是那么穷，不过他伪装了自己，欺骗了菲利普夫妇，骗光了他们的钱后逃走了；有的学生设想，在约瑟夫的帮助和影响下，菲利普夫妇收留了可怜的于勒，一家人有了真爱……

三、激疑：教会学生以“渔”捉“鱼”

陶行知说过：“我认为好的先生不是教书，不是教学生，乃是教学生学。”教师要教给学生掌握知识的本领，而激疑则是教给学生如何掌握知识、本领的具体体现。

1. 鼓励学生对教师的观点大胆质疑

师生之间是教学相长的关系，要使语文课上得生动丰富，并且使学生的语

文学习能力有真正的提高，思想得到健康发展，语文教师应致力于充分保持学生思想的自由，鼓励学生直抒己见，并大胆地针对教师的观点提出质疑。学生的观点无论正确与否，教者都应给予肯定和鼓励，然后再对观点的正确与否进行评价。有时学生的质疑是正确的，教师切不可为了面子坚持错误、压制学生，我们应知错就改，鼓励学生今后更积极更大胆地质疑。

2. 鼓励学生向课本、学习参考资料质疑

初中学生在语文学习中能自觉、主动地对课本、学习参考资料质疑，说明他们对课文的理解加深了，在此基础上深入钻研思考下去，就能使学习进入一个新的境界。如陶渊明的《桃花源记》中“男女衣着，悉如外人”，课本将“外人”注释为“桃花源以外的世人”，教学参考书将这一句子译为“男男女女的装束，完全像桃花源外面的人”。有学生质疑，桃花源里的人与桃花源外面的“渔人”完全一样，又为什么“见渔人，乃大惊”呢？笔者解释为：桃源中人相互熟悉，从未见过生人来，故而“大惊”。可又有学生质疑：秦至晋几百年，无论内外的人，衣着总该有所变化吧，怎么完全一样？我便将“外人”的不同理解介绍给学生：“外人”即指“世外之人”，并以《桃花源诗》中“俎豆犹古法，衣裳无新制”的诗句作佐证。

3. 鼓励学生在自学课文中质疑，提出问题

新课改就是要使学习过程更多地成为学生发现问题、提出问题、分析问题和解决问题的过程，以培养创新精神和实践能力。在这个过程中，学生善于发现问题、提出问题是非常重要的。教师要鼓励学生在自学课文时质疑，提出有一定深度的问题。特级教师于漪在学生初步自学课文时，要求做到三看、一查、一提问，然后把学生的疑问由文章字词的表面导向篇章内部，把文章的前前后后、段落之间联系起来思考。当学生的质疑有所进展时，再拓展他们的思路，要求学生把课文、课外阅读、自己的生活经验三者联系起来思考。这样步步诱导，持之以恒地培养，对有质量的问题加以鼓励、表扬，或组织讨论，学生发现问题的积极性就会增强，能力也会大大提高，教会学生以捕鱼的方法从而捕捉到众多的“鱼”。

怎样在群文阅读中提升学生的写作能力

邓州市穰东镇二初中　赵亚

“读书破万卷，下笔如有神”。阅读和写作是血肉相连、心神相通的母子关系，就像母亲的身体素质决定婴儿的发育水平那样，学生阅读能力的高低、阅读积累的多少、阅读感悟和运用能力直接影响学生的写作兴趣、创作技巧、作品质量。学生阅读和写作能力不仅影响学习成绩，而且关系学生一生的生活。因此，我们在语文教学中始终把阅读和写作的指导作为教学的重点，在考核学生时阅读和写作占据试卷过半分值。

为了更好加强学生阅读能力的培养，用课本教语文、用课文学语文已经不能满足现代学生的需求，不符合信息时代包罗万象、瞬息万变、资源共享的现实要求。于是在阅读教学中诞生了群文阅读这样一个新型的教学模式，为语文教学开辟了一条新路子，也为老师探寻现代阅读和写作指导提出了新要求、给出了新课题。那么，怎样在群文阅读教学中提升学生的写作能力呢？

我认为群文阅读教学中要处理好三个关系：

一、处理好纵向关系，建立语文基础知识的金字塔

字、词、句、段、篇是语文基础知识的五要素，是“皮之不存，毛将焉附”、唇齿相依的关系，相当于人的胃、肠、肝、脾、肾，功能之间相互依存、相互影响、缺一不可，每项功能的衰减或障碍，都会令人周身不适，甚至身患重疾。要使得学生习作无障碍、少瑕疵，我们就得强化字、词、句、段的学习指导，让学生积累常用的字、词，掌握各类句式的编写能力，用完整的段落表达一个完整的意境，由字成词、由词组句、连句成段、进而形成轻松作文的能力。那么，如何做到在群文阅读教学中强化语文基础知识呢？首先，要树立正确的群文阅读教学观，不是在一节课读的文章篇数越多越好，而是精而恰当才好，有时一节课只需一篇课外阅读的补充材料就能很好地体现教学重点、突破

难点了。二是要牢固树立课标意识。每节课三维目标中基础知识的目标是教学重点之一，每节课必须用专门的时间来落实，考核学生掌握情况，如果一节课连基础的字、词都没有让学生掌握，再精彩的课也是华而不实的。三是紧紧围绕年级特点，体现年级的教学重点。按照教材编排的要求，一步一个脚印，踏踏实实教学，由低到高、由易到难、由习字到习作，按照学生认知规律进行教学。四是紧紧围绕单元教学目标设定每节课的教学目标，形成知识版块，打好扎实的基础。五是群文阅读教学中通过比赛读、抢读、快读等多种方法，在读中习字、学词，在读中检验字词的掌握情况，积累优美的句子，体会好的表达方法，强化语文基础知识。有了坚实的基础，学生习作就有了搭建的平台，就能建立得更高、更轻松、更牢固。

二、处理好横向的关系，铸造语文能力的运载火箭

语文能力包括听、说、读、写、查，如果我们把写的能力看作是助力火箭的话，那么听、说、读、查几项能力就是四个助推器，能帮助助力火箭快速升空，使其载荷更大、航程更远。我们的语文群文阅读教学必须把学生写作能力的培养和听、说、读、查进行捆绑式发展，提升学生“眼、耳、鼻、舌、口”多种器官的运用能力，养成勤动手、勤思考、细观察、多积累的良好语文习惯。

1.“听”的能力培养。“听君一席话，胜读十年书”，倾听是获取知识的重要方法，我们在教学中要求学生首要做到的就是“认真听讲”。学生听老师讲课获取了知识，听同学们讨论获得了学习方法，听父母教诲获得了人生感悟，听身边的人和事形成了自己的人生观和价值观。我们在群文阅读教学时，教学前提出听的要求，阅读之中明确分工，纠正学生听的习惯，阅读之后通过提问来检验学生听的效果。在教学中经常按“谁的录音效果最好”的标准，来评选每节课听讲认真、听讲效果最佳的学生，通过要求、矫正、评比等多种方法来训练学生听的能力。

2.“说”的能力培养。好的口才是学生一生受益的法宝，学生有滔滔不绝、一泻千里的“三寸不烂之舌”，他的人生之路一定宽广辽阔。能言善辩说明他腹中有韬略，能说会道的他一定能出口成章，大家一致认同“会说的人一定会写”的观点，所以，说的能力培养需要我们每节课、每个学期、每个年级都要坚持不懈、持之以恒、锲而不舍地训练、引导。

首先，我们在每节课的教学中，要引导学生把每句话说正确、说通顺，完整地表达个人的意思。群文阅读教学中让学生思考的问题很多，我们要给出有探寻价值的一些问题，让学生去思考、去表达，展开小组间的讨论，进行集体交流，教师再予以总结、提高、升华。评价一堂课，关键看学生，所以，学生的全部意见得到表达、情感得到倾诉，智慧得到展示，他们的能力就提高了，学习效果自然就好了，在习作时也就有尽情表述的欲望。二是我们在低段语文教学时要加强说话课教学，再进行口头作文的指导。特别是看图作文的指导，可以先让学生说图，引导学生按照一定的顺序进行叙述，用清晰的思路把图画说明白，然后对照课文，看看作者是怎么说的，怎么写的，反思一下没有做好的。这样一点一滴地积累，听的能力就会渐渐提高。三是一定要让学生在每节课结束前谈收获、谈体会，既能巩固当堂课的教学内容，又能培养学生说话的能力和习惯。

3. “读”是语文学习的必要环节。首先，我要求学生要大声读书，大声读书能调动学生的注意力，也能活跃课堂气氛，提振学生的学习精神。二是经常比赛读，比速度、比流畅、比感情，学生点评，教师及时给予评价，建立读的评比奖励机制，树立学生“书读好”的认真态度，激发读书的乐趣。三是在群文阅读教学中精心挑选与所教课文息息相关的补充材料，可以放手让学生自己去挑选与所学课文相关联的文章，培养“读好书”的习惯。四是在群文阅读教学中由于读的内容多，我们要正确运用选读、浏览、快读等方法，多种方式读提高课堂读的效率，确保群文阅读教学多而不乱、读而有得。

4. “写”的能力培养。这里的写指的是我们在群文阅读教学中要坚持开展小练笔、勤写心得、坚持写日记的教学。结合课文仿写积累写作方法，把故事续写培养学生的想象能力，结合课文的主题写体会培养学生的情感、态度和价值观，经常写体会培养学生的认知能力，以及结合课文联系生活实际的能力，坚持写日记让学生观察生活、记录生活、描写生活，积累丰富的创作素材。经常写就不怕写，天天写就会写。

5. “查”的能力培养。随着科技快速发展，现代先进技术的普及运用，学生获取知识的工具越来越多，越来越先进，越来越快捷。培养学生查的能力我们要做到以下几点：一是经常布置办手抄报、开展课外调查写调查报告、找春天、寻找身边的好人好事等课外实践性作业，让学生深入社会生活中去寻找，通过网络、图书室、图书角去完成实践作业，让学生在生活中去找寻知识，把知识带到生活中去体验生活。二是群文阅读教学中，我们经常留给学生自己去查作者、查文章创造背景、原著、历史、主人公等，从广义的范围去学习课文内容，学生通过自己查阅资料，自己也就积累了知识，为写作创造了条件。三是让学生多走访名人，参观名胜古迹，搜集民间文化故事，接地气，接触最直观、最直白的文化元素，从朴素的文化中去领悟中华文化的精髓。

三、处理好环状关系，安装写作的搜索引擎

随着学生年级的增加，年龄的增长，习作的种类越来越多，习作的难度也越来越大，要求越来越高，我们在阅读和写作的指导中要兼顾多种体裁，结合教学实际，有步骤开展教学指导。

1. 把握好标准线，让更多的孩子浮出水面。在阅读和写作教学中一定要结合年级特点，严格按照年级的阅读和写作课标要求进行教学指导。如九年级作文课标要求是："写作要有真情实感，力求表达自己对自然、社会、人生的感受、体验和思考"，"45 分钟能完成不少于 500 字的习作"，我们在面对学生的作品时就不能自行提高要求。不少老师还在阅卷时狠劲扣分，学生自己认为写得很好的文章结果没有得到老师的认可，写作兴趣渐渐丢失。此时我们要做的应该是让学生自己谈哪些地方做得成功，同学们帮忙提出修稿意见，再完善给老师批改。教师在批改作文时一定要认真勾出学生用得好词、写得好句、成得好段，对整篇文章也要做出评价，尽量提炼学生的成功点，保护创造热情。

2. 读不同风格的作品，开展多种文体训练。在阅读教学中，我们会选择不同作者的文章、不同风格的篇目、不同体裁的作品让学生去品读。我们可以让学生读当代作家莫言的著作，学习了解他的文学艺术，感受他的语言魅力，也可指导学生读读世界名著，了解不同作者的创作风格，让学生通过伟人和名著体味文学的魅力，激发写作热情。同时让学生知道，只要把自己的所见、所闻、所感清楚得表达出来就是好文章、好作品，自己也可成为优秀的创作者。再根据教学内容的安排，指导学生学习书信、表扬稿、请假条、通知等常用文体的书写方法，熟记每种应用文体的基本格式和要求，运用语文知识和能力去解决生活问题。特别是书信的运用，要经常开展学生给亲人、给帮助过自己的朋友写信的活动，这样能很好地激发学生的写作兴趣，更能提高学生的写作能力。通过训练和指导，学生饱览中外名著，熟知“四书”“五经”，知今博古；写景、写事、写物学生能随心而发一气呵成，记叙文、说明文、议论文学生能驾轻就熟，我们的阅读和写作教学就是功在当代、利在千秋。

3. 让学生融入生活，在生活中积累阅读和写作的热情。要学生写好作文，喜好读书，我们要给予一定的指导和要求。首先，我们要求学生坚持看新闻，坚持看报，通过电视、网络、手机、报纸等获取各类生活信息，引导学生看国学讲堂、新闻联播、今日关注、今日说法等丰富的电视节目。我们还可开展当小记者活动，让学生去采访、去调查，写新闻报道。要求有条件的同学参加摄影比赛、漫画比赛，让学生把思想和情感埋在生活中，用语言文字去记录、去表述。写出好的文章要有丰富的积累、扎实的基本功、灵巧的构思、创作的灵感、反复的修改等等因素，但海量的阅读是写作的强力营养补充。阅读和写作是被揉搓在一起的两个面团，“你中有我，我中有你，无法割舍，无法分离”。我们多阅读、勤阅读，我们的写作就会更好、思维才更敏捷、我们的作品才会高于我们所阅读的作品。

课堂教学中如何引导学生学会质疑

邓州市穰东二初中　彭玉

孔子曰："学而不思则罔。"思维总是从问题开始的，所以说："学起于思，思源于疑。"在阅读过程中，要想有所收获，就得先有疑问，通过疑问激发深一层的阅读和思考，学生才会从被动地接受知识变为主动地探求知识。因此，在阅读教学中如何引导学生学会质疑，是我们语文老师面临的一个重要课题。在教学实践中我发现学生自由发问时往往浮于表面，发问变得有量而无质。因此，学生质疑能力还需老师的引导和训练，持之以恒，才能达到自悟自得的意境。在教学中，我主要从以下几个方面引导学生质疑：

一、扣题导疑，带问学文

俗话说："文好题一半"，要使学生自主学习，对于课题的质疑必不可少，更要养成习惯，经常推敲，仔细研究，寻找规律，从而把握文章中心和结构。有些题目以精炼的词语揭示了文章的线索、中心事件或主题，这就宜从题目入手，抓题目质疑，牵一发而动全身。如教授苏教版七年级语文上册《为你打开一扇门》一文时，在板书题目之后，我让学生自读题目，围绕题目提出一些问题。学生经过思考后，提出了以下问题："打开了一扇什么门？""为什么要打开这扇门？""怎样才能打开这扇门？""题目中的你指的是谁？"学生提出问题后，不忙着帮他们解答，而是让学生带着问题，细读课文。学生在读的过程中找答案，通过小组讨论交流来印证自己的答案。学生通过自己提出问题，自己解决问题，增强了学习的兴趣。在教授苏教版七年级语文上册《幼时记趣》一课时，板书课题后引导学生理解题目的含义，也就相当于我们现在写的童年趣事，我因势利导，让学生找出题眼"趣"字是贯穿全文的线索，这样的问题导学，未成曲调先有情，学生通过自学讨论之后，基本掌握了文章的框架和大意。

二、词句生疑由疑生问

文章的遣词造句，往往体现了作者在文章中表情达意的独具匠心。为了帮助学生在阅读过程中深化对课文内容的理解，应训练学生找出句、段中的关键字词，引导学生思考为什么用这些词，换成别的词，效果有什么不同？从而体会作者用词的精妙。如苏教版语文七年级上册《济南的冬天》一课中有这样一句：“济南的冬天是没有风声的。”句中“风声”一词用得很好，我先让学生比较“济南的冬天是没有风的”和原文中句子的不同，再让学生联系济南冬天的特点。学生读着读着就感觉到了“风声”一词的精妙所在了。这样就从追求词义的理解上升到追求内容的理解，思维深入了。

三、从难句入手质疑

句子教学是阅读教学的一项重要内容。但是一篇文章的句子不可能每个都讲，只有突出重点，抓住难句，质疑问难，举一反三，有计划有步骤地从内容和结构上予以指导。例如教授苏教版七年级语文上册《古代寓言二则》时，我先让学生结合课下注释和查阅工具书弄懂这两则寓言的课文翻译，然后提出两个问题：1. 最能体现郑人愚蠢的一句话是什么？ 2.《刻舟求剑》中用议论揭示文章主旨的一句话是什么？学生事先弄懂了文意，自然就很容易回答出这两个问题。

此外，除了课堂质疑外，课前、课后质疑也很重要。因为上课的时间毕竟有限，学生在预习时就要把不懂的问题写出来，能带着问题听课，会学得更有兴趣。而在教学过程中，教学内容不能面面俱到，而且学生的认知水平也不同，对课文理解的程度也不一样，课后质疑就是拾遗补漏的机会，还能引导学生从部分认知回到整体，从整体的高度再次理解课文，达到优化课堂教学的目的。

总而言之，“学贵有疑”，学固然重要，但先要学会提问题，提出问题只是探求知识的起点，也是思考问题的动力。学生学习的过程，就是“生疑——质疑——释疑”的过程，只有形成了习惯，才能更好地、更主动地去学习。

小议群文阅读过程中如何引导学生学会质疑

邓州市穰东镇二初中　穆雪梅

古今中外，有许多关于质疑的名言。如程颐的“学者先要会疑”，张载的“在可疑而不疑者，不曾学；学则须疑”。宋代理学家朱熹说：“读书无疑者须教有疑，有疑者却要无疑，到这里方是长进。”地质学家李四光有这样一句名言：“不怀疑不能见真理。”爱因斯坦说：“提出一个问题往往比解决一个问题更重要。”质疑，顾名思义就是提出疑问，请人解答。就群文阅读教学来说，我个人认为就是在阅读中提出疑难不解的问题，让学生带着这样的问题去思考，去探讨，去比较，并通过各种途径和各种方式去解决这些疑难不解的问题，以求得到真正的知识，从而提高自己的语文学习水平。

《语文课程标准》提出要求：“阅读教学应充分重视学生的诵读、质疑、探究、讨论”，“教师在必要时予以释疑解惑，并从学习方法，思维方法上加以引导、点拨”。课程标准把重视学生质疑，放在改进阅读教学的首位，它正确反映了学生学习的心理规律，也是对前人经验的科学运用，为我们指出了提高学生阅读能力的可行之路。因而我们语文教师在课堂中不但要鼓励学生敢于质疑、乐于质疑，更重要的是教会学生善于质疑。

那么，在群文阅读教学过程中，教师怎样才能引导学生在敢疑的基础上，掌握质疑的方法，善于质疑，提出有价值的问题呢？我觉得可从以下几个方面对学生进行引导。

一、在课题上质疑

课题浓缩了整篇课文的精华，是文章的眼睛，思维的窗口，可以帮助学生加深对课文内容的理解。学习课文出示课题后，可让学生说说从课题中知道了什么，还想知道什么？这样，既理解了课题，又为学习课文设置了悬念，激发了学生探究内容的兴趣。如教学《都市精灵》出示课题后，学生问：“精灵”

指什么？课文写了哪些都市的哪些精灵？为什么要写这些精灵？《幽径悲剧》：“幽径”指什么？课文中写的幽径指什么？为什么要写这些“幽径”？

二、在重点处质疑

文章的重点处是指文章的重点内容或揭示中心的重点句、段等，这些重点处对帮助学生理解全文有极大的作用。这些重点处概括性强，蕴含丰富的思想内涵，与全文内容有密切的联系，在文中有着画龙点睛的作用。在这些重点处质疑，能起到触一发而动全身的效果。例如阅读《天上的街市》，可这样设疑：天上真有街市吗？诗人为什么会从街灯联想到明灯，它们之间有哪些类似的地方？为什么天空是缥缈的？既然“缥缈”又为什么说“定然有”“定然是”“定然能够”？也可抓关键字词质疑，如阅读《故乡》时，可这样质疑：作者为什么说杨二嫂是“一个画图仪器里细脚伶仃的圆规”？仅仅是因为杨二嫂外貌的消瘦吗？文中多次出场的“圆规”，到底是属于什么修辞手法——比喻？借代？小说的主题究竟应该是什么？

三、在矛盾处质疑

我们的语文教材中，某些课文中有些内容看起来似乎自相矛盾，其实这正是作者落墨的着力之处。如果我们能在课堂教学中发现与把握这些文本中的矛盾处，引导学生在这些矛盾处质疑，能激发学生阅读探究欲望，对帮助学生摸清文本中事情的前因后果作用极大。如《孔乙己》结尾处有这么一句话：“我到现在终于没有见——大约孔乙己的确死了。”很显然，句中的“大约”与“的确”是一组矛盾词语，准确理解这对矛盾词语是引导学生正确理解课文内容的重点。因此，可抓住这一对矛盾词语进行“质疑——议疑——析疑——解疑”：孔乙己既然是个可有可无的小人物，没有人关心他，谁能确切地知道他是死了，还是活着，只能说“大约”；孔乙己又是一个好喝懒做的人，只要有一口气，就是爬也要爬到咸亨酒店来喝上一口的，然而从初冬到年关，到第二年的端午，再到中秋，又到年关，始终没见孔乙己来，看来孔乙己并非“许是死了”，而是“的确死了”，这是很合乎逻辑的。结尾处这看似矛盾的词语更加含蓄、深刻地表现了孔乙己的悲剧命运，无疑也加强了小说对“吃人”的封建制度控诉和鞭挞的力量。与《故乡》的结尾比较分析，通过质疑，学生把课文理解得更深、更透，进一步提高了学生的语文素养。

四、在留白处质疑

无画处皆成妙境。重视空白是众多文本的共同特征。所谓“空白”是指在教材中，对某些内容故意不写而留有“空白”，或写得简略以制造“空白”。教材中的课文留有空白，一般有以下几种：1. 在人物的心理活动处留下空白；2. 在故事的结尾处设下悬念；3. 在人物对话中安排省略；4. 在事件情节之间出现跳跃。这些空白、悬念、省略、跳跃就是在等待着读者用想象去填补。教师如果能在教学中，引导学生发现这些空白处并进行质疑，召唤学生想象未定的意蕴空间，就会使学生对文本的意义达到个性化的理解。例如《变色龙》一课的结尾：“‘我早晚要收拾你！’奥楚蔑洛夫向他恐吓说，裹紧大衣，穿过市场的广场径自走了。”笔者引导学生这样质疑：你认为奥楚蔑洛夫日后会收拾赫留金吗？并说明理由。学生展开想象的翅膀，说出了许多合理而又新奇的答案，对进一步熟悉变色龙为虎作伥、媚上欺下、见风使舵的反动实质具有深刻的启发意义。学生的语言与思维得到了同步训练，更加深刻地理解了课文内容，并有效地培养了创造性思维能力。

“授之以鱼，不如授之以渔”，英国教育家斯宾塞说：“应当引导学生自己讨论、自己推论，给他们讲得尽量少些，而引导他们怎样去发现应该讲得尽量多些。”当学生掌握了一些质疑的方法，提出的问题能提到点上，提得有深度时，他们的创造性思维一定会得到发展，语文素养会提升，成为真正意义上的学习的主人。

草根群文阅读模式解读

河南省邓州市基础教育教学研究室　马克

由河南省邓州市六位一线草根语文教师首创的“群文阅读学生多角度‘阅赏探测’学习模式”，五月才推出，却在短短六个月内取得了三项省级课题研究成果：一是该课题组成员骆志成和王杰参加2015年度河南省中学语文教师优质课大赛，荣获了省级一等奖和三等奖；二是该课题组五位成员所写群文阅读研究论文荣获2015年度河南省中小学教师优秀教育教学研究成果论文两个一等奖和三个二等奖；三是该课题组成员在申报省级群文阅读研究课题成功后不松劲，并齐心协力在今年暑假短短一月内编写出了与苏教版初中语文教材单元同步的近30万字的《群文阅读学生多角度“阅赏探测”微型导学提纲》一书初稿。这种草根教师独创的高效群文阅读新模式受到河南省不少群文阅读兄弟实验学校师生的一致好评，并引起了河南省内外不少语文教学专家和出版商的关注。

这种草根模式的问题提出针对现实语文阅读教学三大弊端：

现在一些中学的语文阅读教学忽略了《语文课程标准》“扩大阅读面，增加阅读量，提高阅读品位”的要求，忽略了“多角度，有创意的阅读”的主张，忽略从学生学习方式角度研究阅读教学质量的提高，大搞传统单文本的课内“少、慢、差、费”阅读教学，一到课外文阅读时，学生面对课外文就束手无策，举步维艰。为改变其不良现状，提高学生群文阅读水平和能力，该课题组创设了这一新的草根群文阅读模式。

这种草根模式的理论透射着新课标阅读理论与古代经典阅读理论的光芒：

首先它把新课程改革的核心理念“一切为了学生的发展”融合在新创学习模式和群文阅读实践中发扬光大。其次它把《礼记·中庸》中“博学之，审问之，慎思之，明辨文，笃行之”理论用到学生自主群文阅读实践中，实现了古代传统经典阅读理论和现实学生群文阅读实践的有机结合。再者它把《语文课程标准》中“积极倡导自主、合作、探究的学习方式”新理念，用以指导用仿促读的实践，让学生感受到新课程理念在群文阅读中的重要价值和作用。

这种草根模式的实践意义不只限于学生多种基本群文阅读能力的提高：

它为学生苦恼的广泛的课外文、群文阅读提供一个方便实用的抓手。使学生课外文群文阅读少走弯路，少做无用功。它借力自创新模式，通过课内阅读向课外阅读迁移，提高学生举一反三的群文阅读能力。它通过多角度“阅”，给学生一个以不变应万变的略读套路，以提高学生宏观阅读群文的能力。它通过多角度“赏”，提高学生对群文的赏析评价能力，以及读写结合能力。它通过多角度“探”提高学生对群文的深层挖掘与探究发现能力。它通过多角度“测”，提高学生自我阅读检测和校正能力。它通过科学化、模式化的群文阅读，加速实现语文新课标“扩大阅读面，增加阅读量，提高阅读品位”的要求。它借新阅读模式开发出一套适合普通中学普通班使用的群文阅读指要读本，以使单元群文教学最优化。

这种草根模式的核心概念中闪烁着“从学生角度创设”的字样：

“群文”指有所侧重的多篇文章。“群文阅读”是指对同一专题或议题的多篇文章举一反三的阅读，重在学生协同探寻和个性化解读，重在阅读群文能力的培养，重在阅读时效和品位的提高。

“阅、赏、探、测”是一种从学生角度创设的注重学生多种阅读能力提高的渐进式、科学式、拓展式阅读架构。它源于《礼记·中庸》中的“博学之，审问之，慎思之，明辨之，笃行之”理论，但它不是单纯的照猫画虎，依葫芦画瓢，每步都涉及多个视点，每个视点都有创意化的诠释和解读，并且有产生预设阅读群文能力的高效催生作用。

这种草根模式在群文阅读领域为初创，可谓独辟蹊径：

群文阅读研究，一些学者起步稍早，后由四川树人教育研究院将其进行系统性的研究并逐步推广。就群文阅读模式而言，组合式的，可拆开用，也可组合起来用的并不多，其中耀眼的几个模式大多都冠以“教学”的字样，单从学生学习方式角度创设的模式很少，从“阅、赏、探、测”四个方面综合一体化设模的没有，该模式可谓独一无二，省时高效。

这种草根模式的研究目标在于有效与快捷：

群文阅读模式一天天多起来，怎样使其有效与便捷就成了使用者关注的焦点，研究建构一种行之有效的能快速提高学生自主合作阅读群文的能力的学习模式，势在必行。这便是这一草根教师课题组创设新模式的主要研究目标之一。

这种草根模式研究的主要内容涉及中考与高考四个热门探讨话题：

话题一，多角度多层面阅读。它涉及如下方面：

1. 啥体裁？三大类、三特类；

2. 写了啥？点素材、说内容；

3. 为啥写？联背景、看倾向；

4. 怎样写？观结构、辨手法。

话题二，多角度多层面赏析。它涉及如下方面：

1. 拟题：简练、醒目、雅致；

2. 选材：真实、充实、典型；

3. 立意：明确、新颖、深刻；

4. 构思：合理、巧妙、有创意；

5. 语言：质朴、灵动、有文采；

6. 情感：真挚、独特、有共鸣。

话题三，多角度多层面探究。它涉及如下方面：

1. 重点：课标、单元、题眼、文眼……

2. 难点：贬词褒用、正话反说、借古讽今、渲染烘托……

3. 疑点：错误处、矛盾处、分歧处、反常处……

4. 亮点：明显的、突出的、出彩的……

5. 探点：已知（见解）、略知（发现）、未知（创新）……

话题四，多角度多层面检测。它涉及如下方面：

1. 学生测：知识型，文学常识、文化常识、科普知识……

文体型：六要素、顺序方法、论证思路……（见省中考说明与检测知识短文）

能力型：理解分析、概括评价、赏析想象、辨别探究……

出彩型：拟题、选材、立意、构思、手法、语言、情感……

拓展型：续结尾、换方法、补论据、揣心理、想未来、说典故、扩诗句。

2. 老师测：借助与读文相应的单元精选题，网上中考题与模拟题……

3. 其步骤：自拟→展示→互测→对比→发现→评价→奖励。

这种草根模式的研究重点在于解决中学生群文阅读的主要棘手问题：

其重点在于研究如何使所创新模式与群文阅读有机结合起来，进而解决普通中学和普通班学生阅读能力难以提高这一棘手大问题。

这种草根模式研究的难点正是当前中学生群文阅读面临的难题：

它研究如何使所创新模式与中考复习和备考结合起来。它研究如何使适合初中高年级的新创模式在基础年级推广，扩大新模式使用的范围，使新模式效用最大化。它研究如何运用所创新模式提高学困生的举一反三的群文阅读能力。它研究如何选取适合学生年龄特征和学业水平的课外文进行创新模式的群文阅读实践。它研究如何使实验教师放弃传统的、驾轻就熟的单文本阅读教学模式，采用新创的，相对易操控的、易熟悉的群文学习模式，并且深钻它，升华它。

这种草根模式的创新点集中在四个模块里，可谓流光溢彩：

模块之一“阅”的创新点是：化腐朽为神奇，把传统的阅读要素以科学的方式组成新的基本阅读模块，铺设了一条由单文本阅读向多文本阅读过渡的能快捷有效促进中学生阅读能力提高的捷径，为群文阅读推广奠定了坚实的基础。

模块之二“赏”的创新点是：把中考高考作文评价标准中发展等级部分融进“赏析”这一环节，读写结合，一箭双雕。

模块之三“探”的创新点是：把老师阅读教学备课的五个拦路虎（重点、难点、疑点、亮点、探点）放进了“探究”这一环节，迫使师生携手合作，并且尽全力奋起应对。

模块之四“测”的创新点是：把教师出阅读题的五大秘密武器放在“检测”这一环节公开曝光，揭开教师出阅读题的神秘面纱，以提高学生应对阅读测试（包括中考、高考）的立足点，使学生学会逆向思维，并能在多层级阅读应考中以守为攻，攻守兼备，开卷有获，一鸣惊师。

（此文发表在CN14-1331/G4类期刊《教育》杂志2016年第2月总378期上。）

群文阅读的课堂特色

邓州市城区一初中　杨帅杰

教师观念的革新是教学改革的关键，教师坚定教学信念才会增进教学勇气，教师的变革勇气是打造卓越课堂的关键。因此，群文阅读所提倡的是这样的语文课堂：

一、学生的课堂

课堂是以学生为中心，还是以教师为中心，还是“双中心”？学界历来有不同争论。我们认为，学习是学生建构知识的过程，教师应该更多关注学生的学习而不只是自己的“备课”，传统的“备课”虽然也谈到“以学定教”，但在实际课堂中，却常常是教师“走教案”。教室是学生的舞台，而不是教师的舞台。教师在设计任何教学活动时，都要问自己：学生能理解吗？学生会如何去思考并回答？有没有另外的可能？群文阅读希望突破传统语文课堂“教师讲—学生听”的课堂模式，把阅读的自主权还给学生（教师在面对群文时，很难用传统的教学方法完成），把课堂变成学生的舞台，让教师成为学生学习的引领者和陪伴者。

二、探究的课堂

学习本来就是一个探索的过程，学生就是知识的探索者。可是，教师常常以教学时间等客观条件为由，觉得还是单向的知识传授更方便快捷。这种情况在视“学生为道具”的公开课上表现尤甚。探究式学习的核心是参与和理解，是学生在问题意识引导下对知识的渴望。群文阅读的每一个单元的设置，都带着阅读目标和要求。群文阅读的学习任务，和传统教科书中的习题或课后思考题有本质的不同。教科书课后的习题，常常把课文切割成语言理解片段，提出的问题学生不感兴趣且不容易回答。群文阅读后的探究问题，会把学生还原为读者，设想一位读者在阅读时，他会有哪些困难？有哪些想法？因此，群文阅读的单元设置角度是多样的，有的是“人文”专题，有的是“作家”专题，更多的是从文章内部切入，例如，“聊聊故事中好笑的情节”“从两个不同的角度看同一本书”“故事中的‘狐狸’”“比较同一个作家的不同作品”“探讨奇幻小说和魔幻小说的特点”，这些话题的设置，看上去很难，但照顾了学生的阅读整体性，学生将更感兴趣。

三、讨论的课堂

再伟大的真理、再重要的价值观，也要经历一个怀疑、讨论、接受的过程后，学生的印象才会更加深刻，而单纯的灌输和说教，只会让学生反感，甚至会走向教育的反面。没有讨论的课堂是沉闷的课堂。群文阅读的课堂最怕的是学生的观点一致，“异口同声”，所以，教师要鼓励学生进行逆向思考。有的教师的课堂之所以无法进行讨论教学，重要的原因是教师没有提出有思考价值的问题。读一本好书，就是和许多高尚的人谈话。课堂常使用的词汇是“聊一聊”“说来听听”。在轻松的词语下面是教师对讨论的引导。所以，在群文阅读的课堂，要训练教师学会使用这样的一些课堂引导讨论的语言，如，“他的意见如此，有没有不同看法”“你有什么事实来证明你的观点吗”“我们可以从另一个角度来看这个问题吗”“你现在是否还坚持你的观点”。为了让讨论更加深入，教师要改善提问，提出有讨论价值的问题。

四、阅读策略的课堂

阅读策略是“学习者为了达到预期的目的或目标而选择和掌握的有意识的行为”，只有掌握了阅读策略，学生在阅读时才能举一反三，成为卓越的阅读者。传统语文教学教授的阅读技能，大都是脱离阅读实际的，而国际上讨论的阅读策略，是从阅读者角度归纳出的常见技能。涵盖了预测、图像化思考、推论、联结等内容的阅读策略，对教师来说相对陌生。可是，这是重要的阅读能力，中文阅读者也需要熟练这些“洋策略”。配合各种阅读策略，教师要设计出有趣的教学活动。群文阅读的课堂，并不是完全放手让学生自学，而是在有限的时间内教给学生真正有效的阅读知识。所以，教师要常通过一些辅助课程来引导学生的策略学习，如：“从书中概括主旨”“如何提出一个好问题”“阅读笔记的形式和结构”。

五、思考的课堂

传统语文教学很少带动学生思考，要么是无限认同作者的观点，要么是无限认同教参的观点。而教师的课堂提问，不是无趣就是无聊，大都有简单固定的答案。群文阅读认为，语文课要传授给学生思考的技巧。在传授思考技巧时，有两个环节必须把握：一是教师要改善课堂提问的质量，引导学生高层次的思考；二是要鼓励学生学会提问，教师要帮助学生练习如何提出一个好问题。阅读力就是思考力，教师要了解基本的儿童哲学的观念，提高课堂教学的思考质量。群文阅读的课堂，强调教师要做示范，把思考的过程展示给学生。它要改变传统语文教学的流俗，例如，提出问题后让学生马上举手回答；学生要先想清楚再完整表达。群文阅读还教会教师一些新鲜的理解文本的方法。例如，在文学教学中，教师要引导学生探究“角色”“场景”“对话”“结构”；在图画书教学中，教师要引导学生探究文与图的合奏关系；在书写对文本的理解时，学生可以使用范恩图、情节梯、思维导图、文学日志、对照表等形式；在文学圈的讨论中，从书的选择到书的讨论，都给予教师实际的指导。这些新鲜教学手段的使用，需要教师逐步熟悉。

群文阅读的倡导者不是学校改革的乐天派，也不是教育的梦想家。他只想以阅读教学为切入点，为改变中国教育做一些实在的事情。通过群文阅读的实践，帮助教师重建教学信念，增强教学勇气，在自己的课堂上进行“静悄悄的革命”！

群文阅读选文与组文策略

邓州市城区四初中　翟文杰

群文阅读的出现打破了单篇文本教学的局限，让学生从课内走到课外，实现既聚焦课堂又走向社会、家庭的阅读视野。群文阅读的课堂需要用心、用智、选对文、选好文才能调动学生的热情和学习兴趣，让学生切实获益，下面笔者将从以下几个方面来探讨组合选文的策略。

一、以作者为中心选文

不同的作家有不同的文学风格，初中语文阅读可以从教材选定的作者出发，对该作者的文章进行精心筛选，选出有代表性的作品，让学生对作家的文风有更深刻的认知。例如七年级上册语文教材选了老舍的《济南的冬天》，教师就可以选择老舍同样写济南的《大明湖之春》《趵突泉的欣赏》让同学一起学习，看老舍怎样从不同的角度描写济南，增加学生的写作技巧。同样还可以选择老舍的散文如《北京的春节》《养花》《草原》《猫》等，通过群文阅读学习，让学生更深刻地理解教材选文以及名家文风，学习名家风范，积累见识和学识。

二、以“体裁”为中心选文

以体裁为中心选文，把同一体裁的作品放在一起，让学生了解掌握该类体裁的写法。文章的体裁无外乎有六大类即是：记叙文，议论文，说明文，散文，小说，诗歌等形式。语文教师在选文的过程中可以根据课程标准的要求，选择难易适中的同类体裁的文章，同时教师也可以将古今中外的议论文杂糅在一起，让学生了解议论文的丰富性。例如可以将古代名家苏轼、韩愈、欧阳修等人的议论文，现代名家鲁迅、梁启超、钱钟书等人的作品以及国外名家的议论文放在一起，以供学生欣赏，同时精心讲解其中的一两篇文章，让学生理解不同的时代、国别、地域、作家都有不同的风格，从而达到丰富学生视野的目的。

三、以“主题”为中心选文

即使主题相同甚至题目相同的文章、文学作品，写作的角度和内容也都不相同。教师在初中语文群文阅读教学中，让经典与经典对话，“以文解文”，可以起到意想不到的效果，引文经典的作品总是有内在的契合，尤其是同样主题的文章。

著名的散文家俞平伯和朱自清都写过《桨声灯影里的秦淮河》，这便是“同主题”中的经典，另外古诗文中“同主题”的作品就更多了。古人喜欢吟咏同一对象，例如边塞诗，有一个边塞诗派，王昌龄、高适都是写作边塞诗的高手，同一篇《出塞》，王昌龄就有“秦时明月汉时关”“骝马新跨白玉鞍，战罢沙场月色寒”等诗文。唐诗中送别诗也很多，例如王昌龄的《芙蓉楼送辛渐》“寒雨连江夜入吴”和王维的《渭城曲》“渭城朝雨浥轻尘”，同样的送别却寄托了诗人不一样的情怀。这些阅读的经典，无论是针对初中语文古文阅读教学还是现代文阅读教学，都有着丰富的作品，出现在课堂上，不仅激发学生的兴趣，让学生体验阅读的快乐，提高阅读能力，同时能够达到事半功倍的效果。

四、群文阅读组文的方式

上文讲了从文章的作者、体裁甚至“主题”方面去选文，是选文的一个思路，但是选出的文章会有很多篇、很多种，怎样巧妙组合到一起也是初中语文老师面临的问题，下面笔者结合教学经验和前人的研究，提出以下几种组文的方式：

（一）以“拓展强化”的方式组文

顾名思义，拓展强化就是在一个水平基准线上进行不断完善，达到不断强化的目的。比如围绕社会的话题会有很多文章，也有很多科技、过年、特产、奉献等话题，教师可以根据教学目标选择切合时代的作品，根据已有的教材篇目进行群文阅读。也可以在上文诸如以作者为中心选择的文章基础上，根据文章深度层层递进强化，也可以补充其他作者类似的文章，交叉进行，弥补文章作者风格单一的不足，进行拓展强化。

（二）以“完善增补”方式进行组文

根据研究初中语文阅读教材，我们不难发现有些类型的文章缺失，例如有关家庭教育、自我认知类型的文章较少。众所周知，初中生正处在叛逆时期，对自我认知不太明确，容易造成心理障碍，对家庭教育不理解，缺乏对家庭教育的正确认知，此时作为语文教师应当完善增补此类型的文章，引导他们正确认识青春期所面临的各类问题和家庭教育的不足及优点，正确与家长沟通，表达情感，帮助他们成长。可以说很多作家都以自身家庭故事和自己成长经历创作，趣味性强，也有很强的教育意义，诸如《傅雷家书》《名人传》等励志型作品都可以成为教师的推荐对象，引导学生健康成长！

群文阅读组文方式灵活，不拘一格，教师可以在不同的选文里自由组合，达到拓展强化、完善增补、提高学生阅读水平的目的即可。但是选文时目标要明确，根据难易程度螺旋上升，切不可超越学生理解阅读能力，否则一些枯燥的文章反而降低学生阅读兴趣，适得其反。

群文阅读是当今语文阅读教学中创造性的发现，对语文教师提出了更高的要求。对于教师而言，应当围绕课程要求和标准，提高自身素质和阅读面，在选文、组文上为学生提供良好的阅读素材，选择名家、经典文学作品，确保文章不难不易、恰到好处、阅读性强，既能激发学生阅读兴趣，又能达到提高学生阅读水平的目的，切实落实群文教学为阅读教学服务的目标。群文阅读自由性、创造性较强，组文更是千差万别，这在浩瀚的文学海洋里筛选合适的素材，在组文技巧上更需妙手得之。

群文阅读要循序渐进

邓州市桑庄镇一初中　田戈

《语文课程标准》提出："语文课程应该培养学生热爱祖国语文的思想感情，指导学生正确地理解和运用祖国语文，丰富语言的积累、培养语感、发展思维，使他们具有适应实际需要的识字写字能力、阅读能力、写作能力、口语交际能力。"阅读教学是语文教学的重要环节，语文教师应培养学生独立阅读的能力，让学生掌握能够运用阅读解决生活中的问题的能力。然而时至今日，语文教育那种"少、慢、差、费"的格局并没有得到真正的改善，为改变这种现状，不少研究者和实践工作者做了大量的探索工作，群文阅读就是其中的一种。

崔峦老师认为，群文阅读是围绕一个阅读的目的，选择一组相关的文章或多部作品，也可以是整本书，进行功能性的阅读，并且在师生同读共议，分享阅读经验、阅读感受的过程中，享受阅读的快乐，养成阅读习惯，提升阅读素养，它是阅读内容的一种组合方式，是群体阅读的一种实践方式。

任何事物都是由多个要素按照一定的结构组合而成的有机整体，优化要素的结构就能提高整体的功能。在群文阅读教学中，不能一篇一篇孤立地呈现文章，不能把多篇文章无序地全部呈现，要有一定次序，才能取得群文阅读的整体效应。

一、课前预习读，了解文章内容

因为群文阅读需要阅读一组文章，学生如果课前没有准备，课堂上的时间占有量将会很大，就不利于打造高效课堂，所以，学生必须在课前以自己喜欢的阅读方式进行阅读，掌握每篇文章的大意，最好能在阅读的过程中预测将要出现的问题，篇与篇之间进行比较，比较相同点和不同点，当然也要控制好时间，不能无限制地延长阅读时间，提高速度能力。

二、带着问题读，增强阅读力

课堂上，如果要让学生读“一群”文章，就意味着教师读更多的文章，教师“精神丰盈”，才能引导学生具有“丰盈”的精神。群文阅读的主体是学生，教师要做好统筹工作，设计好问题，让学生带着问题去阅读。默读、浏览是侧重于大量信息处理的有效阅读方式，是侧重于思考的阅读，富有成效的默读和浏览总是伴随着“好问题”的。因为学生在课前对这一组文章有了大体的了解，所以在这个过程中，学生能够利用好这种阅读策略很快找到问题的答案。

三、小组合作读，彰显集体智慧

在对一个问题进行思考时，学生首先要“自主阅读”，这可以不断激发学生的阅读期待，但是每个学生总结出来的答案必然有不同性，这种不同是由学生的知识储备、阅读视野、想象推理能力等不同方面制约的，他们就需要在一起共同交流、思维碰撞，在交流的过程中不断吸收别人的正确的方法，完善自身的不足。群文阅读，就是将传统课堂教学转向以学生为主体、教师为主导的课堂教学，小组合作、分组讨论、分享对话等形式的学习，应该成为课堂教学的主要方式。由于群文阅读教学中学生可以自由选取喜欢的文章内容，加上老师对学生的回答不作简单的对与错的判断，而是充分鼓励、引导、点拨、启发，给学生创造一个坦率、自由、富有探索性的氛围。如果学生消极讨论，只听不思考，拖延时间，重复别人的话语，这样的讨论只停留在形式上，纯属浪费时间。

四、细读深究，赏析文本

文章之中的一些字、词、句、段值得玩味，这个时候学生一定要静下心来，速度降下来，联系上下文的语境，细细地品味。同时，利用比较的方法：横向章节同类比较、纵向难易比较、大略地比较、细致地比较、比较相同点、比较不同点、比较内容方面的、比较表达形式方面的……老师可以让学生在阅读中自己发现、探索、领悟，并分析相同类型的问题，是否可以有一些相同的答题方法，找到规律，并使之成为一个系统。

“得法于课内，得益于课外”，群文阅读这一崭新的阅读视角，必将带来阅读课程的新革命。群文阅读教学是把语文知识和人文精神转化为学生语文素养的有效途径。正如人民文学出版社社长管士光所说：“群文阅读理念的提出，让我们看到了孩子阅读的希望之光，用这一种全新的思想来打造阅读课堂，将是一件特别美妙的事情。”在群文阅读教学过程中根据学生的认识规律，循序渐进地引导学生阅读将是非常重要的教学策略，教师必须要慎重考虑。

群文阅读要学会“先做减法后做加法”

邓州市城区四初中 翟文杰

“群文阅读”是在课堂教学的单位时间内，呈现多篇文章，多到四五篇，甚至七八篇，围绕同一个议题展开的探究性阅读教学。理想的阅读课程体系应该包括多种阅读形态：单篇（课文）阅读、群文阅读、整本书阅读……“群文阅读”的显著特征是：同一个议题、多个文本、探索性教学。群文阅读教学具有很强的实践价值：

1. 让师生回归生活世界的“阅读”状态。

2. 改变阅读教学的痼疾。单位时间内，“群文阅读”尽可能多地让学生自己去读，让学生在阅读中学会阅读。

3. 发挥阅读策略指导的优势。“群文阅读”可以依凭“多文本”优势，充分发挥实用阅读策略：“速读”“比较”“统整”……

4. “群文”更容易促进学生的自由探究。

现在，我们的“阅读教学”仍然以识记为主，缺少理解、质疑和发现；是在为老师自己的教而阅读，为教参而阅读 ，为考试而教阅读。在传统课堂阅读中，阅读者的阅读行为又过多地受到教师的干预与评价，缺乏独立地位。

实施“群文阅读”，在阅的环节中，要“先做减法后做加法”。把教育的目标放得更长远些。教育改革不要以增加师生的负担为代价。减什么？减去烦琐的课文分析；减去课堂上大量的无谓的朗读；减去枯燥无益的语文作业；减去似是而非的语文知识；减去对课文人文内涵的过度挖掘……加什么？加入不同角度切入的群文（一篇课文带出群文、自助策划群文阅读课程）加入真实生活中的阅读策略，加入更加灵活有效的教学活动……需要减去的东西恰恰是我们竭力追求的，需要加入的恰恰是我们忽视的啊！

“群文阅读”要求“一节课里读一群文章”，这意味着：教师不能讲太多话，不能提太多问题，要发展“让学”，让学生自己读，让学生自己在阅读中学习阅读。教师对课堂结构的艺术性不能有太多苛求，起承转合、层层递进、环环相扣、高潮迭起……过于精致细腻、转换频繁的课堂间接地侵占孩子自读自悟的时间。教师不可能这么深、这么细、这么透地讲析文章。微言大义、字斟句酌、咀来嚼去……这是内容分析式阅读的典型特征，这是老师阅读感受完全取代孩子的阅读感受。老师不能够做的事不正是我们目前所热衷的大力推崇的吗？“有一千个读者，就有一千个哈姆雷特”是否也该换成“有一千个读者，也只有一个哈姆雷特”？

“群文阅读”还要求，教师不能按部就班地从字词的学习开始，经由句式、篇章结构、内容探讨进行教学；“群文阅读”的教学目标一定要抓住重点，突出要点，把握难点，一定要学会放弃。教师不能将“朗读”或“有感情地朗读”无限放大，必须根据读物的不同性质，更多地尝试略读、浏览、跳读等阅读方式，必须更多地尝试生活化阅读。

“群文阅读”的出现，以其灵动性赋予了普通一线教师“编者”的身份，让其拥有了“选择”的自由与责任。因此，“群文阅读”更是对语文教师的课堂教学提出了巨大的挑战！课堂上，如果要让学生读“一群”文章，就意味着教师要去读更多的文章，因为只有精神丰盈的教师，才能引导学生朝向“丰盈”精神的方向发展。为此，需要我们语文教师不断丰富阅读积累！做一个爱阅读的人！转变阅读观念，改变阅读方法，明确阅读目的！“群文阅读”教学，让学生更加自主、更加愉悦、更加生活化地去阅读、去理解、去质疑、去发现，真正达到提升发展学生阅读能力的效果！

促进学生人文素养需求的群文阅读方法的策略研究

邓州市赵集一初中　房炳安

群文阅读是一场如同哥白尼把天体的中心从地球转到太阳那样伟大的改革。新课程以学生发展为本，注重学生个性的养成、潜能的开发、能力的培养和智力的发展。促进学生含英咀华群文阅读，可灵活采用多种策略：

1. 以批促读。新编教材在课文的右侧都留有较大的空白，让学生阅读课文时在空白处写批注，可以是对课文的品味、评点，也可以是自己的感悟、心得，当然也可以是问题或质疑。坚持不懈，渐入佳境。

2. 以说促读。可以让学生叙述某些课文（包括文言文）的故事情节，只有熟读课文，才能清楚复述。可举行读书报告会，让学生向同学介绍自己喜欢的一本书或一篇文章，也可以结合所读作品介绍自己的读书心得、体会。

3. 以诵促读。可让学生集体朗诵、小组朗诵或单独朗诵课文，也可举行朗诵会，让学生朗诵自己喜欢的作品。朱熹《训学斋规》：“须要读得字字响亮，不可误一字，不可少一字，不可多一字，不可倒一字，不可牵强暗记，只是要多诵遍数，自然上口，久远不忘。”清代学者刘大櫆在《论文偶记》指出：“积字成句，积句成章，积章成篇，合而读之，音节见矣；歌而咏之，神气出矣。”通过声情并茂的朗诵，读出抑扬顿挫的语势与声韵，品味出作品内蓄的意味。

4. 以辩促读。道理越辩越明，是非越辩越清，思维越辩越活，认识越辩越深。学习鲁迅的散文诗《雪》，可以展开辩论：“江南的雪”“朔方的雪”谁是鲁迅形象的写照？有人认为“江南的雪”，有人认为“朔方的雪”，有人认为两者兼而有之。学生为了寻找论据，自圆其说，会认真阅读原文甚至当时时代背景。

5. 以议促读。可以采取全班讨论或小组讨论的方式，让学生各抒己见，互相启发，深入感悟。学习杜甫《茅屋为秋风所破歌》，可让学生讨论：本诗与杜甫哪些诗有“相同”之处？与哪首诗歌有“不同”之处？经过讨论，学生明白本诗与《望岳》不同。与《春望》《孤雁》相“同”处甚多：经历安史之乱，同感精神苦闷；同处悲凉境地，同感落寞惆怅；同是亲人离散，同感国家破败……作者写茅屋的经历，正是为了写自己在安史之乱后的遭遇，从而抒发他忧国忧民、推己及人的崇高情杯。

6. 以评促读。让学生阅读文学作品后写文学评论。学习莫泊桑的《我的叔叔于勒》，可让学生评析菲利普夫人这个人物形象。学习了鲁迅的《故乡》之后，让学生自读苏九上茹志鹃的小说《百合花》，评析菲利普夫人、杨二嫂、新媳妇这三个妇女形象的异同。写一篇《三个女人一台戏》的作文练笔。

7. 以写促读。让学生阅读作品后写阅读笔记、读书札记，或者写读后感。学习《曹刿论战》，让学生写出从中受到的启发或借鉴，答案丰富多彩：凡事要从实际出发，调查研究；处理事务要细心谨慎，不可狂妄自大；在矛盾面前要知己知彼，深思熟虑；出了问题要分析原因，发扬长处；天下兴亡匹夫有责；国君要善于纳谏，从善如流；正义战争必胜，侵略者必亡……

8. 以演促读。组织、指导学生排练、表演课本剧，将《江村小景》《陈毅市长》（节选）等搬上舞台。学生为了表演好角色，会仔细揣摩课文甚至原著作。除了课本上的戏剧选段以外，也可选用《新语文读本》上“古典的魅力”的“劝谏艺术”等选段，让学生模拟人物，上台表演。

9. 以背促读。初中《语文课程标准》要求：“诵读古代诗词，阅读浅易文言文，能借助注释和工具书理解基本内容。注重积累、感悟和运用，提高自己的欣赏品位。”“背诵优秀诗文80篇（段）。”优秀的诗词、精短的文章可以全背，较长的好文章可以背诵精彩的片断；好的文言文要多背一些。教材要求背诵的要不折不扣地完成。通过背诵积累语言材料、生成语文素质。可以开展背诵比赛等活动，引导学生背诵精美诗文。

10. 以抄促读。“看一遍不如读一遍，读一遍不如抄一遍。”宋代大文豪苏东坡，曾把《汉书》抄写三遍；明初宋濂少时读书，借书抄书，记忆深刻；明末文学家张溥，总要把所读之书抄写几遍，因此，他把自己书斋叫作“七录斋”。抄写可以增强记忆，加深理解，积累资料。精短作品可以全抄，篇幅较长则摘抄精要。学习朱自清的《绿》，可让学生抄写描写景物的文字以及优美的比喻句等。

11. 以改促读。一些课文可以让学生改写，以此促进学生对课文的理解。学习了名著《水浒传》中《智取生辰纲》一回，我让学生按照下列要求进行改写：①以晁盖一行“智取”为主线，将末段补叙内容插入叙述之中。②在规定时间（六月初四）和空间（黄泥冈）范围内叙述故事。

12. 以仿促读。让学生对精妙之作或课文中精彩的语句进行仿写，可以使学生的理解更为深切。刘禹锡《陋室铭》短小精悍，含义隽永，传诵不衰，仿拟之作精彩纷呈，引人入胜。学习《陋室铭》，师生共同仿写，学生兴趣盎然。学习朱自清的《春》后，学生训练仿写《冬》的美文：

“盼望着，盼望着，北风来了，冬天的脚步近了。

一切都像刚睡着的样子，朦朦胧胧闭上了眼。山寂寥起来了，水沉静起来了，太阳的脸色也惨淡起来了。

小草默默地枯萎了，黄黄的，硬硬的。山谷里，田野上，瞧去，一大片一大片满是的。叫着，跳着，捡一粒种子，翻两个前桥，踢几个毽子，丢几次沙包，风蛮横横的，草呼啦啦的。”

13. 以测促读。有些篇幅较长、容易理解的文章，可以不作讲解、分析，而让学生自读后完成检测题。学生在这种情景之中，阅读会十分认真。然后根据学生普遍存在的问题，再有针对性地引导分析讲解，让学生理解、感悟。

14. 以疑促读。清华大学校训：“自强不息，厚德载物。”向学生介绍其出自《周易》：“天行健，君子以自强不息。”“地势坤，君子以厚德载物。”有一学生说，“君子以厚德载物”应该是“我辈以厚德载物”，并拿出一本语文复习资料为证。因势利导，让学生去查阅资料，辨别正误，学生很有兴趣。学习丰子恺《给我的孩子们》之后，让学生探究“到你们的抱怨变成感谢的时候，我的悲哀来了！”的原因，从而体会到中学时代是人生的黄金时代，要把握住自己的金色年华。

15. 以比促读。俄国教育家乌申斯基说：“比较是一切理解和思维的基础。”毛泽东说：“有比较才有鉴别。”通过分析比较，“同中求异，异中求同”，有助于对作品深入理解、牢固把握。唐代大诗人王维的《送元二使安西》和高适的《别董大》，两者有相同点：内容上，都是送别诗；形式上，都是七绝；写法上，都是先写景后抒情。但又同中有异：王诗写景“渭城朝雨浥轻尘，客舍青青柳色新”，清新明媚，写情“劝君更尽一杯酒，西出阳关无故人”，忧伤凄切；高诗写景“千里黄云白日曛，北风吹雁雪纷纷”，荒凉黯淡，写情“莫愁前路无知己，天下谁人不识君”，乐观旷达。王维诗以乐衬哀，景真情挚；高适诗哀景反衬，刚劲质朴。这样深入的分析比较，不仅有助于对这两首诗的深入理解，而且能有效地提高自身的文学鉴赏能力，提高学生的人文素养。

16. 以绘促读。让学生根据课文绘出某种简略的示意图。学习《巍巍中山陵》，让学生绘出中山陵的路线图。学习《我的叔叔于勒》，让学生绘出菲利普夫妇性格发展变化示意图。要正确绘出示意图，须熟悉课文内容才行。

17. 以译促读。学习文言文，可让学生翻译精彩的段落、语句。翻译文言文以直译为主，要尽力做到忠于原文，“信、达、雅”，准确无误，通顺畅达，符合语法。通过逐字逐句的翻译，能够加深对文言文的理解。

18. 以研促读。引导学生开展大语文研究性学习，可提供一些课题让学生选择，也允许学生自由确定课题。学生可以单独承担研究任务，也可以组成研究小组。学生可以在网上、图书馆查阅资料。学生有兴趣，积极查阅、搜集、整理、加工资料，写出研究报告。《中华诗词中的水意象》《杜甫忧时伤国情怀》《说孔明》《〈绿〉中的比喻》《〈雪〉的象征意义》《浅谈朱自清的散文美学》《简评鲁迅小说中的四个人物》《浅谈童话的结尾》……从这些研究性的学习成果，可以看出学生阅读的广博和思考的深入。

19. 以猜促读。选择合适的作品，让学生阅读其中部分内容后掩卷思考，猜测、推断其后的内容，甚至可以让学生说出或者写出猜测的内容，然后让学生对照原文，找出差异，比较优劣，领悟原作的精妙之处和作者的良苦用心，发现自己的不足之处，肯定自己的闪光之点。以猜促读，能够激活思维，开发智力，对培养学生的鉴赏能力和提高写作水平都大有裨益。

20. 以用促读。语文的外延与生活的外延相等。生活语文化，生活中处处可以学语文，“世事洞明皆学问，人情练达即文章”；语文生活化，语文在生活中时时要应用。“读书须知出入法。始当求所以入，终当求所以出。见得亲切，此是入书法；用得透脱，此是出书法……惟知出知入，得尽读书之法也。”（陈善《扪虱新话》）学以致用，活学活用，用得透脱，才谓善学。“书到用时方恨少”，当今信息社会，“地球村”时代，必须终身学习，以用促读，正合时宜。

在新课程背景下的语文群文阅读教学探索，必须充分激发学生的主体意识，培养学生的主体精神，发挥学生主体作用，促进学生广阅博览，熟读精思，积累丰富的语言材料，消化吸收，内化为自身的血液，在熟读精思中积淀语感，获得应该具备的语文阅读素养，为学生个性化的发展和终身可持续发展奠定基础。

对群文阅读的思考

邓州市桑庄镇一初中　张应娟

二十多年的语文教学实践中，我认为中学阶段的阅读对于人的阅读能力的形成来说是至关重要的。而阅读与一个人的精神发育紧密相关，没有阅读就不会有个体心灵的成长，就不会有人精神的发育。不管用什么样的方式来阅读，我们老师都应该从学生的立场出发，引导学生学会阅读，不只阅读文章，更要阅读生活。每个人的生命只有一次，但我们通过阅读可以感受更多人的生命。那么，群文阅读就是一个很好的载体。

"群文阅读"刚一听到感觉十分陌生，细细一想，就是围绕着一个或多个议题选择一组文章，而后教师和学生围绕议题展开阅读，最终达成共识的过程。群文阅读是同一个议题、多个文本、探索性教学。其实，也就是在教学现场，较短的单位时间内，要呈现多篇文章，多到四五篇，甚至七八篇。

一、选文权力给老师

落实群文阅读的前提是选好文章。教师要结合教材及课外读物，针对相同的议题，进行多文本的阅读内容选择，进而才能进行多个文本、同一个议题的教学。这就需要教师大量地去阅读，去寻找同一个主题的文章，对大量的文章筛选之后给学生去读。这样有针对性的阅读指导，可以拓宽孩子的阅读视野，引领孩子的阅读生活，更有利于培养学生整体把握文章的能力，有利于学生自主阅读能力的提高。

二、读文权力还学生

群文阅读教学的时候，重点强调一个"读"字，不板书，不笔记，不归纳，不分析，一切的一切都通过阅读去体会，去感悟，让孩子们顺着不同作者的文字，展开想象的翅膀，去发现，去寻找，什么是美，文字的美，语言的美，世界的美。告诉学生：自我感觉，不论是文学素养还是教学经验，都还处于一个不成熟的阶段，所以各位尽可畅所欲言。群文阅读，是在一定时间空间内，探索性地阅读一组相关联的文章的阅读方式。其阅读的资源更加丰富并具有内在联系，阅读的环境更趋于生活化，富有真实性，阅读的机会有更多的选择性，阅读的方式更符合学生个体实际，阅读的理解有更广阔的表达空间。

三、阅读的方法忌“快餐式”

群文阅读，决定了课堂阅读量的极大增加，也让学生阅读和教学的难度大增。所以，很多教师在进行群文教学时，为了完成当堂教学任务，减少了学生阅读的时间，使学生阅读变为快餐式阅读，这是不可取的。

四、读的实质——求同求异

1. “求同”阅读，感悟主题

群文阅读较单篇阅读，其最大的优势，就是突破了传统阅读文章形式、主题等单一，不易让学生在最佳时机举一反三，进行拓展性阅读，丰富对主题的认识，更全面地认识阅读教学的主题的局限。

2. “求异”品析，升华中心

文学作品，正是因为具有千差万别的多样性，才使得文学创作具有难能可贵的独创性。进行群文阅读时，在基于群文“关联点”进行“求同”阅读的基础上，进行“求异品析”，是非常必要的。所谓“求异品析”，就是要利用群文的“同”和“异”，从面和点上去完成群文的品读和赏析，用“点”上的“异”，去深化和丰富“面”上的“同”；在“面”上“同”的基础上，去发现“点”上的“异”，进而能对群文的主题，有更深入地认识，实现认识的升华；对群文的表现手法有更全面地掌握，实现对写作方法的领悟。

五、联系群文，自主写作

阅读群文，不仅能多方面地感受同一文学主题，更是依照例文写作，掌握写作方法的极佳机会。群文阅读，学生自然会在阅读中对一类主题文章、一类写作方法有较深的认识，产生不吐不快的感悟；也会在多篇文章的表达方法中，对某一类写作方法，由于“见多”，运用起来有范例，也会更熟练、更准确。此时，抓住时机进行练笔，会起到事半功倍的效果。

教师应为学生提供更多的阅读机会，使学生真正成为群文阅读的主人，享受群文阅读的“福利”。群文阅读应准确定位、大胆设计，尽最大可能为学生营造绿色生态、开放的阅读环境，最大限度地把阅读的主动权交给学生，让学生尽情地品味阅读，享受阅读。“把阅读还给学生、让学生绽放精彩”应是群文阅读教学成功的核心理念。

对群文阅读教学的认识与反思

邓州市思源实验学校 王光海

前段时间聆听了名师孙占齐和骆志成的两节示范课，听后受益匪浅，启示颇多。

孙老师讲的是《悠悠思乡情》。由李白的《静夜思》和王湾的《次北固山下》引入，让同学们探究两首诗的共同点和不同点；进而引出表达思乡主题的常见意象——月亮、家书、归雁、落日等，然后分别由这些意象引出了相关的几组古诗和现代诗余光中的《乡愁》；最后让学生充分体会这些意象对表达主题的作用，并充分让学生诵读，感受每首诗的浓浓思乡情。整堂课孙老师的教学设计没有将教学目标仅仅停留在理解诗意的层面，而是充分引导学生入情入境地朗读，通过朗读品味诗歌语言，深入领悟诗歌的情感意蕴之美。整节课设计思路清晰且巧妙，妙在以思乡的“情”字统领整个课堂，用“情”推进课堂的流程。

骆老师讲的是《数字入诗意蕴丰》。课堂由《中国诗词大会》中的热点人物导入，让学生回忆诗词中有数字的句子；然后让学生从“十字令”“一字诗”“回环诗”等组诗中分别体会这些数字诗的“意丰”“景美”“情真”；并按“我探究”“我比较”“我填空”“我创编”的教学思路循序渐进地引导学生认识数字诗、理解数字诗、掌握数字诗、创编数字诗。整节课活泼有趣，注重学练结合，高效紧凑。

在聆听两位名师的群文阅读课时，我脑子里一直萦绕着几个问题：群文阅读教学的价值究竟在哪里？具体到这两节课，其教学价值又在哪里？我们要引领学生学习什么，才会对他们的语文学习有帮助呢？这个问题可谓见仁见智，但我有下面几点看法。

其一，议题应具有开放性和可讨论性。孙老师的《悠悠思乡情》从“思乡”这个议题出发，让学生分别探究讨论得出围绕这个情感的常见意象有月亮、家书、归雁、落日等，然后分别选取呈现对应意象的四组诗词，如：“露从今夜白，月是故乡明”中的“月亮”；“烽火连三月，家书抵万金”中的“家书”；“塞下秋来风景异，衡阳雁去无留意”中的“归雁”；“日暮乡关何处是，烟波江上使人愁”中的“落日”等等。所以，教师在教学设计时应围绕着一个明确的可供学生们探究讨论的议题，将相关的课内与课外等要素结合起来进行教学。笔者在教授邹韬奋的《我的母亲》时，就以“母爱”为议题，串起课内邹韬奋的《我的母亲》、川端康成的《父母的心》，课外肖复兴的《我的母亲》、胡适的《我的母亲》，教学中插入歌曲《母亲》。学生在同一议题的群文阅读的学习过程中，潜移默化地受到了综合性训练，促进了学生认识问题、分析问题、解决问题的能力，提高了学习兴趣，培养了人文品质。

其二，选文应体现丰富性和异质性。骆老师的《数字入诗意蕴丰》，一节课中选取了“十字令”“一字诗”“回环诗”三类共计几十首诗词名句，可以说选文是相当丰富的。再如，语文教科书中的名家名篇比比皆是，但仅读一篇文章很难对这些大家的写作风格有全面的认识。教师就可以确定某位作家作品为议题，进行全面深入地研究，这对学生蓄积深厚的文化底蕴，形成综合素质是大有裨益的。苏教版初中语文教材共选入鲁迅六篇文章，分别是小说《社戏》《故乡》《孔乙己》，散文《从百草园到三味书屋》《藤野先生》，散文诗《雪》，把这六篇文章选入“鲁迅作品研究”这一议题中，就体现了选文的丰富性和异质性，定能收到良好的效果。

其三，方式应彰显自主性和探究性。两位名师在有限的一节课上，呈现与某个议题相关的多首诗歌，引导学生自主阅读、立体阅读、探究阅读，扩大了阅读面，增加了阅读量，发展了阅读力，并相继进行了多方面的言语实践。骆老师在《山村咏怀》中，让学生探究“透过诗中数字，让我们看到了怎样的画面”；在《一字诗》中，让学生探究“作者如何把景物统一成一幅画”；在《数名诗》中，让学生探究“请你谈谈本诗妙在何处”；最后，让学生“看三幅图画，自编一首数字诗”等，这些活动，充分彰显了学生的自主性和探究性。一节课的价值不在于学生学过什么，而在于他们发生了哪些积极的变化。学生们在认知上达到了由少到多、由浅入深的变化，在能力上达到了由不能到能、由不精到精的变化，在情感体验上达到了由人及己、由表及里的变化，教学效果非常好。

其四，目的应发展阅读力和思考力。骆老师在设计教学活动时，没有陷入“知识性”教学的怪圈，而是巧妙设置疑问，启发学生回归文本，勾连相关信息，而不是追求表面的热闹，如此，学生的思维训练才能得到一定程度的深化提高。学生在朗读“噫，郎呀郎！巴不得下一世，你为女来我为男”时，感情没有充分表达出来，骆老师做了精彩的示范，让学生思考女主人的心理，设身处地感受女主人的心情。这些都充分体现在文学阅读教学中，教师应该是“平等中的首席”，多启发引导学生凭借合理的理解和想象进行再创作，读出个性化的感受，从而丰富朗读体验，提高朗读水平，而不是替学生做出思考判断，代替学生去理解体会。

教育专家崔峦说过，“群文阅读必将促进语文教学形态、教学方法与策略、教学模式的变革，只读一本教科书的时代过去了。我们要把群文阅读纳入语文的课程表，它的地位等同于我们的课本教学”。当前，语文课堂教学通常仍然采取单一的文本教学，传统的教学模式仍然主宰课堂，学生主体地位没有得到应有的尊重。教学中重阅读方法的指点，轻阅读兴趣的激发；重课内精读，轻博览群书；重单篇文章的阅读，轻整本书和多文本的阅读。教师对教学内容和教学资源缺乏整合利用，导致阅读教学效率不高，而且很难实现教师、学生和文本的三情共振。让群文阅读进入课堂，这是对传统的单篇文章教学的冲击，是对单纯的分析内容的阅读教学的挑战，给凝固僵化的阅读课堂吹进了一缕清风。

“要看银山拍天浪，开窗放入大江来”。群文阅读包容千峰文字，万壑文章。只要我们大胆地在语文课堂上放入这条“大江”，它必能发挥其独特的价值与魅力；届时，中小学语文教学中“银山拍天浪”的盛况，就会呈现在我们眼前！

（此文在《中学生报·教研周刊》2018 年 12 月第 52 期发表，CN44-0088。）

对群文阅读理解的误区

邓州市穰东二初中 柏冰

群文阅读的根本立足点是阅读，选择的群文都是为阅读做准备的，阅读应该是一节课的主角，在课堂上教师应有效地引导阅读，使学生更好地完成阅读，真正还给学生阅读的时间和空间。笔者发现在群文阅读的教学实施中有以下误区：

一、对角色的误认

群文阅读之前，我们在进行单篇教学时，教材中的文章已经为我们准备好，我们只需要对文章进行再创造就行，群文要求教师根据不同的需要，自己重新组织文章，就要求我们教师的角色需要发生转变。

1. 变身编者

根据自己构文内容的不同，需要我们从浩渺的文海中去寻找可供自己教学的内容，而这些内容和教材中的课文有明显的区别。“教材体”的文章主题往往是明确的、正向的，意义是“显而易见”的，篇幅是有限制的，语言也是经过规范的，词语的选用是经过衡量的。而群文阅读，选文的自由度大大增加，我们应该用编者的身份，去伪存真，并努力保持选文原貌，不随意“删、换、改”，包括保留原文的文字风格，保留叙述的复杂性。

2. 变身学生

这个转变不仅仅出现在群文阅读中，单篇教学同样是一个重要的身份认同。在群文阅读中，我们要保持孩子心里的很远很美的理想，以及他们对理想的坚持，让我们的读者接受并喜欢这些曾经深深感动过、滋养过一代又一代的经典名著作品吧！

3. 学生身份的转变

学生身份认同变得尤为重要。如果让学生能够在课堂上 45 分钟保持较高的阅读热情，在选文时，就必须要考虑学生对所有选文的关注度，选文时不能只考虑一篇、两篇学生感兴趣的文章，而忽略整体。当教师选择的群组文本呈现在学生面前时，他们有往下读的强烈欲望；读完以后，他们又有与人交流的强烈需要。我认为，尊重学生的阅读视角，选择学生有阅读兴趣的文章应该成为群文组合最为重要的线索。

二、对“读”的误认

叶圣陶先生说：“多读作品，多训练语感，必将能驾驭文字。”读书，读书，书首先要“读”。“故书不厌百回读，熟读深思子自知”，“看生书宜求速，不多阅则太陋”，“温旧书宜求熟，不背诵则易忘”，读经典美文“非高声朗诵则不能得其雄伟之概，非密咏恬吟则不能探其深远之韵”，这些都是古人留给我们的最好的学习语文的“捷径”。我们语文教学应“读”占鳌头，给学生充分的时间读书，让他们在读中理解，读中感悟，读中抒情，真正做到“悦”读。

“常读常新”则是阅读的最美好的境界。为什么我们有时候讨厌那些“经典作品”，尤其是小学生更是喜欢那些通俗平易、简明直接的“作品”，一个重要的原因就是我们常常不能用“心”去读，不能从“经典”作品中获得与现实人生密切相关的“经验”和智慧，甚至我们总是觉得我们在阅读“经典”的过程中就是在“接受”那些先贤的教导，于是潜意识里就滋生出一种反感来。要真正达到“常读常新”的境界，不但要用“心”去读，还要转变心态用“新”的眼光去读。

三、阅读视野、品味的转变

因为我们构群时需要尽量选用多种文类的文本，包括丰富学生文学体验的文学类文本，例如神话、故事、寓言、散文、童话、诗歌、小说、传记，也包括为获取和使用信息 的实用性文本，例如：新闻报道、说明书、广告、通告。我们还要尽量选用多种行文特色和叙事风格的作品。所以在丰富自己内涵的时候就需要真正地做到尊重个人喜好的同时尽可能地阅读不同体裁，不同内容的作品，才能在真正的阅读教学时游刃有余。

四、群文阅读的教学实施中的误区

思想转变是带动行动转变的一个重要契机，在群文阅读教学中，我们应该保有怎样的教学思想呢？坚持一个根本立足点：阅读速度，做好减法。

群文阅读的根本立足点是阅读，选择的群文都是为阅读做准备的，阅读才应该是一节课的主角，而不仅是对字、词、句、段、篇的品析，这样的重点定位就决定了我们必然要放弃以前的课堂中，教师不停地追问，学生积极地讨论，教师不停地起承转合，学生被动地细细品味这些枝蔓，而保留在课堂上教师如何有效地引导阅读，学生如何更好地完成阅读，真正还给学生阅读的时间和空间。所以我们在实践中，需要精简教师的无效提问，精简学生的大块回答，精简学生的无效讨论，留下学生在教师有效问题的引领下，和作者、文本的交流与沟通，所以，立足阅读，剔去枝蔓，做好减法，是群文阅读的一个根本立足点。根据这一立足点，一节课的阅读方式就发生了很大的变化，从精读、有感情地读转换为对速度要求更高的默读、浏览。

“路漫漫其修远兮，吾将上下而求索！”群文阅读新的探索，行进在路上。

群文阅读的体会与困惑

邓州市白牛一初中　蔡敬佩

通过我校群文阅读课题组前一段的教学活动，我们对群文阅读这一课型有了更多的认识，归结起来有以下几点：

一、选好文章是根本

群文阅读教学，首先是要选好文章，群文不是简单的拼凑，同一主题的文章随意拿来，而是需要提炼的，即使是同一单元同一主题的课文，也不一定适合群文阅读，如果把它们机械地放在一起，群文阅读就会群龙无首，杂乱无章。

多个文本怎样组合在一起呢？我觉得选取群文要有线索及议题，就像“糖葫芦”中间的那根长长的竹棒，那根竹棒可以各种各样。

1. 以作者为议题进行组合。
2. 以表达方式为议题进行组合。
3. 以人文主题为议题进行组合。
4. 以同一体裁为议题进行组合。
5. 以同一内容为议题进行组合。

二、群文阅读不是阅读群文

从字面上看，似乎群文阅读就是一组文章加以阅读，其实不然。将一组文章放在一起，是件容易的事。我们根据一个主题，从课外拉进几篇文章，进行组合式阅读，这不能称之为群文阅读。如果只是在课堂上，引导学生将组合进来的文章进行一番浏览，也是不能称之为群文阅读。群文阅读是围绕一个议题，将一组有需要的文章引进课堂，进行有针对性的阅读，以实现教学目标为宗旨的有效阅读。这就需要我们将一组课文，作为一个平台，让学生在这个平台上获取有价值的信息，实现语文能力的提升。

例如，围绕“设置悬念”这一议题将群文阅读的数量定在了三篇：《滴水之恩》《白梅无价》《不一样的爱》。希望能通过本组文章的阅读，让学生明确悬念的概念，知道悬念设置的位置及其作用，并能将设置悬念这一技法运用到今后的学习和生活中去。因此在本课预案中，设计了这样一个环节：通过这一组文章的阅读，你发现它们有什么共同点，又有什么不同之处吗？在学生阅读文本后，站在一个整体角度，观察这三篇文章，去发现它们之间的共同点和不同点，梳理出悬念设置相关知识。从课堂反馈可以看出学生对这一种技法有了更进一步的认识，并且还能归纳出悬念设置的位置及其作用。

三、群文阅读要重视策略、方法

“一节课里读一群文章”，意味着老师不可能很深很细很透地去讲析文章，不可能在这有限时间里面面俱到，要学会有所放弃。这就需要我们合理使用重点阅读、比较阅读、勾连统整等阅读策略，需要我们培养学生跳读、浏览、略读等阅读方法。在教学中，我们可以利用课前细读，课上略读，重点精读，其余浏览的方式，让学生通过勾画、批注的方法突破重难点，最后，让学生在合作探究中完成教学目标。

四、群文阅读要关注核心目标

当数量较多的文章组合在一起，呈现在学生面前的时候，容易造成阅读的肤浅化与浮躁化。如果执教老师不善于引导学生在核心目标上驻足停留、深入探究，则会让学生疲于浏览文章故事情节，忽略核心目标的达成，长此以往不仅学生的语文能力得不到提升，更会让学生在阅读中抓不到重点，读不出文章的独特之处。因此，落实群文阅读的关键还要制定相应训练目标，以及设计为了实现教学目标所开展的合理的教学活动。一定要抓住重点、突出要点、把握难点，一定要学会、敢于放弃。

五、群文阅读的困惑

1. 一节群文阅读课上完之后，常常出现在规定的时间内不能完成既定教学目标的问题，究其原因，可能是教师在选择文章进行群文组合时，没有选好文章，未充分考虑到学生的接受能力。

2. 群文阅读信息量大，因为先天条件不同、背景知识多寡、阅读水平参差不齐，造成孩子在阅读获得过程中的层次差异，对于阅读速度慢、能力差的孩子来说，他在阅读过程中学得比较吃力，获得也比较少。怎样缩短学生能力间的差距，使这部分孩子也能在群文阅读中有较大的收获，是我们老师今后要追寻的方向。

3. 如何选择并组织阅读材料？按作品风格组材、写作对象组材、写作技巧组材、突出特点组材等等，这种完全由老师个人确定的分类选择，科学吗？是否随意性太强了？系统性有何保障？

群文阅读提高学生语文学习的兴趣，培养学生的探究能力，拓展了学生的思维，增加了学生的阅读量，但群文阅读是教材教学的有力补充；语文教材仍然是语文课堂最基础、最重要的教学资源。培根说过："阅读使人充实，会谈使人敏捷。"我相信，坚持群文阅读教学，会让我们的语文教学更精彩！

请捧起群文阅读这束玫瑰花

邓州市裴营乡二初中　唐景

我了解群文阅读是在听了河南名师骆志成的一堂课之后。

作为一名一线的语文教师，伴随着课改的推进，我一直在学习和摸索中前进。一次偶然的机会，骆老师送教下乡在我班授课，我感受颇深。满满的一堂课，满满的教室，满满的学生，满满的听课教师，在他的这节课中我竟无法分清优等生和中差生。往日静坐的一堆所谓的中差生竟张嘴说话了，并如此地积极踊跃，抢答抢说，让我觉得判若两人。一堂毫无作秀的课，竟改变了我的学生，惊呆了我的眼睛。

随后的几天里，我采用群文阅读的方式精心备课，一节课讲解了李煜的《相见欢》和《虞美人》。我给学生们链接了《相见欢》中李煜自述囚居生活，抒写亡国离愁的佳作。词的上阕，写深秋月夜，词人独处的情景，"无言独上"点明了词人沦为阶下囚，受人监视的孤苦处境，交代了登楼所见之景。一钩新月，几株梧桐，凄冷的氛围中展现了孤独者的形象。分析《虞美人》中"春花秋月"人多以为美景，作者却殷切企盼它早日"了"却；小楼"东风"带来春天的信息，却反而引起作者"不堪回首"的嗟叹，因为它们都勾起了作者物是人非的愁思，衬托出他的囚居异邦之愁，用以描写由珠围翠绕、烹金馔玉的江南国主一转眼变为长歌当哭的阶下囚的作者的心境。

课堂上学生反应比较热烈，在比较中加深了对诗词《相见欢》《虞美人》内容的理解，记得牢，学得快。我深感不足的是对学生发散性思维引导得不够娴熟，顿感自己平时阅读面太窄，要想信手拈来急需填充教师的阅读量。

通过李煜诗词二首的教学实践和体会，我对群文阅读有了新的认识：落实"群文阅读"的前提是选好阅读文章。教师要结合教材以及课外读物，针对相同的议题，进行多文本的阅读内容的选择，进而才能进行"多个文本、同一个议题”的群文阅读教学。这就需要教师大量地去阅读，去探究寻找同一个主题的文章，对大量的文章筛选之后给学生去读。这样有针对性的阅读指导，可以拓宽孩子的阅读视野，引领孩子的阅读生活。更有利于培养学生整体把握文章的能力，有利于学生自主阅读能力的提高。

我认为，文章的选择对于群文阅读教学尤为重要。我们不但要鉴别选择各种不同风格不同水平的文章，更要根据孩子们的年龄特征选择他们能体会和理解的文字，没有最好只有更好。文章的选择和孩子们的阅读感悟是衡量群文阅读教学是否成功的唯一标准。几篇文章一堂课讲解，不但可以提高孩子们的文学修养和底蕴，甚至能够陶冶和净化孩子们的内心和灵魂。学生的感悟与收获完全取决于我们教师的水平！这也是群文阅读教学的一个关键！其实一线教师们或许已经发现，新编语文教材已经尝试以课文单元为基础，开始对孩子们进行指向性的引导阅读，这完全可以作为我们群文阅读教学的分类设想和构思方向。

此次群文阅读研讨活动，带给我全新的阅读思考，要想给孩子一碗水，自己必须先有一桶水，要想上好群文阅读课，教师必须付出大量的精力去备课，去读书，然后带领孩子去读书，用阅读给孩子们带去体验的快乐，让孩子们沐浴在书的芳香里——落实《语文课程标准》中“多读书，读好书，好读书，读整本书”的要求。群文阅读是阅读教学的补充，不是阅读教学的颠覆，坚持阅读，我们一直在路上。只要对孩子有益，我们就乐此不疲。让我们的教学闪耀创意的星光，阅读会使学生的心灵丰富多彩，姹紫嫣红，我相信坚持群文阅读，会让我们的语文教学春色满园！

我相信实施群文阅读教学的老师们都深有体会，那就是在实施群文阅读教学时，我们会不自然地进入过去常规教学模式和节奏，直接导致演变成常规语文教学课。所以我在设计群文阅读教学的时候，重点强调一个“读”字，一切的一切都通过阅读去体会，去感悟，让孩子们顺着不同作者的文字，展开想象的翅膀，去发现，去寻找，什么是美，文字的美，语言的美，世界的美。

我想和所有一线语文教师分享群文阅读这束隐藏暗香的玫瑰花。

人文素养

基于学生人文素养需求的中学语文读写结合教学策略探究①

河南省邓州市赵集镇一初中　房炳安
河南省邓州市思源实验学校　王光海

摘　要　阅读和写作是中学生必须具备的语文素养，提高学生的语文素养是中学语文教学的基本目标。此文主要针对中学语文教学中“读写结合”的教学方法进行分析，以期能够进一步提升学生的读写能力，培养学生语文核心素养、人文素养，达到教学目的。

关键词　中学语文　核心素养　人文素养　读写结合

一、中学语文课程“读写结合”的意义

《语文课程标准》强调“语文课程丰富的人文内涵对学生精神世界的影响是广泛而深刻的，学生对语文材料的感受和理解又往往是多元的”。“读”是写的前提，只有通过大量的阅读，培养语感，扩充知识，才能获取写作素材；“写”是读的创造升华，二者缺一不可。中学语文“读写结合”的实施过程是一个螺旋式上升的过程，教师要善于寻找从文本阅读到读写结合的“密码”，引导学生感悟文本语言现象，发现文本表达的策略，从而在文本阅读中获得写作的启蒙与历练，培养学生的审美、探究能力，拓展学生的人文素养内涵。

二、中学语文课程“读写结合”教学策略的运用

阅读文学作品，我们要联系作者的写作背景，用我们内心体验与作者的理解感受碰撞，读出真情实感，体会写作技巧。教学时教师要正确引导学生把握

① 本文系河南省教育科学“十三五”规划2018年度一般课题“基于学生人文素养培养需求的中学语文教学策略研究”阶段性成果，课题编号：〔2018〕—JKGHYB—1516。

作者的情感体验，掌握文章的写作技巧，进而激发学生的写作激情，最终实现“读”与“写”的有机结合。

（一）在阅读教学中巧妙地进行写作技巧方面知识点的讲解

如何抓住人物的典型特征进行细腻描写，如何抓住说明对象的特点进行条理分明的介绍说明，如何选材组材谋篇布局等等，很多文章本身就是这方面的典范，教师在指导学生阅读文本时就可以相继进行写作知识的讲解，让学生掌握相关的写作技巧。笔者在教学《散步》一课时，就注重对学生进行写作技巧方面知识的教学，让学生分别学习“开门见山，直接叙事”“抓住细节，刻画人物”“结尾点题，升华主题”“巧借景物，烘托主题”“巧妙穿插，交代内容”等写作技巧，将阅读教学和作文指导有机结合，让学生写有“模本”，做到了利用文本进行阅读与写作的双重指导，做到了学与练的有机结合，有效地突破了写作教学的“瓶颈”。

（二）在阅读教学中把握好契机和结合点进行作文训练

1. 在阅读教学中抓住写作手法的特点进行作文技巧训练。写作方法常见的有欲扬先抑、动静相衬、叙议结合、情景交融、首尾呼应、衬托对比、伏笔照应、托物言志、铺垫悬念、比喻象征、借古讽今、卒章显志、承上启下、开门见山、烘托渲染、虚实相生等等。如教授《阿长与〈山海经〉》一课时，笔者就重点抓住欲扬先抑的写作方法进行讲解与练习。第一步，让学生明白什么是欲扬先抑；第二步，结合文本分析讲解作者是怎样运用这一写作方法的；第三步，让学生拓展阅读《最后一片叶子》《荔枝蜜》，分别找出描写“抑”和“扬”的文字，并让学生明白欲扬先抑应该“抑”什么，“扬”什么；第四步，教师总结欲扬先抑应该注意的事项；第五步，实战演练，写一个自己熟悉的人，运用欲扬先抑的写法，处理好详略。再如笔者在《驿路梨花》教学结束后，让学生按时间的先后顺序把故事改写一遍，从而让学生更加深刻地理解“插叙接榫，熨帖自然”和“巧设悬念，波澜起伏”的写作特点。阅读和写作是互逆的，阅读是吸收，写作是表达，只有吸收得充分，表达才会更加有力。教师只有通过寻找和把握这些阅读契机，抓住学生的兴奋点，捕捉学生的真切感受，并适时对学生进行有针对性的写作训练，才能使读写有机结合。

2. 在阅读教学中抓住文本的选材特点进行作文技巧训练。教材中的课文无论是思想内容还是写作技巧都是学生写作很好的范本，教师要挖掘教材的选材特点进行写作指导。《藤野先生》一文描写“清国留学生”欣赏樱花和学跳舞的内容，作者对东京感到深深失望和厌恶才促使其前往仙台学医，这是作者和藤野先生相识的缘起。藤野先生最难能可贵的，是在当时日本举国上下都鄙视中国人的风气下，他却表现出了对中国学生的特别敬重与关爱：添改讲义、纠正解剖图、关心解剖实习、了解女人裹脚。这四个事例从不同的侧面表现了藤野先生教学认真、治学严谨、正直诚恳、没有民族偏见等高贵品质。笔者在教学时就指导学生学习“围绕中心，精心选材”的写法，以《回忆我的老师》为题从文章选材的角度进行作文训练。通过例文选材特点对学生进行写作指导，从而将阅读教学与写作训练相结合，提高了学生的写作技能和人文素养。

3. 在阅读教学中抓住文本的环境描写进行作文技巧训练。“我冒了严寒，回到相隔二千余里，别了二十余年的故乡去。时候既然是深冬，渐近故乡时，天气又阴晦了，冷风吹进船舱中，呜呜地响，从篷隙向外一望，苍黄的天底下，远近横着几个萧索的荒村，没有一些活气。我的心禁不住悲凉起来。啊，这不是我二十年来时时记得的故乡？”（鲁迅《故乡》）作者紧扣回故乡时的季节、心情及故乡日趋衰败的景象进行环境描写，渲染了气氛，衬托出了人物的思想感情。“中秋过后，秋风是一天凉比一天，看看将近初冬”，（鲁迅《孔乙己》）寥寥数语就交代了孔乙己最后一次来酒店时的凄冷景象，烘托出孔乙己的悲惨遭遇，预示了孔乙己的悲惨结局。“这南方初春的田野，大块小块的新绿随意地铺着，有的浓，有的淡；树上的嫩叶也密了；田里的冬水也咕咕地冒着水泡。”“那里有金色的菜花，两行整齐的桑树，尽头一口水波粼粼的鱼塘。”莫怀戚《散步》中的这两段文字抓住了春天景物的特征，突出了初春蓬勃旺盛的生机，使人感到生命的存在、生命的召唤，展现了一家人散步的美好情景和快乐心情。笔者在教学时结合这些典型的环境描写对学生进行写作指导，让学生体会环境描写对增强文章表达力、感染力的作用，从而在阅读教学中得到写作的启发，获得写作技巧，打开写作思路。

4. 在阅读教学中抓住文本的优美语言进行作文语言训练。语文教材通过一篇篇凝聚着作者情感和思想的文字来潜移默化地影响学生的情感和思想。例如朱自清的《春》，作者细致地观察春天的景物，抓住春天的主要特征，通过对春风、春草、春花、春雨的生动细腻的描绘，展现了春回大地、生机勃发的动人景象，赞美了春天能够带给人希望和力量，激励人们把握春光、努力工作、奋发向上。全文的思想内涵深厚，语言文字优美，很容易引起学生的情感共鸣。再如老舍的《济南的冬天》，作者生动而真切地描写了冬天的济南气候温和、山青水绿、风景如画的特点，抒发了作者对冬天的济南深深的喜爱和赞美之情，是一篇优美的写景抒情散文。因此，笔者在指导学生感知课文内容，体会济南冬天的山水之美，感受济南冬天温情的特点之后，让学生学习课文清晰的层次、合理的布局以及情景交融的写作方法，借鉴作者的写作技法，领会作者的写作意图，并以《秋天的美景》《美丽的冬天》为题让学生进行“学——赏——仿”的有序训练，达到学以致用的目的。

5. 在阅读教学中抓住文本的空白点进行作文补写续写训练。有的课文的文字背后蕴含丰富的内容和情感，包含着语言、心理、场景及情节等“空白点”，教学时就应该抓住这些不太被人注意的“空白点”进行拓展训练，让学生充分展开合理的想象，并通过适时的写作训练把它们还原成具体可感的鲜明形象，从而让学生对课文有更加直观形象的理解和感悟。笔者在教授《最后一片叶子》时，让学生展开想象的翅膀，补写老画家贝尔曼在风雨夜爬上梯子在高墙之上作画的感人场景；在教授《孔乙己》一课结束之时，让学生续写“孔乙己死了之后”的故事；在教授《皇帝的新装》一课时，让学生续写“皇帝回宫之后”的故事。这些因素作为写作素材，对学生的思维能力和语言表达能力的培养大有裨益，通过这种方式进行课外练笔，大大提高了学生的写作兴趣。

（三）在阅读教学中历练学生作文情感的深度和人文思想的厚度

语文教学的主要任务就是引导学生从文质兼美的文本中充分地汲取营养，从而丰富自己、发展自己、提升自己的人文素养。在阅读教学中教师引导学生对文本内涵进行深入理解，从中吸取思想的精华，培养学生积极健康的人生观和价值观。如《走一步，再走一步》一文告诉我们怎样克服并战胜困难的道理，笔者教学时让学生以《我的成长故事》结合文本渗透的思想内容进行作文训练，学生的情感态度和价值观在写作中得以充分体现。再如笔者在教完《秋天的怀念》《再塑生命的人》后，又让学生拓展阅读嵇绍波《太阳每天从土墙上升起》，使学生们明白：史铁生的母亲身患重病，依然精心照顾瘫痪的儿子，鼓励他好好活下去，母亲是史铁生心中的太阳；莎莉文老师用高超的教育艺术教海伦·凯勒识字、认识各种事物，用爱的阳光唤醒她的灵魂，莎莉文老师是海伦·凯勒心中的太阳……大千世界，芸芸众生，总有一种力量让你热泪盈眶，总有一种感动让你深刻铭记，总有一个人指引你迈向一个又一个人生高峰。请以“我心中的太阳”为题，完成一篇以写人为主的记叙文。该教学设计旨在通过阅读，培养学生发现美、感受美、表达美、创造美，使学生通过读写训练，心灵受到感染、思想得以升华、情操得以陶冶，身心更趋完美和谐，提升学生的人文素养。

三、结语

总之，读写结合是培养学生语文核心素养、人文素养的有效途径。以读带写，能培养学生的理解能力和审美能力；以写促读，能培养学生的思维能力和语用能力。读写结合是“从实际情况和学生特点出发，把核心素养和学业质量要求落实到语文学科教学中”的主要途径，依据新课标的要求，教师在教学中要培养学生语言文字运用的实践能力，引导学生多阅读多表达，从而有的放矢地培养学生语文人文素养、核心素养。

（此文在 2019 年 1 月《教师》总第 378 期发表，CN46－1072/G4。）

参考文献

[1] 中华人民共和国教育部 . 语文课程标准 [S]. 北京大学出版社，2011.
[2] 陈怀忠 . 中学语文课程读写结合研究 [J]. 基础教育，2013（11）.
[3] 刘志宏，张丽华 . 教育心理学 [M]. 沈阳：辽宁大学出版社，2005.
[4] 彭泽元 . 浅谈如何处理好阅读教学与写作教学的关系 [J]. 写作教学的智慧，2015.
[5] 洪义水，洪福地 . 语文教学与审美教育 [J]. 泉州师范学院学报，1998（04）.
[6] 常福胜 . 中学语文群文读写结合运用策略 [J]. 语文教学与研究，2016（07）.

揣摩说明文语言，体会准确性特点

邓州市构林一初中　任仲明
邓州市城区四初中　骆志成

阅读一篇说明文，要准确把握说明对象及其特征，要准确概括段意和中心，都离不开语言分析。说明文从语言上可分两类，一是平实说明文，二是生动说明文，因此分析说明文语言的特点可从说明文语言的准确性、严密性、科学性和趣味性角度去分析。说明文以传授知识为目的，这就要求它必须用准确的语言，如实地反映事物的特征、本质、规律。

“语言准确”主要是指在说明事物及事理时能准确地反映被说明对象的真实情况，便于人们认可和接受。准确就是符合客观实际“不夸大、不缩小、不走样”。主要是概念的正确运用和解说，修饰语恰如其分，句子表意准确严密。揣摩说明文语言的准确性，重点在于揣摩词语怎样说明了事物的特点，从而理解其作用，领会其妙处。准确性是说明文语言的先决条件，表示时间、空间、程度、范围、数量、特征、性质、程序等都要求准确无误。备考应对策略如下：

一、在语境中体会中心词语的准确性

把话说得恰如其分是准确性的一种表现，用词要斟酌、注意分寸，区分近义词表义的差异。如:《天气陛下》中“在陆地上是压迫，在海洋上是簸弄，在天空中简直是乱搅一句”。“压迫”是写天气强制人服从他，“簸弄”是写天气对人的玩弄，“乱搅”即乱搅拌，写天气的威势更厉害了。这三个经过锤炼的词语，分别说明了天气陛下“在陆上”“在海上”“在天空”所发的程度不同的威风，用词准确而富于变化，从语义连贯上考虑，各自用得很有分寸，相得益彰。

汉语的词汇极其丰富，说明文中准确选用同义词、近义词，使语言丰富，避免重复，准确表达复杂的事物。同义词使用得当，会使遣词造句和表情达意更加准确、丰富和更富有表现力，能充分表达人们丰富的思想感情，使语言富有变化，收到积极的修辞效果。

例如：【（2015年杭州中考题）《你了解空气清新剂吗》阅读，原材料略】第14题：下列句子中加点的词语能否删去？为什么？

①它是靠香味遮掩异味，并不能真正改善空气的质量。

②其成分是从天然植物中提取的，不含氯氟烃，或许会可靠一些。

【思路点拨】本题考查学生对说明文语言准确性的理解能力。此类题一般的设计思路是，说明保留这个词有什么表达效果，去掉这个词，另有什么表达效果，将两者进行比较说明，最后要加上“体现说明文语言的准确性、科学性、严密性”等话语，题中的“真正”表明能改变一部分，但不是彻底的；“或许”表示不确定，可能安全，但不绝对。

【参考答案】①不能删去，“真正”强调了空气清新剂没有从根本上改变空气质量。②不能删去，“或许”表示可能，准确地说明即使是较为知名的品牌，也不是绝对安全的。

二、重视具有限制性、修饰性功能词语表义的准确性

说明文语言的准确性往往体现在文中一些表时间、表程度、表范围、表数量、表估计、表推测的词上，说明语言准确性的考察也往往着重放在限制性、修饰性的词语上。恰当地使用表程度、范围的副词和数量词，可使语言表达得更具体、更全面，增强语言的严密性、科学性。表限制性、修饰性的词语一般有：

1. 表限定时间：目前、迄今为止、不久、已经、早已、一直、一向、渐渐等；

2. 表限定程度：最、比较、几乎、相当、稍微、更加、尤其、很等；

3. 表限定范围：全、都、大部分、大面积、总共、少数、绝大多数等；

4. 表限定数量：之一、多、有余、很少等；

5. 表示估计或推测：大约、可能、左右等；

6. 表频率的词语：一般、屡次、往往、常常、经常、通常、总是、有时等；

7. 表质地的词语：软、硬等。

例如：【（2015年山东济南中考题）《中国竹，意无穷》阅读，原材料略】第16题：阅读第②段，分析下面句中加点词语的表达作用？

云南是世界竹类植物的起源地之一，是世界上竹类植物最丰富的地区，现有28属220种，被誉为“世界竹类的故乡”。

【思路点拨】本题考查学生对说明文语言准确性的理解分析能力。分析说明文一些限制性词语的表达作用，首先要解释词的含义，并指明其作用（表限定、强调、程度、否定、推测等）；其次说明有这个词说明了什么，如果没有这个词说明内容将发生怎样的变化（太绝对化、与事实不符等）；最后加上体现了说明文语言准确性、严密性的特点。

【参考答案】“之一”，是“其中一个”的意思，准确地说明我国云南省只是世界竹类植物起源地中的一个地区，除此之外，还有其他地区，体现了说明文语言的准确性。

例如：【（2009年河南中考题）《速冻食品也新鲜》阅读，原材料略】第14题：下面句子中加点的词语能否删去？为什么？

这样的“水晶”可能会破坏食物的细胞结构。

【思路点拨】本题考查了对说明文语言的准确性的理解能力。去掉后就变成肯定语气，这与实际不符合。体现了语言的准确性、科学性、严密性。

【参考答案】不能删去。“可能”一词表推测，准确地说明了这种“破坏”不是一定会发生的。若删去就太绝对了，表意就不准确、不严密了。

说明文中有些事物的特点表现在数量上，这就需要用具体的数字加以说明，运用列数字可使模糊的概念变得清晰，使读者对事物的了解具体真切，数字有确数、约数两种。要注意分析确数与约数类词语的使用：对客观事物的了解达到全面而又精确的地步，应用确数予以说明；对客观事物的了解和认识尚未达到全面、精确的地步，则用约数说明。这也显示了说明文语言的准确性和科学性。

例如：【（2015年兰州中考题）《飞机“不喝油”也能飞》阅读，原材料略】第21题：下列句子中加点的词语不能体现说明语言准确性的一项是（　）

A. 首次实现了用太阳能给飞机提供动力的梦想。

B. 光电转换是人类对太阳能的利用形式之一。

C. 目前，太阳能光伏电池的转换效率大约在30%。

D. 这场长达 3.5 万公里的环球之旅恐怕还只是人类开辟未来探险的一小步。

【思路点拨】本题考查学生辨析说明文语言准确性的能力，适合用排除法。A 项“首次”强调了是第一次，去掉后就没有“第一次”的意思了。B 项“之一”指其中的一种，说明还有其他的形式，去掉则变成只有这一种形式。C 项“大约”表推测，去掉显得过于绝对，与事实不符。D 项强调技术进步的幅度，与语言准确性无关。故选 D。

三、从修辞、表达方式、表现手法、句式角度分析准确性生动性特点

有些说明文特别是科学小品文，通过运用优美词语、描写性语句和修辞手法的语句，来品味说明语言的生动性。题目要求考生从修辞、表达方式、表现手法、句式等角度中任选一个角度，以全文第 X 段为例，分析该段的语言特点。

第一，从修辞考虑：运用比喻、拟人、排比、引用等修辞手法，使说明语言的形象生动性，有气势，富有感染力。

第二，从表达方式：记叙、描写（准确、形象生动的动词、形容词）使说明更具体形象生动；议论抒情则可以准确地概括说明对象的特点，突出全文的中心，加深读者对内容的理解，加强文章的感染力。

例如:【（2015 年山东潍坊中考题）《给“地震波”一个空间》阅读，原材料略】第 24 题：请简要分析第 11 段画线句的表达效果。

主动地为地震波准备一处歇脚的地方，让其与人类“共融”如此，地震波也就会对我们“以礼相待”。

【思路点拨】本题考查了从拟人修辞手法运用，把握“歇脚”“以礼相待”词语，体会说明语言的形象生动性，更富有感染力的表达效果。

【参考答案】运用拟人手法，赋予地震波以人的特性，使语言更有趣味，生动地说明了“给地震波一个空间”的重要作用。

例如:【（2012 年河南中考题）《高山上的守望者——岳桦》阅读，原材料略】第 16 题：本文的语言既准确严密又生动形象，任选一个方面结合第⑤段内容加以分析。

【思路点拨】本题考查了学生对说明文语言的品析。分析语言可以从多角度进行，如看句子是否使用了比喻、拟人等修辞手法，或者语言的幽默性等。

如本句中“坚如磐石”“入水即沉”等字眼，生动形象，同时让我们感觉岳桦木质异常细密坚硬。

【参考答案】示例一：“一年之内只有两个多月的生长期”一句中的“只”表限制，强调岳桦生长期很短，体现了语言的准确严密。示例二：“成龄的岳桦木坚如磐石，入水即沉”一句中的“坚如磐石”“入水即沉”生动形象地说明岳桦木质异常细密坚硬。

四、分析文中动词的使用与搭配把握特征

说明文中恰当地使用动词，能使说明的对象更加准确生动，能更好地把握说明事物的本质特征。如：《苏州园林》中“为了达到这个目的，他们讲究亭台轩榭的布局，讲究假山池沼的配合，讲究花草树木的映衬，讲究近景远景的层次”。“讲究”一词运用得恰当准确。若换为别的词像“注意”等就显得不够庄重与正式了。再如“布局”“配合”“映衬”“层次”与前面的词语也搭配合理。若“布局”与“配合”一换，就显得不恰当了。因为“布局”一般指较大的建筑、房屋等，而“配合”一般指相对较小的事物。明白了这些动词的意思，就明白本文按照从高到低、从主到次的顺序来写。

五、留心关联词语在表意准确性上的特殊作用

恰当地使用关联词语，可使语言表达更连贯、更严密，使语义更具层次感，突出说明内容的重点，更好地体现说明文语言准确性的特点。如：《中国石拱桥》中“这个创造性的设计，不但节约了石料，减轻了桥身的重量，而且在河水暴涨的时候，还可以增加桥洞的过水量，减轻洪水对桥身的冲击”一句，准确地使用了“不但……而且……”这一关联词，层次清楚地说明了这种设计的优越性。用递进的句式，进一步突出“增加桥洞的过水量，减轻洪水对桥身的冲击”这一实用效果。

结合实际情况，细心揣摩说明文语言，具体分析，能使学生快速形成说明文语言评析认知结构，提高阅读效率。

（此文在2016年4月总第368期《作文指导报》发表，CN41-0086。）

中考语文复习：不看“热闹”，要读出“门道”

邓州市赵集一初中　房炳安

“万丈高楼平地起”，语文是学习各科的基础，一定要常抓不懈，在学好书本知识的前提下，不拘泥于书本。广泛阅读，做到现代文、古文两手抓，两手都要硬，不可失之偏颇。有很多同学不喜欢看古文，认为枯燥，缺少激情。实则不然，读文言文可获得一举几得的能力：可提高你的分析理解能力；可扩大你的知识层面；对你做语文试卷中的课外古文材料分析题也会有很大帮助。

语文学习的关键在于阅读能力的提高。一提到如何提高阅读能力，人们自然会想到这样的答案：多读。这一点当然没错，熟能生巧是世人皆知的道理。在阅读过程中对群文阅读比较分析，会获得阅读上有实质性的突破。

英国诗人柯勒律治曾把读者分为四类：“第一类好比计时的沙漏漏沙，注进去，漏出来，最终的结果是一点痕迹也没有留下；第二类好像海绵，什么都吸收，挤一挤，流出来的东西原封未动，甚至还脏了些；第三类像滤豆浆的布袋，豆浆都流出来了，留下的只是豆渣；第四类像挖掘宝石的苦工，把矿渣甩一边，只留下纯净的宝石。”柯勒律治想要表达什么意思呢？他是想告诉我们，阅读时，要竭尽全力，力求做到“留下宝石”。这是一种非常不错的阅读方法，如果我们把盲目的阅读比作“看热闹”，那真正能够收获知识的阅读就是“看门道”。以看热闹的心态阅读，一旦热闹过去，书中的精华也就跟着过去了，什么也不会被我们留下；以看门道的心态阅读，书读完，精华也就会被我们留下了。

因此，要想提高阅读能力，我们不能光看“热闹”，还要读出其中的“门道”。

如何做到这点呢？方法其实很简单——善于阅读，勤于思考。一位考入重点高中的语文尖子生这样分享他的语文学习经验：

“不管是阅读小说还是其他方面的书，我从不追求速度，而是注重在阅读的过程中有所收获。例如：刚开始阅读时，我每天只读一篇文章，读完之后，合上书我就会静静地思考这些问题：这篇文章所讲的主要内容是什么？作者想要表达的思想是什么？它大概分几部分来讲述这些内容？这种文章结构是否新颖？

“思考的次数多了，这种思考就成了我的一种习惯。现在，我不仅读完一篇文章后要去思考，而且还会带着这些问题去阅读其他同一个议题的不同文章，开阔视野。因此，不管同学们觉得阅读题目有多难，我都能轻松获得高分。”

只有认真思考，阅读得到的知识才能转化成自己的东西；只有认真思考，阅读得到的知识才能为我所用；也只有群文阅读，比较分析才能在潜移默化中提升自己的阅读能力。在实际学习过程中，我们不妨也学学这样的阅读方法，当你尝试的次数多了，也许就会像这位同学一样，当别人被阅读题困扰时，你却觉得它们只是“小菜一碟”，中考中轻松获得语文高分，圆自己的高中梦想！

语文中考现代文阅读试题主要考查学生哪些能力点

邓州市赵集一初中　房炳安

近年来，初中语文考试有加大现代文阅读测试，取消纯“基础”考题，只考阅读与作文的趋势（例如上海市各区的做法），这样使得语文教师有些茫然，觉得现代文阅读考试非常宽泛，不知能考查到学生哪些能力点。

笔者根据《语文课程标准》要求，结合自己多年的教学实践、命题探索，归纳形成了以下要点：中考现代文阅读考试题目能够考查到的学生的能力点。这些“能力点”，就是在命制语文考试阅读考试题时，命题者可能参考来设计考题的点。明确了这些，教师在平时的阅读教学、中考复习中，可以注意训练学生这样一些能力。我们还可以将教师组织的阅读训练，转变成学生在平时的自主群文阅读，自己为自己设计以下这些角度的练习，日积月累，积沙成塔，集腋成裘，阅读能力与阅读解题能力自然会得到极大的提高。

研究全国中考二百多套试题发现，现代文阅读题主要考查学生的能力点有：

1. 在语言环境中判断、选择字的读音（包括易错读音、多音字读音、轻声、变调等）的能力。
2. 在语言环境中根据读音（看拼音）写出（选择）汉字（词语）的能力。
3. 在语言环境中改正错别字的能力。
4. 结合语言环境给字（词）选择正确意义的能力。
5. 在语言环境中推测解释词义的能力。
6. 在语言环境中选词填空（或搭配）的能力。
7. 在语言环境中为指定的词找近（反）义词的能力。
8. 将蕴含在语言环境中的近（反）义词分辨出来（分组列出）的能力。

9. 在语言环境中找同类词或将同类词进行归类（如将文章中写人物外貌的词都找出来）的能力。
10. 在语言环境中判断常见的修辞手法（如比喻、排比、拟人、夸张、对偶、引用、反问、设问等）的能力。
11. 在语言环境中将个别句子进行改写（改变原意或不改变）的能力。
12. 在语言环境中修改病句的能力。
13. 结合上下文理解含义深刻的词语、句子的能力。
14. 根据语言环境填写出积累过的名句（名诗）的能力。
15. 结合语言环境给句、段加标点符号的能力。
16. 能抓住文章怎样描写事物特点的能力。
17. 按照一个指定要求，归纳、概括某个问题（如结合全文来看，作者向我们全面介绍了哪些保护环境的知识）的能力。
18. 通过阅读，分析事情的前因后果的能力。
19. 把握自然段或意义段大意的能力。
20. 把握文章主要内容的概括能力。
21. 能按一定的角度要求给没有题目的文章加上题目的能力。
22. 记事文章能把握“四要素”（时间、地点、人物、事件）“六要素”（加事件的起因、经过、结果）的能力，写人文章能把握人物特点（及评价人物思想、品质）的能力，状物写景的文章能把握事物、景物特点的能力。
23. 领悟文章中心思想（主旨）的能力。
24. 把握文章段落首括句、文章中心句、文章前后（首尾）照应等的能力。
25. 把握文章段落或全文结构（如总分总、并列、递进等）的能力。
26. 阅读文章时领悟文章基本的表达方式（叙述、议论、说明、描写、抒情）的能力。结合文章判断、分析某种表达方式优劣的能力。
27. 根据文章主旨，结合自己的实际，形成自己的思想感悟的能力。
28. 阅读记叙文时理清表达顺序（顺叙、倒叙、插叙）的能力。
29. 阅读说明文时理清说明顺序（时间、空间、逻辑）及讲出说明方法的能力。
30. 阅读议论文时把握“三要素”（论点、论据、论证）论证方法作用及理清论证思路的能力。

31. 阅读叙事性作品，就自己印象最深的人物、事件、感情、场景、细节，表达阅读感受的能力。
32. 阅读小说时把握“三要素”（人物形象、故事情节、环境描写）及结合小说内容分析人物形象的能力。
33. 阅读诗歌，把握诗意，想象诗歌描述的意境，体会诗人的情感的能力。
34. 在文章的“空白处”（如省略号）能发挥想象进行补白的能力。在文章的意犹未尽处进行续说（续写）的能力。
35. 根据文章情景所提出的要求，进行问题解决的能力。
36. 开放性试题……

初中语文记叙文阅读试题命制角度及答题思路

邓州市城区四初中　骆志成

课题组研究近五年全国中考语文试卷后，发现初中语文试题命制的角度及答题的思路和技巧，现以记叙文列举如下：

一、标题的含义和作用

1. 标题的含义：（1）表层含义即标题的字面含义、文中内容；（2）深层含义即引申义、比喻义、象征义。

2. 标题的作用：（1）作为全文的线索；（2）突出主题，点明主旨；（3）造成悬念，引起读者关注；（4）反映作者情感；（5）概括了文章的主要情节；（6）一语双关。

3. 标题的好处或为什么以此为题？答题思路：标题的深层含义 + 标题的作用。

二、记叙文思路结构

1. 记叙的顺序

（1）顺叙作用：采用这种写法可以使事情的来龙去脉清晰地表现出来。

（2）倒叙特点：把事情的结局或后面发生的事情先写出来，然后再按事件的发展顺序进行叙述。

作用：内容上，突出中心，使内容集中，对比鲜明；结构上，使叙述有波澜，造成悬念，引人入胜。

（3）插叙特点：在顺叙的过程中，由于内容的需要，中断原来的情节的叙述，插入相关的情节或事件，然后再继续原来的叙述。

作用：补充交代，使叙述更加完整，使文章更充实、更周密，在结构上更紧凑，能够更好地突出中心。

2. 抓文章的线索

（1）分类：物线、事线、人线、情线、时间线、地点线。

（2）作用：是作者组织材料的思路在文章中的反映，是把文章的全部材料贯穿成一个有机整体的脉络。

三、体味修辞类语句的作用

1. 明确所用修辞手法：

考纲中明确考查八种修辞：比喻、拟人、排比、夸张、反问、设问、对偶、反复。可以利用口诀进行记忆“二比二问拟夸对反”。

2. 归纳修辞手法答题模式：

（1）比喻：生动形象地写出了……（结合句子）

（2）拟人：生动地表现了……（结合句子）

（3）排比：增强了……的语气语势，表现了……（结合句子）

（4）夸张：生动形象地写出了……（结合句子）

（5）反问：增强了……的语气，强调了……（结合句子）

（6）设问：强调了……，引起思考。（结合句子）

（7）对偶：句式整齐，音韵和谐。

（8）反复：强调了……

以上列举的这些，只是我们常规的一些“帽子”，任何一种修辞手法的作用，不论是前面的“帽子”，还是后面所要表达的内容，都要结合具体的文本，“词不离句，句不离段，段不离篇”，切不可死搬硬套。

3. 解题步骤：修辞手法 + “帽子” + 对象特征 + 作者的情感（情感是关键）。

四、理解词语在文中的含义

1. 词语在语境中的含义

（1）理解词语的本义；

（2）看该词在句子中的表达对象；

（3）对表达对象做必要的提炼（联系语言环境，提炼意义指向概括词）；

（4）再看该词表达得怎么样（起什么作用）；

（5）整合梳理答案语言，使表达简洁准确；

（6）把答案代入原文，看语句是否通顺。

2. 词语在语境中的作用

看该词语在句子中的含义是否生动或准确表现了句子内容，对该词语表现的内容要提炼意义指向概括词，否则，答题语言不简洁。

五、理解句子在文中的含义

1. 主要题型：

（1）以辨析为方式的选择题。要求学生能仔细辨析句子的细微差别，做出恰当的选择。

（2）以表述为方式的解说题。要求学生在透彻理解的基础上，能准确地解说句子的含义。

（3）以赏析为方式的评价题。要求学生能把握词语和句子的呈现特点，对其表达效果做出恰当的评价。

2. 解题思路：理解句子含义，要联系上下文。理解句子深层含义，要联系作品的背景。理解句子深层含义，要联系文章中心思想。评析句子内容，要联系文章中人物的身份、性格特点和思想，思考作者在句子中想要告诉读者哪些信息。

六、句段作用

1. 句子或段落在结构方面的作用有：

（1）总领全文、引起下文。此类句子在文章（段落）的第一句话或前面。

（2）为下文作铺垫。此类句子在文章的前面或中间。

（3）过渡句，起到承上启下的作用。此类句子在文章的中间。

（4）总结上文。此类句子在文章或段落的后面。

（5）照应。此类句子允许在文章的任何位置。

2. 句子或段落在内容方面作用有：

开篇点题、点明中心、奠定全文的感情基调、深化主题、总结全文、升华主旨、首尾圆合、首尾呼应等。

七、人物及环境描写的作用

1. 人物描写的作用（肖像、语言、动作、心理、神态、细节）

（1）揭示人物内心情感；

（2）烘托人物形象，凸显人物性格。

注意：补写人物心理活动，要求符合人物身份、表现人物性格、结合相关环境、扣住文章主题。

2. 环境描写的作用（自然环境、社会环境）

（1）交代故事发生的时间、环境、背景等。（一般在文章的开头的位置）

（2）渲染气氛（氛围）。（一般在开头或中间的位置）

（3）烘托人物心情（像兴奋喜悦、忧愁感伤、沮丧、绝望等。位置不固定）

（4）推动故事情节发展。（一般在中间的位置）

（5）形成对比，突出主旨。（随时出现，位置不固定）

（6）引出下文。（一般在文章的开头位置）

八、概括与归纳

1. 段落的划分：

（1）按时间先后和情节发展变化划分；

（2）按叙述的空间或地点的转换划分；

（3）按所叙事情的性质划分；

（4）按作者的认识过程或思想感情的变化划分；

（5）按人物活动划分（写一个人的几个活动片段及写几个人物的文章，可用这种方法）。

2. 概括、归纳的方法：

（1）摘句法：摘录段（层）中最能表现中心的语句（首括、结尾、中心句）。

（2）缩句法：将能表现段意（层意）的长句压缩成短句。

（3）联合（结合）法：把重要意思连接起来，概括出联合段意。

（4）择要法：在若干层意思中，可选择主要层意为段意。

九、把握文章主旨

命题角度的方法解析：

1. 分析文章标题来判断主旨

通过对标题的分析能初步确定文章主题。

2. 分析文中关键句来判断主旨

（1）文章的开头／结尾句或者段。

（2）文章中的议论性或抒情性的句子。

抒情句标志参考：强烈的感叹或反问等语气／直接抒发某种情感（悲伤、喜悦、流泪等）。议论性句子参考标志：对某事或某人做出评价的句子。

（3）文章中反复出现的词语或者句子。

（4）文章中主要人物的语言。

3. 通过分层归纳大意归纳文章主旨

对于一些不容易看出主旨的文章，可根据文章结构将文章分层，然后将各部分的大意连贯起来，加以综合概括。

十、“五写”题

（1）拟出题目（2）补出开头（3）补出中间（4）补出情节（5）补出结尾。

十一、感受、评价、鉴赏类题目

1. 阅读感受：

（1）联系文本，感点明确。首先必须在深入理解文本的基础上，用最简洁的语言简明扼要地提炼出感受体验，在简短的文句中表达自己的看法。

（2）感受真切，表述精当。要围绕感点，精当地表述自己的感受。让读者感受到你的感想是真切的，是言而由衷、言之有理的。由于文字的限制，表述的语言必须是精练的。

（3）联系实际，联系自身。阅读感受有一个突出的特点，就是感受作品思想内容，结合体验和自身思想，领会作品的启示。这种片段写作必须在短小的篇幅中做到联系实际，联系自身。表明自己的态度，或说出自己今后将怎么行动。

（4）条理清晰，层次分明。阅读感受和评价要做到条理清晰，即文章内部思路清楚。感点的提出和论述，问题的分析和解决，逻辑的推理和演绎，都应当条分缕析，脉络清晰，层次分明。

（5）语言通顺，表达流畅。文脉连贯，有一定的论辩力量和论述的气势。

2. 阅读评价：

（1）观点正确。对文中人物思想性格、社会现象的褒贬、文本观点的评价要正确，要有真知灼见；不能把对的说成错的，或把错的说成对的。这就要求我们有判断是非的能力。

（2）观点鲜明。赞成还是反对，同情还是反感，提倡还是抨击，都必须态度明朗，而且要在显要位置揭示出来。切不可模模糊糊，模棱两可。

（3）分析充分。要作比较充分的分析阐述，既要表明态度，更要依据文本的具体内容说出理由，做到分析有据，鞭辟入里，有较强的逻辑性。

（4）层次清晰，语言要通顺。

3. 阅读鉴赏

（1）要准确鉴别出文本的艺术特色，如：运用了哪一种表现手法？结构上有什么特色？运用了哪种修辞手法？是比喻还是拟人？是排比还是对比？

（2）要准确把握文本的主旨和作者的情感，把握文中人物的思想性格。

（3）要着重分析文章的艺术特色对表现文章主旨、作者情感或文中人物思想性格的作用。

初中语文议论文阅读试题命制角度及答题思路

邓州市城区四初中　骆志成

课题组研究近五年全国中考语文试卷后，发现初中语文试题命制的角度及答题的思路和技巧，现以议论文列举如下：

一、论点的把握

论点又叫论断，是作者所持的观点，是作者对所论述的问题提出的见解、主张和表示的态度。它是一个意思明确的表判断的陈述句。

答题思路：论点位置一般出现在：（1）标题；（2）开头；（3）篇末；（4）论述过程中（注意承上启下的过渡句）；（5）表述不集中，需要概括。

论点概括要注意：（1）要抓住中心词；（2）要使用陈述句式；（3）要有明显的倾向性，要旗帜鲜明；（4）语言要简洁，文意要通顺；要立足采分点。

二、论据：事实论据、道理论据

常考题型及方法：

1. 概括论据（找出和论点要点相对应的内容进行概括）

格式：何人做何事（事件的表述要符合论点）。

注意：假如题目给定概括的例子，那么要注意仿写。

2. 文章运用了某某的事例（引用了名言）有什么作用

格式：运用了……事例（简单概括），证明了……（论点或分论点）。（或与……所论证内容一致）

3. 补充事实论据

注意：（1）论据要能证明论点；（2）要有典型性、权威性；（3）积极思考课本上学习过的名人。

4. 论据能否被替换

答题思路：如果不能。（1）不能；（2）论据内容是……；（3）本段观点是……；（4）两者相符合，所以不能。

如果能。（1）原论据是……；（2）新论据是……；（3）本段论点是……；（4）换掉更典型，更有代表性，更能证明观点。

注意：可能原文中的论据与上下文有照应。

5. 关于论据的位置

（1）论据能否互换位置或删去？

（2）给定论据，放回原文中的什么位置，为什么？

答题思路：能否互换位置，首先概括论据，然后看是否和文本（上下文句子）照应（比如论据有可能是按时间顺序排列）。

能否删除某一论据：首先概括论据，然后分析是否能证明论点，最后看是否和文本（上下文句子）照应（比如论据有可能是按时间顺序排列）。

给定论据放回原文：首先概括论据，然后分析证明哪个分论点，最后看是否和文本（上下文句）照应（比如论据有可能是按时间顺序排列），关注过渡句。

三、论证方法及作用

1. 举例论证格式：举……（概括事例）证明了……（如果有分论点，则写出它证明的分论点，否则写中心论点），从而使论证更具体，更有说服力。

2. 道理论证格式：（如果是讲道理）论证了……观点，从而使论证更概括更深入。（如果是引用）使用了引证法，通过引用……证明……的观点，使论证更有说服力。（或更有趣味性，吸引读者往下读）

3. 对比论证格式：把……和……加以比较，突出强调了……的观点。

4. 比喻论证格式：把……比作……，生动形象地论证了……，使论证更有说服力。

四、论证的结构

常见题型及应对方法：

1. 直接通过选择和填空的方式判断论证结构。

答题思路：首先看文章到什么地方完成了提出问题的任务；从什么地方开

始分析问题；到什么地方结束，归纳出结论。由此判断是总分、并列、层进还是对照。要注意的一点是：段落的领起句往往是关键，要紧紧抓住它进行分析理解。

2. 提问 A 段到 B 段之间能否互换？

答题思路：首先判断两个段落之间的结构关系，然后找一句总起句或总结句，在顺序上与两个段落排列一致。

3. 下面文字是从文中挖出来的，你认为放到哪个位置最合适？

答题思路：从文章中抽出的段落含有分论点，判断这个分论点与其他分论点之间的结构关系，并根据总起或总结句与分论点的照应顺序来找准位置。

五、论证的思路

就是作者为了证明某个观点，先后都做了哪些事。其语言表述形式是：作者先……然后……接着……再……进而……又……然后……最后，总结，得出……（结论）（或者提出什么倡议等）。其中“作者先后做的事”，主要包括以下十二种：

开头部分，看作者是否做了这三件事：

1. 提出论点——是否提出了观点，提出了什么观点？

2. 提出分论点——作者在阐述观点时，是否提出了几个分论点，通过直接论证分论点，间接论证中心论点？

3. 过渡——作者是否运用过渡句，引出论据？

主体部分，看作者是否做了这六件事：

4. 选择论据——引用了什么内容，充当什么论据？

5. 确定论证方法——运用什么论证方法？

6. 选择阐述角度——从哪个角度？（正面还是反面？）

7. 深入剖析增强论证力度——作者举出事实论据后，是否对论据进行了剖析说理？

8. 追加比喻论证——作者在举例论证和道理论证的基础上，是否又运用比喻论证对文章的观点进行了阐述？

9. 追加推理论证——作者在举例论证和道理论证的基础上，是否运用推理，对自己的观点再次进行了论证？

结尾部分看作者是否做了这三件事：

10. 消除误解——作者在归纳总结前，是否强调了什么，以避免读者误解观点，保证论证逻辑的严密性。

11. 总体归纳总结——作者是否对前面的论证进行了总体上的归纳总结？

12. 做出结论——作者在归纳总结时，是否得出了一个什么结论或者发出了什么倡议或警示？

要注意的问题是：有的段落先举出 X 个论据从正面进行论证，然后又举出 Y 个论据，从反面进行论证，在解说论证思路时，要先从整体归纳其正反对比这种论证方法，然后再针对具体的论据进行分析，不能只见局部，不见整体。

六、开放性题

这类题具有“一石三鸟”的优势：第一，有效考查学生的阅读能力；第二，兼顾考查语言表达能力；第三，试题本身具有教育性，能迅速反映时代精神，对提高学生的思想道德素质十分有益。大致可分为以下几种类型：

1. 知识积累型：此类试题主要考查与选文有关的语言知识、文化知识等积累情况，要求考生有扎实的基本功及丰厚的知识积累。

2. 感悟体会型：这类题主要考查对选文的感受或得到的启迪等。虽说回答只要“言之成理”即可，但所成之“理”应紧扣选文的中心和材料，而且题干往往要求“联系实际”或“结合自己的经历”，作答时切不可泛泛而谈。

3. 评析鉴赏型：这类试题开放性程度较高，往往要求考生对选文的某一内容或形式作一点评析或鉴赏，发表自己的看法。当然这些看法应当有点创新意识，有自己独特的见解更好。

4. 献策质疑型：“献策质疑”类试题要求考生针对选文相关的问题提出对策或提出疑问，一般都是考查学生阅读文章后所产生的情感体验或理性思考，着重培养学生的观察能力、思考能力和发现问题、解决问题的能力。

5. 比较评判型：把内容或形式上有一定联系的选文，或一篇选文中两个不同的人或物放在一起，要求考生作同中求异、异中求同的思考，清楚地认识文章的本质特征。这类试题主要考查考生的探索能力、分析能力和概括归纳能力。

初中语文说明文阅读试题命制角度及答题思路

邓州市城区四初中 骆志成

一、整体感知、快速阅读的技巧

1. 浏览标题，领悟基本内容：标题有时暗示主旨，有启迪文章思路的作用，亦能提供答题的方向等。

2. 辨识文体（记叙文、议论文、说明文、散文），分析重点文意。

3. 精读首尾，揣摩主题思想：首尾往往发现作者所表达的中心。

二、答案来源

1. 采摘材料中的原文、关键词语或语句（诸如抓住议论句、抒情句和特殊修辞句、文段中的关键形容词和动词）。

2. 提炼筛选主要的，剔除次要的。即先用自己的话或材料中的语句来概括归纳，再加以合并浓缩，留下重点语句。

三、友情提示

1. 注意审题，领会出题者意图，围绕题目要求作答，防止答非所问。2. 辨识文体，根据文体知识作答；答题应有条理、书写规范。3. 遇到开放性或谈看法感受的题目必须结合文章的中心意旨（中心论点）来发散，可适当摘录文中重点语句回答，并尽量结合实际感受、引用的相关名言警句或美文精练概括。

课题组研究近五年全国中考语文试卷后，发现初中语文试题命制的角度及答题的思路和技巧，现以说明文列举如下：

一、说明对象：分事物、事理说明文

事物惯用词语表示，事理惯用句子表示。

常见题型及答题思路：

1. 划分层次，概括段意

答题思路：先审题，判断提问所针对的内容是整篇文章还是段落。

2. 说明对象及其特征概括

答题思路：说明对象，看标题及开头段，弄清说明的是一个事物还是一个事理。说明对象的特征：在中心句和下定义的句子中寻找。

二、说明顺序

1. 时间顺序：是按照时间的先后顺序来安排的，多用于介绍生物生长、科学技术发展、生产制作程序、历史演变、历史沿革等。

2. 空间顺序：是按照事物的结构来安排的，多用于介绍建筑物、风景名胜等。

3. 逻辑顺序：是按照事物间或同一事物内各部分之间的逻辑关系来安排的，多用于说明事物的因果、性质等。逻辑顺序具体分为：主——次、原因——结果、现象——本质、特征——用途、一般——个别、概括——具体、整体—— 局部等等。

常见题型及答题思路：

（1）说明顺序的判断及其作用。

答题思路：文章的说明顺序既不是时间顺序，也不是空间顺序则为逻辑顺序。

说明顺序的作用：（1）概括说明内容；（2）指出具体的说明顺序；（3）条理清晰，符合人们认识事物的规律。

（2）段落能否颠倒？

答题思路：（1）段落之间的说明顺序；（2）与总领句或总结句中词语的呼应。

三、说明方法及作用

举例子、列数字、作比较、画图表、下定义、作诠释、分类别、打比方、摹状貌、引用说明等。常见题型及答题思路：

画线句所用的说明方法及其作用段落所用的说明方法及作用？答题格式：

1. 举例子：通过举具体的实例对事物的特征、事理加以说明，从而使说明更具体，更有说服力。

2. 列数字：用具体的数据对事物的特征事理加以说明，使说明更准确，有说服力。

3. 作比较：把 ×× 和 ×× 加以比较，突出强调了事物的特征或事理。

4. 画图表：用图表方式对事物的特征事理来说明，使说明更简明直观形象。

5. 下定义：用简明科学的语言对说明的对象或科学事理加以揭示，从而更科学、更本质、更概括地揭示事物的特征事理。

6. 作诠释：对事物的特征、事理加以具体的解释说明，使说明更通俗易懂。

7. 分类别：对事物的特征、事理分门别类加以说明，使说明更有条理性。

8. 打比方：就是运用比喻生动形象地把事物的特征说清楚。

9. 摹状貌：对事物的特征加以形象化的描摹，使说明更具体形象。

10. 引用说明：A. 引用具体的事例（作用同举例子）；B. 引用具体的数据（作用同列数字）；C. 引用名言、格言、谚语（作用是使说明更有说服力）；D. 引用神话传说、新闻报道、谜语、轶事趣闻等（作用是增强说明的趣味性）。引用说明在文章开头，还起到引出说明对象的作用。

画线句说明的内容：（1）前后就近原则，（2）段落中心句，（3）句子本身（常见于列数字和列图表，需用自己的语言概括）。

段落说明的内容：一般为该段的中心句（有可能出现在上下段中）。

四、说明文语言特征

准确性，在准确性的基础上又可分为平实和生动。常见题型及答题思路：

答题模式

1. 加点词的作用 / 能否删去、替换？

（1）不可以删 / 不可以换；（2）解释词语的意思；（3）说明词语在句中的作用；（4）删去后句子的意思，不符合原意或者与事实不符；（5）体现了说明文语言的准确性。

2. 要求从文中选出词语说明语言特征。

答题思路

（1）找出修饰性、限定性的词语。比如“左右”“有可能”“大多数”。（2）分析该词语的意思及在句子中的作用，体现了说明文语言的准确性。

五、开放性试题

说明文阅读试题的开放性主要表现在：

1. 对说明内容进行创新性的表述；
2. 对某种现象发表自己独特的看法和见解；
3. 结合实际对某个问题谈出自己的认识；
4. 根据文章内容进行合理推断；
5. 根据文章内容延伸到文外相似的内容；
6. 自然界对人类的启示；
7. 对人类关注的问题提出解决的方法；
8. 有创见地补写文章的结尾；
9. 针对生态环境等情况，拟写警示性的标语、建议或公益广告等；
10. 针对文章的某个方面或某段内容，自己设计题目并做出回答。

中考语文阅读理解试题答题技巧指津

邓州市构林一初中　张亚玲

一、纵观全文，把握主旨

1. 理清文章的思路。文章的每一段、每一句话归根到底都是为阐明中心服务的，都归向文章的主旨。平时要学会为文章标段，归纳每段意思，归纳中心思想往往是行之有效的。

2. 要找寻、读懂文章中关键的词句。特别是那些体现作者立场观点、反映文章深层次内容、内涵较丰富、形象生动的词句。尤其是文章的开头句、结尾句、独立成段的句子、比喻句、连问句、过渡句、抒情议论句，文章的主旨常常隐含其中。

（1）不要急着去做题，在进入题目之前，必须读两遍文章。第一遍是速读，重点是理解文章的体裁。答题时切忌还没完整地阅读文字材料，就匆匆忙忙地写答案。最好先把文章从头到尾通读一遍，对文章有一个整体的认识和理解。

学生阅读原文时有两种方式，一种叫“顺读法”，就是先读短文后读题目，然后再读短文寻找正确答案。一种是采用“逆读法”，就是先读题目后读短文，最后寻找答案。我比较赞成“逆读法”，因为这种阅读方法是带着问题阅读，目的明确，容易集中，能及时抓住文中与解题关系密切的信息，从而节省了阅读时间。“逆读法”对表层理解的题目（提问时间、地点、原因等）效果最好，对深层理解的题目，要从短文的整体内容出发，进行概括和总结，分析所提供选项，做出准确的判断。

（2）画出在文章的结构上起过渡、连接作用的词语、句子、段落，画出各段落的中心句，尤其注意段首、段尾，这些词句往往就是回答问题时需要重点研读的，通过找重要的词句进一步理解文章的思路，结构层次。

（3）心中要有文体意识，找出画龙点睛的句子。要找到阅读理解要求的关键字、词或句子所在段落，要求学生在阅读文字材料时有重点地圈下来，然后再来重点理解与分析，目的是为了弄清题意，直接从文中提取有效的信息。如果试题要求用文中原话回答的，就可以直接用原话作答，如果没有明确要求用文中原话作答的，我们就可以“从文章中提取信息”来回答问题，就是挖掘出文中隐含的信息和深层含义然后作答。

二、认真审题，定向扫描

阅读题的关键在于准确地审题，抓住了审题这个关键，就找到了答题的诀窍。语文阅读的审题，就是要仔细分析题目，把握题目要求，把握题目中包含的与答案相关的各种信息。这是答题的第一步，也是最关键的一步。题目一般由两个部分组成，一是文章作者的话，一是命题者的话。设置题目的目的，主要是限定答题内容；同时，命题者为了使考生不至于茫然无绪，往往又会在题目中提示答题内容在文中的位置，甚至限定了在哪一段或哪个句子中。这样我们就可以根据题目的提示，找出每一道题的出题点，锁定答题区间，具体到段、句、词。只要找准了原文中的相关区域，认真揣摩上下文的文意，准确抓住关键词句，准确地把握住答案的有关信息，大多数题目的答案是能够在原文中找到的。

总之，题目提示了答题范围，题目规定了答题角度，题目提供了答题思路，题目隐含了答题信息，题目体现了答题规律。

三、筛选组合，定向表述

文学作品阅读多为主观题，其题目不仅能显示答题的区域，还能显示答题的方式。要站在命题人所“问”的角度回答问题，问什么答什么，使所答充分、到位、准确、有条理。整合时一定要确保文通句顺。牢记五点：

1. 弄清题目中所具有的态度或倾向。

遇到的题目如果是否定形式，就采用先反后正的答题方式，避免遗漏要点；遇到的题目如果是肯定形式，就采用正面的答题方式。

2. 弄清题目语言的构成形式，确定答题语言形式。

题目的结构，是表意的外在形式，暗示着语句含义由哪些方面构成，分析结构可以提示考生答题时如何组织好语言。

3. 弄清题目中作者的话和命题者的话。

题目中出现作者的语句，一般是学生要理解和分析的对象，而命题者的话一般起到引导学生明确解答重点或者提供限制条件的作用。

4. 变含蓄为直接，变分说为概括。

现代文阅读材料多为散文，语言不仅有丰富的内涵，还讲究艺术技巧。有的含蓄委婉，有的生动细腻，有的形象具体。具有这些特点的语句在高考中历来成为考查的重点。组织答案的时候首先要整合文中的相关信息，在原文中找出相关段落所传达的信息的共同点，然后利用文中附着信息共同点的那些具体的、形象化的语句，把这些具体形象化的语言转换为抽象、概括性的语言，即为所需答案。

5. 多从原文中筛选、提炼、整合语句作答。

现代文阅读的考查目的在于把握并理解作者在文中所传达的信息，因此要依照作者的思路来理解作品，多从原文中寻找答案。但并不是直接摘抄，有时以文章中的词或句为基础略作改写来作答，有时要求综观全文，从各段中提取相关信息加以整合。这类题在高考中出现最多。

要弄清试题中常用的名词术语，表达方式、写作手法、修辞手法、语言特点、说明方法、说明顺序、论证方法、论证方式、理论论据、思想感情等，答题时就会得心应手。

初中语文古诗文阅读试题命制角度及答题思路

邓州市孟楼镇一初中　周江

河南省中考课外文言文在内容上一般都比较浅显，并不深奥难懂，与课内古文比较阅读，内容往往相近或者相反。要注意它在命题上有以下特点：

一、选文

中考课外文言文的选文篇幅短小，浅显易懂。选文为史书节选或叙事类故事，这类故事通常能给人以启示或表达某个道理；或者是写景类文章，描绘一个美景。

二、题型

近几年中考课内外文言文都安排了 4 道题，10−11 分。四题分别涉及字词解释、句子翻译、篇章理解、课内课外内容比较分析把握。第一题是“解释加点词语”，有两小题。主要是实词解释，另外还有虚词的考察。第二题是“翻译文中的句子”，一小题。即将文中的某句话翻译成现代汉语。通常第三题的提问重点在语段内容的理解上，这一题一般能从语段中找到解答的语句。第四题多是对短文中的人物性格特点进行概括，或提问语段给人的启示或阅读后能从语段中得出什么道理。

三、考点

虽然课外文言文的选文来自课外，但遵循的原则却是“题在课外，答在课内”。课外文言文考题主要考查的是同学们阅读文言篇章的能力，这能力从何而来？当然是从课内来。考查的是同学们将课内学到的知识迁移至课外的能力。

四、解题技巧

在答题之前我们要结合注释，疏通文意，读懂语段。不能仅初读一遍就匆忙答题，在时间允许的情况下，你能简单复述内容后才能开始做题目。

第一题：词语解释题

1. 重平时积累，从课内到课外。

依着“题在课外，答在课内”的原则，课内的文言实词和几个常用的虚词解释要牢记在心。观察近三年的考题，试题涉及的词语解释有这样几个：“专、福、狱、靡；遗、喻、远、悉；异、舍、去、道”。这些词我们都曾经在课内学到过，而课外语段中的解释与课内的解释相同，因此答出这几题的关键在于同学们对课内知识的掌握。我们应该知道许多词语在不同的句子中有不同的解释。所以我们要把学过的各种解释都回忆起来，从中选择最为恰当的。当然千万不能忘记“检验”，把你认为最为恰当的词义代入句子中，结合句子以及语段内容进行整体理解，以确保在不确定的情况下你所做的是正确的选择。

2. 组词法。

简单地说，组词法就是尝试着给你不懂的文言实词用现代汉语组词，看看能否通顺地放在句子中。如果上下文意贯通，那组词后的词语就是这个文言实词的解释。当组词后大概意思是对的，但放到句子中有些别扭时，那么就回到原文看这个词在句中是什么词性，根据词性再进行适当调整，变换成合适的近义词，一般就可以使句子前后顺畅了。这里需要注意的是，运用组词法时首先要注意原词的词性，组成词语后的词要保持词性不变。

3. 做选择题也要首先理解全句的意思。

寻找四个译项中不同的地方，运用排除法排除明显不符合的项。再者仔细琢磨、推敲它们的细微区别，选择出正确的一项。

第二题：句子翻译（把语段中画横线的句子翻译成现代汉语）

翻译句子要理解全句的意思。要求翻译的句子中往往有一些关键的词，这些词往往是一些实词，他们影响着句子的含义，当然，在老师阅卷时这些关键的词就成了评分的“采分点”。比如 2015 年河南省中考第 16 题，把语段（一）中画横线的句子“夫大国，难测也，惧有伏焉。”翻译成现代汉语。其中“测”“惧”“伏”三个字翻译时要格外注意。

整合不是做简单的加法，整合后的句子还要通顺流畅。为了做到通顺流畅，我们可以将省略的部分补足，甚至可以添一些辅助性的词语让语句更合理通畅；有时候还遇到一些特殊的句式，这些文言句子的语序与现代汉语的不同，翻译的时候要将他们调整成现代汉语的语序。

第三题：课内古文内容理解题

从近五年中考本类试题的形式上看，这五年的题目均为简答题。题目后面带有答题要求。答题要求分为两种，即，要求答案用文中的话表述，或答案用自己的话表述。从提问内容看，所有题目都针对故事中的情节或人物发问，目的是考查考生是不是读懂了故事。一旦考生对语段理解无误，回答这类题目基本不存在难度，而没有读懂语段，这类题目的正确率也就不能保证了。

回答这一题的关键首先在于对语段的整体理解。即，读懂故事。然后，要先审题干，再找内容。这类题目的答案基本都能在原文中找到，但找答案不是盲目的，要看看题目问的是哪方面的内容，然后再有的放矢地去找。若要用自己的话表述，那么找到原句之后还要将原句转化成现代汉语的方式表述出来。

第四题：课内课外主旨、内容比较理解题

课外语段通常选用短小又有含义的故事作为考试的选文，这类故事的情节或人物都能给人以一定的启示，读者能从中领悟生活或人生的道理。比如：2014 年中考第 18 题，同样是劝谏君主，诸葛亮和魏郑公的劝谏艺术有什么不同？课内外古文比较后可得出参考答案：诸葛亮：直言进谏；魏郑公：运用比喻委婉劝谏。这一题要在读懂语段的基础上完成，与内容理解题不同的是这一题的答案不再能从文章中找到。初中阶段我们接触到的文言文或写人或写事，有的还是寓意鲜明的寓言故事，这些文章涉及主题不外乎这样几种：为人的道理、处世的方式、科学哲理、人物品质。如何做这些题呢？

除了读懂故事之外，在答题技巧上还要懂得抓细节。什么是细节？简单地说就是故事的情节或人物的个性。比如，2015 年河南省中考第 18 题：用兵者应该怎样利用士气取胜？请结合语段（一）（二）的内容分条概括。这些就是细节，从这些细节中总结出文章的主旨比毫无抓手的胡乱总结更有效。参考答案：①当敌人士气衰竭、我方士气高涨时要及时进攻。②要善于保存士气，不要“初气过锐”。③当士气衰竭时要设法振作士气。④当不能迅速取胜时，要善于蓄养锐气。

同学们要适时地积累一些“主旨”。平时读到的文章告诉我们的道理，给我们的启示，我们要做个有心人将它们记下来。有时候文章虽然不同，但主旨却相似，考试时若遇到了类似的文章，平时的积累就派上用场了。

以《雨的四季》教学实践例谈语文学科核心素养的培养

邓州市龙堰一初中　史海龙

随着《中国学生发展核心素养》发布，我国基础教育课程改革已经从三维目标时代迈入了核心素养时代。教育部颁布的《普通高中课程方案和语文等学科课程标准（2017 年版）》在核心素养的基础上凝练了各学科的学科核心素养和学业质量标准。那么，如何将核心素养从政策层面下移到课堂层面，并最终内化为学生的课程经验呢？

带着对这一问题的思考，为切实加强课题组对“一线四步”模式教学课堂教学研究，有效提高课堂教学效率，提升学生课堂规范及自主学习能力，试图假借教师与学生“同课异构”这种特殊形式，加强教师对教学内容处理、教学方法选择、教学流程设计、教学媒体使用等方面的关注程度，引导学生深层次把握课堂，关注课堂环节的真正作用力，深入探讨课堂教学的有效性储备思想认知和研究案例，我在思源学校七年级开展了部编教材七年级上册《雨的四季》课例教学实践。

教师与学生使用相同教材和同一节内容，结合两个班级学生的实际情况以及自己的生活经历、知识背景、情感体验，建构出不同意义的教学设计，呈现出不同教学风格的课堂，赋予静态教材以生命活力，塑造各具特色的创造性课堂教学模式。

一、教学分析

下面从教师和学生两个方面，对《雨的四季》这一课堂进行整体分析，反思教学行为，以期进步。

教材分析：《雨的四季》是部编版七年级上册语文教材第一单元的一篇既歌颂自然，又借物抒情的散文。课文比较短，内容比较浅显，但四季雨的情态在文章里表现得恰到好处，具有很强的画意美和抒情美，是比较理想的反映“神奇的自然”的文章。它优美的语言给人清新、深刻的印象，是学生学习语言的典范。本文以“雨的四季”为题，写的不是某个特定地域、特定季节的雨，而是展现雨在春夏秋冬不同季节中的不同形象和特点，写四季的雨景和人的感受，表达了作者热爱雨、热爱自然、热爱生活的美好情感。全文共7段，可以分成三个部分。

第一部分（第1段）是概述，表达作者对雨的欢喜之情，点明雨是美丽的，为下文作准备。

第二部分（第2至5段）是文章主体，生动细致地描绘各个季节的雨的形象和特点，表达作者对四季雨的细致的观察、奇妙的想象，以及对四季雨的喜爱之情。

1. 春雨：清新、润泽、甜美。这段共有五层意思：（1）树发芽，经春雨洗礼后有着难以想象的颜色和神态；（2）花苞沾上雨滴分外娇媚；（3）小草像复苏的蚯蚓翻身，发出一种沙沙之声；（4）空中挂着水雾丝帘，空气变得甜润；（5）春雨驱走冬天。

2. 夏雨：热烈、粗犷、奔放。这段大致分两层意思：（1）直接描写夏雨的状态和特点，由云而雨，急速而来，把人浇个透，驱走酷热；（2）描写夏雨的结果，大地显得丰茂，暑气廓清，到处奏响夏雨交响曲。

3. 秋雨：沉静、端庄、深情。这段可以分成三层意思：（1）秋雨的背景，是在一个成熟的金黄季节，丰收的季节；（2）秋雨的形象和特点：静谧、深情又有些凄冷；（3）秋雨高邈、悠远，引发人的感悟，净化人的灵魂。

4. 冬雨：自然、平静、纯洁。这段可以分成两层意思：（1）写冬雨的化妆变身，成为雪花，成为一年中最后的礼物；（2）写南方的冬雨，变得“吝啬”稀少，平静，像一种特殊的温暖。

第三部分（第6至7段）是文章收尾，作者直抒胸臆，表达对四季雨的赞美、喜爱。

本文围绕大自然的雨在四季中的不同形象、形态来写，中心明确，层次清晰。按照总—分—总的结构来写，基本上一段一个中心意思（结尾除外），中间四段是文章主体，写得最充分。

本文是作者的精心之作，也是新时期的散文名篇，在观察、布局、设喻、遣词、造句等方面都有独到之处。篇幅不算长，内容不太深，语言规范优美，适合初一学生学习。学生从中可以学到对大自然景物的细致观察、对熟知事物的深入体会，还可以学到如何展开联想想象，学到在作文中合理地安排叙述、描写、议论、抒情等。

设计理念：素质教育提倡教学体现学生的主体性，强调“以生为本”，一切教学的设计与实施，都应首先考虑学生的实际情况。在五步三查教学流程下，分析学情，设计教学方案。

写景抒情散文单元的鉴赏重点，是在整体把握散文思想内容和艺术形式的基础上，品味散文的语言，赏析散文的表现手法。《雨的四季》面向的是七年级的学生，他们还不具备完全独立的阅读分析能力，对生命与生活有一定的认识，不能够自主地去发现美，赏析美，因此，老师要做引导分析，教授赏析散文的方法，培养学生的赏析能力。尤其是通过品读去体会散文的语言美、意境美、情趣美 。

学情分析：七（1）班，学生活跃，整体语文氛围浓厚，且朗读能力、自主学习能力较强，适合自主探究式导学，及开放性引导教学。七（2）班，学生课堂注意力很难集中，且不善于质疑，习惯老师步步引导，适合循序渐进式教学。拟订教学设计如下：

教学目标：

1. 知识目标。熟读课文理解并积累优美的词汇语句。

2. 能力目标。感悟四季雨的不同特点，学习作者抓住景物特征描写的方法及情景交融的写作手法。

3. 德育目标。体会作者的情怀，感受自然之美。

教学重点：分析四季的雨不同的特点，体会作者对雨寄托的情感。赏析本文的语言特色。

教学难点：培养学生抓住景物特征描写的能力，领悟、体会作者对自然和生命的情感。

教学方法：朗读法、合作探究分析法

教学媒体：自制教学课件

教学课时：一课时

教学班级：七（1）班、七（2）班

教学过程：

（一）自学预习

早自习安排精读课文，并利用课自习时间依据导学案完成独学。独学后是对学情的第一次调查，通过一查可以很好地了解学生的预习情况，在上课时一遍有的放矢地把握、调控课堂。

（二）导入新课

课件出示四季动态雨景，同时配以轻微的雨声，营造一种美妙的雨境。

同学们，雨是我们熟悉的一种自然现象，是沟通天地的精灵。当代被称为“抒情诗之王”的诗人刘湛秋特别喜爱这美丽的雨，并写下著名的散文《雨的四季》。本节课让我们一起走进刘湛秋的散文，走进《雨的四季》，体会诗人丰富的情感。

（三）知识链接

通过对刘湛秋及散文两方面知识的深入了解，帮助学生把握教材，明确学习方向，初步了解散文赏析的三个要点：语言美、意境美、情趣美。

（四）解读学习目标

解读学习目标，并结合导学案勾画重难点，使学生有针对性地进行群学。

（五）预习检测

夯实基础，对重点字词的字音字形需要完全把握，达到会读会写。学生先行群学，再展示，展示的同学领读，下面其他同学跟读，当堂字词当堂消化。

（六）小组合作

有针对性展开小组合作，要求在朗读体会的基础上，归纳四季雨的特点，从中总结作者描写雨的方法。

（七）学情调查

通过对小组对群学过程中的调查，掌握小组学习进展，进一步了解学情，并对个别小组进行分层指导，同时给予充足的时间进行小组内备展。

（八）小组展示

展示要求：通过读课文，感悟四季雨的不同特点，同时总结作者在描写四季雨时所用的方法及角度，以体会作者情感。注意读的时候引导学生带着喜爱的感情基调来读。

以四季来划分展示任务，春夏秋冬各一个小组，领悟雨的特点，教师用课件出示各季节雨的画面及相关问题，引导学生交流各个季节雨的特点。点拨：景物、修辞、感官角度等。

任务要求如下：引导学生赏析优美句子，并给予方法提示。

在描写雨的四季不同特征时，作者运用了多种表现手法，把自己喜欢的语句勾画出来，体会四季雨之美，并按要求完成表格，再按照所给句式说一句话（举一反三悟写法）。

运用句式：“____________”这句话运用了（修辞或感官）的方法描绘了“________”（景物）的“________________”（特点等）。

（九）课堂小结

引导学生总结本堂课，提示：写了什么，怎样写的？你学到了什么？

春雨——美丽、温柔、娇媚　夏雨——热烈、粗犷

秋雨——沉静、端庄、成熟　冬雨——自然、平静、纯洁

（十）教师总结归纳

作者抓住多种景物及特征，调动多种感官，运用比喻、拟人等修辞为我们展现了四幅美丽的画面，字里行间我们感受到作者对雨深深的喜爱之情。

培养学生主动探究、积极分析解难的能力，使学生学会分析散文的方法，提高学生赏析散文的能力，在欣赏交流中，潜移默化地提高语文素养，感悟作者情感。

（十一）当堂检测

背诵：啊，雨，我的爱恋的雨啊，你一年四季常在我的眼前流动，你给我的生命带来活跃，你给我的感情带来滋润，你给我的思想带来流动。

二、素养提升

进一步巩固前两课教学所养成的朗读能力和文学鉴赏能力，并向更高目标发展：

第一，提升朗读目标，朗读出课文之美。应该比前两课读得更流畅，并初步掌握情感表达的技巧。要读出两种情调，一是表达出作者直率而奔放的热情，通过强调读出那些直接表达作者主观感受的语句（例如课文第一段和最后两段的语句）来体现；二是表达出作者描述四季之雨时的亲切、深厚的情调，

这一感情蕴藏于课文的2、3、4、5段，即课文的主体部分。这两种情调或情感细分起来有所区别，但总体看是相似相近、相辅相成的，它们的共同特点是极其充沛、饱满。因此教学时要将学生朗读时的情感激发、调动起来，不能平淡地、松懈地、散漫地读下来。

第二，感知、鉴赏优美生动的散文语言，由此进入散文意境之中。此间需要发挥两种能力，一是感知，二是鉴赏。前者就是透过课文的语言文字，读出或看到课文中所描绘的景物。这既是一种语言感知能力，也是一种形象思维能力。试读下面的语句：

“春天，树叶开始闪出黄青，花苞轻轻地在风中摇动，似乎还带着一种冬天的昏黄。”学生读了应该产生某种画面感，其中醒目的是“黄青”和“昏黄”二词，初读虽然不能十分清楚地分辨二词词义，但脑海中已经有了色彩印象，可以提示辨析同义词。再看“闪出”一词，好像突然出现似的，非常有趣味，值得揣摩，可以作为一个训练语感、激发想象力的小环节。

“可是只要经过一场春雨的洗淋，那种颜色和神态是难以想象的。每一棵树仿佛都睁开特别明亮的眼睛，树枝的手臂也顿时柔软了，而那萌发的叶子，简直就像起伏着一层绿茵茵的波浪。水珠子从花苞里滴下来，比少女的眼泪还娇媚。”

作者从这里开始，尽情地发挥了奇妙想象和精彩描述的特长。一要提示学生关注景物描写，抓住其中几个具体可感的写景词（“树枝”“叶子”“花苞”），唤起学生的形象思维；二要关注比喻（“少女的眼泪”）和拟人（“睁开特别明亮的眼睛”）的修辞方法进行品味赏析，激发学生的联想和想象；三要抓住富有形象感、动感的词（“柔软”“滴”）。所有这些理解和赏析，都是以品味语言为基础的，要从语言的细小处入手。

“半空中似乎总挂着透明的水雾的丝帘，牵动着阳光的彩棱镜。这时，整个大地是美丽的。”可引导学生抓住其中关键的动词、形容词，想象其优美的情境。“丝帘”和“彩棱镜”都是具体可感的名词，以比喻的形式呈现出来；“挂”和“牵动”都是形象感很强的动词，化静为动。

“小草似乎像复苏的蚯蚓一样翻动，发出一种春天才能听到的沙沙声。呼吸变得畅快，空气里像有无数芳甜的果子，在诱惑着鼻子和嘴唇。”可提示学生重点关注这里的听觉形象（“沙沙声”）和嗅觉形象（“芳甜”）的描写。

第三，在训练学生文学鉴赏能力和语言品味能力的基础上发展学生的综合概括能力。这种能力超越了前两种能力，有一定的难度，同时又是无法绕开的阅读能力。

综合概括，需要对课文进行宏观把握，观其大略。课文对夏之雨、秋之雨和冬之雨的特点已经点明，需要学生找出这些关键词，看看能否准确地概括；而课文对春之雨的特点没有点明，需要学生阅读段落并认真体会，再加以总结、提炼，理解能力强的学生或许能想到“新鲜”“娇媚”二词。如果学生不能想到些词，教师就点明，并说出选择这些词来概括四季特点的理由。也可以先提示春之雨的特点，余下三个季节的雨的特点，提示学生从文中找出关键词。

三、研究的成效与反思

1. 课堂教学的成效。

（1）从学生的角度看，七（2）班学生整体参与度有了很大提高，且出现多次有效质疑和生成，边读边展促使学生多次朗读课文，这是对学生语文基本素养的锻炼，初期效果不明显，但长期坚持一定会有一个质的飞跃。尤其值得注意的是在这节课中，不同层次的学生都能参与其中，并能完成相对应的学习展示任务，例如：一些学困生也加入到找雨的特点中来。在前期学情调查时已经了解到学生对本节课内容掌握程度已经达到 75%，那课上的展示重心也就随之转换到朗读及情感的体会，以及拓展延伸对散文的赏析，而后对学情的调查，学生对知识的掌握度在 90% 左右，可以说实效性是不错的。但是相对于一般课堂来说课容量不大，知识点的生成欠缺，如果最后能够引导学生去赏析优美句子，对总结方法，提升至中考类型题，将更能提高一个层次。七（1）班学生对课堂参与度非常高，而且展示非常到位，质疑补充细致，但是在对合作探究第五题的理解上出现了偏差，究其根源在导学案的设计上，仍需要明确、严谨。通过课前、课后的学情调查来看，这节课的实用性要高于（2）班，学生在美句赏析中，总结归纳方法，并有所生成，在赏析散文的过程中更进一步。由此看来对学情的把握直接影响课堂效果。

（2）从教师的角度看，两节课中一节课是我本人自主设计的课堂，另一节课是我指导本班学生进行的课堂，整体看教材统一，课堂流程一致。因为学情不一，认知能力差异等，教学设计有所不同，但是通过这两节课，我也意识到自己在一线课堂教学中的不足之处：缺少激励性评价，课堂气氛不活跃，七年级孩子非常重视老师的肯定评价，而我自己对激励性评价，尤其是个人的激励性评价较少，直接影响孩子积极性。其次是教学设计重点不突出，缺少深层次的挖掘和拓展，对方法的总结应该重点强调。第三是对学生的朗读指导，不同文体采用不同的朗读方法，如此诗意的写景散文个人精读好过齐读，更能把握文章的语言美；最后是不相信学生，先入为主的观念认为七（2）班学生沉闷影响学情判断，导致师生配合默契度不高。反观七（1）班的课堂，学生在讲课过程中，十分重视小组评价，及个人激励性评价，每位同学都能积极参与。

2. 收获与结论 。“一线四步模式教学法”的教学理念，十分有利于挖掘学生自主学习能力和创造力。本次课堂让学生参与到教学设计中来，让学生进一步理解四步三查的理念，把握课堂各个环节的作用力，以便在接下来的学习中可以提高课堂效率。

对写景散文课堂教学做一个探讨，重视朗读在课堂中的作用力。听说读写作为语文课堂的基础构成，如何在四步三查的课堂流程中发挥实效作用是本节课实践的重点，展示重在朗读中品味文章情感，分析写作手法，以读代讲代展。文以情生，有人把散文化作心灵的扬声器，那些巧妙构思，生花妙笔的由来，植根于作者对于自己表现对象的深厚感情和精辟的见解之中。因此，课堂上，必须以情感为纽带，引导学生通过朗读走进作品描绘所蕴藏的情感世界去体验，去领悟，才能以情动情，引导学生，牵引学生走进作品中的情感世界，来正确理解课文，学好课文。

“生活处处皆语文，语文时时现生活。”这是大语文观所体现出来的语文和生活的关系。语文和生活是不能分割而论的。散文更是作者对生活的深刻体验和感受流淌于笔尖的产物。因此，学习散文要鼓励学生融入丰富多彩的社会生活中去，用心感受生活，接受多元的刺激。这样学生的思维就不会是无源之水，无本之木了。很多学生总是抱怨生活在“两点一线”之间，哪来生活的感悟呢？这也许就是所谓的“生活中不是缺少美，而是缺少发现美的眼睛”吧。作为语文教师要尽可能扩大学生的视野，把更多的生活资讯融入语文课堂的教学中。

因此，在语文学习的整个过程中，教师应该有意识地引领学生走进文本的意境，有意识地在默读、朗读过程中，把对语言文字的学习和对生活的感知与思考结合起来。

《语文的魅力》伴我成长

邓州市城区三初中学区四初中校区　骆志成

2005年三月的江南，草长莺飞，杂花生树，风景如画。我有幸参加南阳市中学骨干教师研修班培训，在上海华东师大校园的图书小卖部遇到《语文的魅力》，本书于2005年1月由四川教育出版社出版，编著者是朱学坤、徐武汉、魏星。三位都是江苏邳州市的特级教师。我马上就喜欢上了这本书，再一看书的内容，还没有付钱，就一口气读了三四页。随后在返邓的列车上读完全书。

这是一本写给中学师生阅读的，融知识性、趣味性、文学性于一体的通俗语文课外读物。全书由语言篇、知识篇、阅读篇、口语篇和写作篇五个部分组成。语文学习中的关键问题、疑难问题，在作者生动有趣的叙述中，显得简单而清晰。如在关于阅读的介绍中，编著者就告诉学生，学习语文本身就是愉快的精神旅游，读书不仅可以使人美丽，而且可以使我们享受文学的温馨；同时编著者娓娓道来，告诉我们如何找到学习语文的感觉和方法捷径。朱永新教授评价："我认为，这本书不仅是写给学生的，同时也是写给教师尤其是语文教师的，它能够让大家更加自觉地认识语文教师的使命和价值，更加热爱自己的职业与角色。"

当时我在书本扉页上写下："这是一本极有魅力的书，源于生活，高于生活。可以在教学中信手拈来，让人印象深刻，读之平白如话，师生皆宜，使我一见钟情，爱不释卷。"《语文的魅力》让我走进语文的世界，我向三位特级教师学习，平时教学之余，注意收集与语文教学有关的资料；还在书上"圈点批注"，勾画了了，把自己的阅读体会和搜集的名人轶事、语文案例批注在上面。我从中汲取了教学的智慧和营养。结合学生的情况，结合语文教学，我学以致用，读以致用，能用在导语上的，能穿插在课堂上的我一一模仿，虽是邯郸学步，但已初见成效。

唐诗人杜牧的《清明》被学生改为剧本：清明时节，雨纷纷，路上。行人（欲断魂）：借问酒家，何处有？牧童（遥指）：杏花村！自己的语文课上笑声多了，睡觉的少了，学生对语文学习的兴趣高涨了……我醉心研究语文教学，热爱语文，学会积累，梳理知识，开阔视野，找到解读文本的方法，先后四次在南阳市初中语文教研会上上公开课、观摩课；自己的文章在 CN（国内统一连续出版物号）发表，指导学生习作刊登在《作文指导报》上，先后参编多本河南大学出版社的《语文新课程学习指导》、参编大象出版社的语文《基础训练》《寒假作业》《暑假作业》。2016 年我把《语文的魅力》推荐给学生丁默含阅读，她从书中汲取营养，参加郑州市 33 届姚雪垠作文竞赛获得初中组一等奖第一名。我和学生们一起成长，由量变到质变：2008 年 9 月被评为河南省首届名师、河南省学术技术带头人，2015 年 11 月执教《思乡诗词群文阅读》获得河南省优质课一等奖。

《语文的魅力》不但成就了我和学生，还影响了我的一些同事，我把此书推荐给几位年轻的语文教师阅读，助力她们专业成长的轨迹。

张春旺老师，2008 年我们一起参加河南省骨干教师培训，我评上了首届河南名师，她没有评上，回邓后，向我请教如何发表文章，我把本书借给她，她研读三遍，还认真做了笔记，随后一年发表了近二十篇文章，后来也被评为河南省名师，现在是郑州市 96 中学副校长兼春华学校负责人。史老师原来在乡村教书，向我借了此书，从中悟道，借鉴模仿，业务水平大增，获得省优质课一等奖，现在在郑州市 123 中学工作，担任学校的教科研主任。王老师刚刚毕业，我们一起做省级群文阅读课题，我推荐她阅读本书，她获得启发，赛课获省级优质课三等奖，现在深圳市某重点中学任教语文，是学校年轻的骨干教师。

在今天“左书右网”“大数据”“地球村”的信息时代，教师读书的重要性不言而喻。教师的专业阅读引领专业成长，教师要指导学生学会读书，共同打造“书香校园”“书香班级”。因为读书可以医愚，读书可以增智，读书可以修身，读书可以养性，一个人的成长史就是他的阅读史。一个称职的教师，工作之余，展卷有益，与时俱进，与书本对话，与教育报刊对话，可以解惑，可以怡情，可以明理，可以养德，可以修身，使人放飞教育梦想！

清代萧抡谓《读书有所见作》：

人心如良苗，得养乃滋长。
苗以泉水灌，心以理义养。
一日不读书，胸臆无佳想。
一月不读书，耳目失精爽。

冰心老人说："读书好，好读书，读好书！"《语文的魅力》就是我向大家推荐的一本好书。

感谢《语文的魅力》伴我成长，更感谢《教育时报》第14届河南课改先锋公益论坛活动，我把她推荐给更多的教育同仁。因为有了这份春天的相约相知，有了这份与大家心与心的对话交流，让我期待再次与您相逢。

（此文是2019年3月23日上午课题组成员参加《教育时报》河南省读书会"带一本书去学校"第11期读书沙龙活动骆志成老师的发言稿，受到代修鹏编辑好评。）

人 文 素 养 之 阅 读 新 视 角

小荷初绽

路灯·老人·音乐

河南省实验中学高三（12）班　刘硕
辅导老师　骆志成

夜色朦胧里，我看见路灯把人行道上变电箱的影子射在一面白墙上，与路、树婆娑的枝影虚实交错相映，看起来就像罗密欧对朱丽叶低唱情歌的那个阳台。

依稀记得那年盛夏的夜晚。

夏日的炎热让这个快节奏生活的城市显得有些焦躁，到了晚上，凉爽的风缓缓吹来，树木的枝条舞裙般随风摆动，人们放慢步伐散步在大大小小的街道上。夏的温度不时让人觉得心烦，要是这时能吃上冰激凌是最好不过的了。

来到冰激凌小店，望着长长的“队龙”，虽满心不安，但我仍不甘心放弃美食的念头。突然远处传来悠扬的琴声，那琴声婉转动听，清脆入耳，直至沁入人的心灵。我循声望去，只见一位慈祥和蔼、头发花白的老爷爷正专心投入地弹着手风琴，脸上轻松愉快、悠闲自得的表情与这酷热的夏日十分不符。

我来到老爷爷身旁，他那认真专注的神情引发我的好奇心。“这么热的天，您为什么在这儿弹琴呢？”我问道。“因为我从小就想成为音乐家，那是我的梦想，现在退休了想继续我的梦想。有梦想就要不停地去奋斗、去追求。”他说这话时显得特别坚定。后来，我得知老爷爷退休后一直在这儿弹琴，已经好几年了，就是为了实现小时候的梦想。这一人、一椅、一灯、一琴，在路灯的照耀下显得弥足珍贵。

又是一年盛夏。

路灯依然把城市装点得绚丽多彩。我又来到了那位老人曾经弹琴的地方，不过却没有了那个熟悉的身影……我努力回味品读老爷爷的那番话，“有梦想就要不停地去奋斗、去追求”。是啊，也许人的一生有很多个梦想，但如果找各种理由而不付诸行动，那什么时候也不会成功。别给自己找太多放弃的理由，这个世界上所有的坚持都是因为对梦想的追求。

我望着那盏黄灿灿的路灯，望着那曾经守护着老人梦想的地方，那个悠闲自得的身影依稀可见，老人那话语间透露出的哲理与真情还隐约地回响在我的耳边，如弹奏的乐曲久久不散。

夏依然是夏，不同的是有了这路灯、老人和他的音乐。

河南名师骆志成点评：法国艺术家罗丹说过："不是生活中缺少美，而是缺少发现美的眼睛。"小作者独具慧眼，观察生活，我手写我心，讴歌真善美。花鸟虫鱼，云影苔痕；记录生活，感悟成长；社会百态，尽入笔端。"路灯与梦想，老人与自己，音乐与夏日"形成三组对照，采用对比手法，寓情于景，实虚相生，画面组合，长短句结合。挥洒写意，信手拈来，问道求索，通过夏夜弹奏手风琴的老爷爷之口诉说，生动地表达出"有梦想就要不停地去奋斗、去追求"的人生真谛。构思巧妙，仿佛安放一场旖旎的彩色梦，把生命的意义诠释、绽放成一朵绚烂的智慧花！

衷心希望小作者行而不舍若千里马，笔耕不辍，放飞文思，放飞梦想，面朝大海，春暖花开……

（此文在2018年10月11日《河南日报·农村版》第六版教育在线·作文天地发表，CN41—0101。）

群文课堂，魅力无限

邓州市城区四初中九六班 丁默含

所谓“群文阅读”，顾名思义，就是把一组文章，以一定的方式组合在一起，教师指导学生阅读，学生在阅读中发表自己的观点，进而提升阅读力和思考力。

朱永新教授说：“一个人的精神发育史就是他的阅读史，一个民族的精神境界在很大程度上取决于这个民族的阅读水平。”可见阅读的重要意义。群文阅读，是阅读方式向更高层次发展的标志。群文阅读既省时高效，又魅力无限。

群文阅读课堂，大家全神贯注

“思故乡/望故乡/山川秀/百花香/思故乡/想爹娘/冷和暖/在心上……”一曲悠扬的《思乡曲》在教室中飘荡，在同学们的心坎儿上荡漾。我们开始了今天的语文课——《思乡诗词曲》群文阅读。

课堂上骆老师采取“学生多角度‘阅赏探测’”的学习模式和方法，首先，他示范指导多角度“阅赏探测”王湾的《次北固山下》，随后由同学们用多角度“阅赏探测”的模式和方法分组学习王建的《十五夜望月》、范仲淹的《渔家傲·秋思》、马致远的《天净沙·秋思》和课外拓展杜甫的《月夜忆舍弟》。

在老师的抛砖引玉下，同学们各抒己见，不时有独辟蹊径的见解和看法出现。课堂上气氛活跃，同学们学得不亦乐乎；同学们的思维不断碰撞出智慧的火花，闪耀出美丽的光环。老师讲到动情处，不禁潸然泪下；讲到精彩处，大家掌声连连。一节高效而实用的群文阅读课，在大家的称赞声中结束了。

课下探讨回顾，打动心灵深处

本节课骆老师从单篇精读课型设计向群文阅读课型设计转变，打破传统的单篇精读教学模式，提高了课堂效率。群文阅读是教师和学生围绕议题进行阅读和集体建构，最终达成共识的过程；群文阅读的文本来源跳出了教材的束缚，形成了师生学习合作共同体；群文阅读摒弃了传统阅读的弊端，抓住重点，突出要点，把握难点。我们的课堂积极性得到提高，争当课堂主人翁的意识增强。

同学们课下探讨回顾，认为群文阅读打动大家心灵深处。新课堂不仅加深我们对文章内容的理解，而且使我们学会从文章的内容中比较甄别，领会一种多角度的思考方式，掌握一种省时高效的阅读方法，群文阅读实乃阅读方法中的精华！

高效阅读，值得推广

群文阅读常常需要同中求异，异中求同，探索发现，比较鉴别。这正是“已知中求见解，未知中探发现”。与我们初中生的学习特点有着千丝万缕的联系，我们要学会将群文阅读的方法及模式运用到其他科目的学习中，例如政治、历史等，旧瓶新酒谋重生，突出重围。不断学习实践，定有出人意料的效果。

“问渠那得清如许，为有源头活水来。”我们要积极尝试群文阅读的学习方法，跟随教育改革的脚步，不断革新我们的学习模式。学习方法藏不住，群文阅读出墙来。群文阅读魅力无限，希望它为同学们的学习带来一个姹紫嫣红的春天！

骆志成老师点评：这是我班推广“基于学生人文素养培养需求的中学语文教学策略研究”课题研究实验后，小作者丁默含同学听骆志成老师讲《思乡诗词曲》群文阅读课后的一篇感悟。全文采用小标题结构“群文阅读课堂，大家全神贯注”“课下探讨回顾，打动心灵深处”“高效阅读，值得推广”有感而发，写出了与众不同的课堂感悟，自己在人文素养方面的收获，对这种高效的阅读学习方法大加称赞和认同！

风 景

邓州市城区四初中九六班 丁默含
辅导教师 骆志成

书籍中有一个缤纷多彩的世界，一道道美丽的风景。

——题记

美丽的春天，书籍领我欣赏“草长莺飞二月天”的风景；炎热的夏天，书籍领我欣赏“骄阳红胜火”的风景；凉爽的秋天，书籍陪我看“霜叶红于二月花”的风景；寒冷的冬天，书籍伴我度过“千里冰封，万里雪飘”的风景。

书籍中风光无处不在。

“潮平两岸阔，风正一帆悬。”

书籍中有一幅幅恬淡祥和的水墨画，打开画轴，胜景引人入胜。

近看高大巍峨的泰山，“荡胸生曾云，决眦入归鸟”，令我有“会当凌绝顶，一览众山小”的壮志豪情；漫看一位老人隐居田园，风光如画，“采菊东篱下，悠然见南山”，随缘自适，悲凉恬静，如在画中；要看一条瀑布从九天而降，在阳光下如闪烁着金光的绸缎，“飞流直下三千尺，疑是银河落九天”……

雁排长空，驼走大漠，书中风景如在眼前。

“山重水复疑无路，柳暗花明又一村”

书籍中有一幅幅曲折陡峭的励志之作，打开画卷，风景惊心动魄。

德国“音乐巨人”贝多芬虽然两耳失聪，却顽强与生命抗争。“扼住命运的喉咙”，在生命困难之时谱写一曲闻名世界的《欢乐颂》，他经历的风景坎坷曲折。唐僧师徒四人西天取经，历经九九八十一难，历经穷山恶水，降伏妖魔鬼怪，终究修成正果，功德圆满；保尔·柯察金瘫痪在床，双目失明，却以钢铁般的意志与病魔斗争，为人生中最壮丽的事业奉献出自己的一生。

命运多舛，千锤百炼，书中风景惊心动魄。

“长风破浪会有时，直挂云帆济沧海”

书中有一幅幅壮丽辉煌的图画，打开画卷，风景令人赞叹！

鲁滨孙热爱冒险，热爱生活，广阔的大海，是他梦寐以求的航向，然而天公不作美，但矢志不渝的梦想是他前进的方向；格列佛游历四国，认识到神奇的世界，人兽颠倒的怪诞……彰显作者斯威夫特对英国黑暗社会进行无情的鞭挞和讽刺。

脚踏实地，追寻梦想，理性思考，书中风景使人赞叹。

“一花一世界，一叶一菩提”，每一本书都是一个风光旖旎的世外桃源，每一本书都是一个恬静适宜的精神家园！打开书籍，请你去领略其中多姿多彩的风景，领悟人生的真善美、假恶丑。

骆志成老师点评：丁默含同学是2016年的姚雪垠作文赛初中组一等奖第一名获得者。这是她的考场作文。我认为她读过的书就像吃过的饭，早已融入了她的骨子和血肉里，让她成了今天不一样的她：才思敏捷、文如泉涌。小作者思路清晰，语言干净，把读过的书娓娓道来，让人们沉浸在人世间最美永恒的风景——书籍之中。

（此文发表在《作文指导报》总第442期，CN41—0101，2018年6月荣获《作文指导报》本年度河南省中小学优秀作文二等奖。）

成功需要磨炼

——观《死亡爬行》有感

邓州市城区四初中九六班　丁默含
辅导教师　骆志成

“成功的花，人们只惊羡她现时的明艳！然而当初她的芽儿，浸透了奋斗的泪泉，洒遍了牺牲的血雨。”

——世纪老人冰心

一个棒球队的运动员布莱克，背着一个体重72公斤的队友进行了一场死亡爬行。经过重重磨炼，他终于超越了自己的极限——爬到运动场的对面。这便是微电影《死亡爬行》的内容。

运动员布莱克的拼搏精神深深地打动了我，他奋力向前挣扎、永不放弃的画面在我的脑海留下深刻的印象，他使我明白了一个道理：成功需要磨炼。

种子只有奋力钻出土壤，才能沐浴阳光雨露；雏鹰只有经历摔下山崖的磨炼才能展翅翱翔；人生只有遭遇磨难才能激发潜能，获得成功！

“古之立大事者，不唯有超世之才，亦必有坚忍不拔之志。”古往今来，无数名人轶事，说明了这个道理。昔禹之治水，三过家门而不入，凿龙门，决大河，而放之海，治水成功。

我国著名史学家司马迁，遭受宫刑，忍辱负重，耗时十余载，终于写出了“浩漫而蔚郁，磅礴而渊深”的《史记》，成就我国第一部纪传体通史，被鲁迅先生称赞为：“史家之绝唱，无韵之离骚。”经历磨难，发愤著书，成就了名垂千古的史学家。

德国“音乐巨人”贝多芬，在双耳失聪的情况下，谱写了一曲曲不朽的乐章：《英雄交响曲》《命运交响曲》等。厄运困难没有吓到他，“我要扼住命运的喉咙！”成为他获得旺盛生命力的强大磁场！

2016年8月16日凌晨1时40分，我国成功将世界首颗量子科学实验卫星“墨子号”发射升空，成功入轨运行。从2003年，潘建伟教授研究小组开始研究自由空间量子通信，他们在实验点制备出成对的纠缠光子，再利用两个专门设计加工的发射望远镜将容易发散的细小光束“增肥”后向东西相距13公里的两个实验站送出，两个接收端用同样型号的望远镜收集。经过研究人员十三年的攻坚克难，实现了我国天地一体化的量子保密通信与科学实验体系。十三年的磨炼使他们一步步踏进成功的大门。

漫漫人生路，何曾有坦途。衡量一个人的能力大小，不是看他弹跳的高度，而是看他跌入谷底的反弹力。“宝剑锋从磨砺出，梅花香自苦寒来。”“衣带渐宽终不悔。”困难、挫折、坎坷算什么？因为磨炼是走向成功的必由之路！

骆志成老师点评：本文摆事实，讲道理，采用多种论证方法，列举了大禹治水、司马迁写《史记》、贝多芬扼住命运的喉咙、潘建伟团队研究量子通信的事迹，突出论证了中心论点：“磨炼是走向成功的必由之路！”

（此文发表在《作文指导报》总452期，CN41—0086，2018年6月荣获《作文指导报》本年度河南省中小学优秀作文二等奖。）

美在“君子四爱”中

邓州市城区四初中九三班 唐璇
辅导教师 骆志成

古人云：“梅兰竹菊，是君子四爱。”新的时代，人们又赋予“君子四爱”新的含义，新的内涵，新的精神。

“梅花”凌冬傲放，梅枝苍劲挺秀，宁折不弯，冲破冰雪为人们带来早春的气息，是刚强不屈的象征。毛泽东在《卜算子·咏梅》中发出“待到山花烂漫时，她在丛中笑”，表达对梅花的赞美；陆游“遥知不是雪，为有暗香来”写出了梅花的默默无闻。

梅花同样可以象征有钢铁般意志的科学家。复旦大学钟扬教授，在西藏雪域高原艰苦跋涉50多万公里，克服了高原反应等种种困难，收集了上千种植物的4000多万颗种子。为国家和人类储存了丰富的种子基因宝库。钟扬坚强不屈地把希望的种子撒满大地的精神，为民族复兴树立起一座丰碑！

“兰花”是高尚人格的象征。兰花生在幽深的山谷，静静开放。人们称赞：“不以无人而不芳，不因清寒而萎琐。”兰花不骄不躁，生在深山，默默无闻，散发清香。人们爱它高洁淡雅、香远益清的品质。

中国“核潜艇之父”、93岁高龄的黄旭华，作为核潜艇工程总设计师，隐姓埋名30年，远离家人，为了祖国的核潜艇研究事业，像兰花一样默默无闻，创新拼搏，开创出一条从未走过的中国发展之路。

“竹子”是高风亮节的象征。竹子的全身都是宝：虚心、挺拔、有气节。人们以“玉可碎而不可改其白，竹可焚而不可毁其节”来赞美竹子。“唐宋八大家”之一的苏轼云：“宁可食无肉，不可居无竹。”

“时代楷模”之一的黄大发，就像挺拔不屈的竹子一样，他带领群众，历时30余年，靠着锄头、钢钎、铁锤和双手，在绝壁上凿出一条长9400米，地跨3个村的“生命渠”，结束了草王坝长期缺水的历史，乡亲们亲切地把这条渠称为“大发渠”。改善了生活条件，促进了经济发展，使当地百姓脱贫致富。

“菊花”色彩缤纷，风韵多姿，雍容端庄，是正人君子的象征。周敦颐《爱莲说》中云：“晋陶渊明独爱菊。”菊花的雅称“花中君子”“花中隐士”诉说着菊花的高尚品质，淡雅清香。

我国“千人计划”地质勘探科学家黄大年教授，抛弃了国外的优厚待遇，卖掉了妻子的两所诊所，义无反顾响应国家号召，回到母校吉林大学，建立实验室，从无到有，从小到大，五年多的艰辛工作，使祖国的地质勘探、国防安全实现了弯道超车，达到世界先进水平！黄大年就像一朵风中盛开的菊花一样，风骨坚韧，书写着事业的辉煌！

由“君子四爱”我联想到出淤泥而不染的亭亭玉立的荷花：“杂交水稻之父”袁隆平、“海水稻之父”陈日胜、“天眼之父”南仁东、荣获诺贝尔生理或医学奖的屠呦呦、“火炸药之父”王泽山、“传染病防控”侯云德教授……他们在自己的工作岗位上无私奉献，开拓创新，像一朵朵盛开的荷花，形成了“接天莲叶无穷碧，映日荷花别样红”的美好大国气象图画！

从梅的坚毅到兰的馨香，从竹的气节到菊的隐逸，从梅兰竹菊到映日荷花，从古到今，一脉传承了中华民族的文化精神和瑰宝，是实现民族复兴梦想的源源不断的精神脊梁和支柱！

美在“君子四爱”中！

骆志成老师点评：小作者颇具匠心，构思巧妙，托物言志。以“梅兰竹菊”象征复旦大学钟扬教授、中国“核潜艇之父”黄旭华、“时代楷模”黄大发、地质勘探科学家黄大年教授，写出了他们心怀祖国、无私奉献的美好品质。由“君子四爱”联想到亭亭玉立的荷花，描绘出了一幅“接天莲叶无穷碧，映日荷花别样红”的美好大国气象图画！升华文章主旨：一脉传承了中华民族的文化精神和瑰宝。

（此文发表在《作文指导报》总468期，CN41—0086，2018年6月荣获《作文指导报》本年度河南省中小学优秀作文一等奖。）

我眼中的“唐宋八大家”

邓州市陶营初中九三班　马腾达
辅导教师　骆邓林

李杜诗篇万口传，至今已觉不新鲜。江山代有才人出，各领风骚数百年。

——题记：赵翼《论诗》

中华文化源远流长，博大精深，在不同的历史时期有不同的文化，文人骚客数不胜数，其中“唐宋八大家”最为耀眼灿烂。“唐宋八大家”，就是唐宋两个朝代（唐朝618年—907年，共289年；宋朝960年—1279年，分北宋和南宋两个阶段，共历十八帝，319年）600多年文学造诣最深的八位大文豪，其中唐代有两位：韩愈、柳宗元；宋代有六位：欧阳修、王安石、苏洵、苏轼、苏辙、曾巩。此称号最早出现在明朝的散文家茅坤编写《唐宋八大家文钞》。八大家中苏家父子三人，人称“三苏”，又有“一门三学士”之誉。故可用“唐有韩柳，宋为欧阳、三苏和曾王”概括。八位文学大家才华横溢，文笔飞扬。他们提倡散文，反对骈文，给予当时和后世的文坛以深远的影响；在整个散文史上起到了承前启后、继往开来的作用，具有崇高的文学地位。

韩愈三岁父母双亡，受兄嫂抚育，早年流离困顿，有读书经世之志，虽孤贫却刻苦好学。二十岁赴长安考进士，三试不第。他的青年时期的《马说》借物喻人，生动形象地写出了自己作为千里马却被埋没的内心的抑郁之情和对自己怀才而不遇伯乐的悲愤之情。他的《师说》更是以发展的观点道出了人间哲理：“古之学者必有师。师者，所以传道受业解惑也。”

柳宗元与韩愈也颇有相似之处，他在被贬官后写下的永州八记之一《小石潭记》，文笔优美，抒发了自己如同小石潭一般有美丽之景，却不被发现、不得重用的内心孤独“凄神寒骨，悄怆幽邃”。柳宗元一生留下600多篇诗文作品，其诗多抒写抑郁悲愤、思乡怀友之情，幽峭峻郁，自成一路。最为世人称道者，是那些情深意远、疏淡峻洁的山水闲适之作。柳宗元还写了不少寓言故事，《黔之驴》《永某氏之鼠》《临江之麋》等，也已成古代寓言名篇。“黔驴技穷”，已成成语，几乎尽人皆知。柳宗元与韩愈共同倡导了唐代的古文运动。

欧阳修是宋朝文坛领袖，他四岁丧父，母亲郑氏是受过教育的大家闺秀，用荻秆在沙地上教欧阳修读书写字。后来23岁中了进士，他自号醉翁，又号六一居士，著名的散文是他的《醉翁亭记》，表达了他与民同乐的政治思想和抱负。后人又将其与韩愈、柳宗元和苏轼合称“千古文章四大家”。

王安石，众所周知，他是著名的政治家、文学家，进行了“王安石变法”，我们学过他的《登飞来峰》，“闻说鸡鸣见日升”表达了他想要面见皇上、改革弊政的迫切心情。他的《泊船瓜洲》中“春风又绿江南岸”一个“绿”字，境界全出，给我们留下了一个做文章如何提炼文字的故事。

苏洵和他的两个儿子苏轼、苏辙在历史上并称“三苏”。《三字经》有“苏老泉，二十七。始发愤，读书籍”。他27岁开始发愤图强，立志读书，好好学习。苏洵的《六国论》论点鲜明，论据有力，语言锋利，纵横恣肆，具有雄辩的说服力。他不仅是一位文学家，同时还是一个教子有方的好父亲，被人们称颂“一门父子三词客”。在苏轼晚年曾回忆幼年随父读书的状况，感觉自己深受其父影响。当然，假若没有苏洵的发奋读书，也就不可能使苏轼幼年承受好的家教，更不能有年未及冠即“学通经史，属文日数千言”的苏轼。

苏轼，字子瞻，号东坡先生，他的文学功底深不可测，其诗、词、赋、散文，均成就极高，且善书法和绘画，是中国文学艺术史上罕见的全才。在他给弟弟苏辙写的《水调歌头》中名句“但愿人长久，千里共婵娟”表达了对人们的美好祝愿之情，至今焕发着生命力。

苏轼的弟弟苏辙，勤学好问，聪明睿智，19岁那年和22岁的哥哥苏轼一起考上进士，哥哥第二名，他第五名，后来苏辙拜相参政，政绩卓著。

曾巩天资聪慧，记忆力非常强，幼时读诗书，脱口能吟诵，与兄长曾晔一道，勤学苦读，自幼就表现出良好的天赋。史称巩“十二岁能文，语已惊人”。其弟曾肇在《亡兄行状》中称其“生而警敏，不类童子”，而且记忆力超群，“读书数万言，脱口辄诵”。18岁时，赴京赶考，与随父在京的王安石相识，并结成挚友。他是宋代一位兴教劝学的官员、文学大家。他存世的书法作品《局事帖》，拍卖2.07亿人民币，竟成为今天的国之瑰宝，文学成就由此也可见一斑。

这就是我眼中的“唐宋八大家”。他们一个个都是中国古代文学史上的大文豪。他们先后掀起的古文革新浪潮，将古代散文史的水面搅了个天翻地覆，使得散文发展的面貌焕然一新。他们是我学习的榜样，我会努力学习好好读书，亲近先贤，立志做一个对国家对社会有用的人。

骆邓林老师点评：作者博览群书，亲近文学，选材独到，采用总分总的结构，针对“唐宋八大家”的名人轶事，详略得当，娓娓道来，表达了“亲近先贤，立志做一个对国家对社会有用的人”的雄心壮志，立意高远！

一节与众不同的语文课

邓州市陶营初中九三班 万峰
辅导教师 骆邓林

今天下午，我们九（3）班迎来了一节与众不同的语文课。听说执教的骆志成老师是河南名师，他要为我们讲述“唐宋八大家”一课，展示古代文学史上一个个文学巨匠。

我们每个人像沙丘上的鸵鸟伸长脖子——翘首期盼，怀着激动的心情步入教室。当清脆的上课铃响后，骆老师面带微笑，疾步走上讲台，一声洪亮的“上课”，师生互相问好后，消除了彼此的陌生感，似乎多年未见的老朋友，心有灵犀，如沐春风。骆老师的课堂语言生动而又朴实，时而旁白时而图文并茂，风趣而又幽默，似无形，幻有形，似现实，如梦境。这一节课我收获了很多文学知识，了解了八大名家的生平和逸闻趣事。

骆老师首先教我们如何巧记“唐宋八大家”，他让我们闭着眼听着他的指挥开始想象，开发左脑，图片记忆，“唐代文坛领袖韩愈，头上是一棵柳树的柳枝（柳宗元），在石头上坐着（王安石），天上一个太阳（欧阳修），一座拱背桥（曾巩），桥上走来父子三人（‘三苏’苏洵、苏轼、苏辙）”。整个画面栩栩如生，我仿佛穿越回到了唐宋王朝，看到了当时的情景，他们一个个迈着方步，吟诵着唐诗宋词向我走来，一下子就记住了他们的形象。

骆老师像一个导演引导着，我们积极地参与着。从唐代的文坛领袖韩愈，到他与邓州“三贤”的关系；从邓州“三贤”到花洲书院；从遭受贬谪的柳宗元到宋代文坛领袖欧阳修；从“三苏”故事到王安石变法；从曾巩的文学到他的书法作品拍卖 2.07 亿人民币：这些历史画面用一幅幅图画展示非常真实，一个又一个生动的文学故事在我们面前上演，画面具有质感，生动而又形象。这些名人轶事，文学家、政治家的经历，给我们以深深的启示，引起我们的思考。特别是骆老师讲课时，激情澎湃，风趣幽默，古今中外，旁征博引。在以往的课堂上，似乎没有这种奇妙的感受，我非常喜欢这一节语文课。

这一节与众不同语文课中，同学们学习语文的积极性、回答问题的主动性都有很大提高。在骆老师富有激情的调动下，同学们一个个像发起冲锋的战士。他们思考着、朗读着、激动着、陶醉着、兴奋着。他们回答问题的声音洪亮且思路缜密，文本和课件一起行进着，同学们睁大眼睛观察每一个细节，竖起耳朵聆听每一个文字，每一张画面，每一个问题，每一个大家的故事，同学们都不约而同地期待着，期待着他们的悲欢离合，生死离别。同学们很珍惜这一节课，因为这一节课，说不定就是人生的一次转折点，每个人都不约而同地期待着，期待着更多的惊喜，生怕漏掉了哪一个伟大的文学家。

这一节与众不同的语文课中，有与众不同的听课教师。最后一排是学校的刘校长和九年级语文教师，他们一会儿记录，一会儿倾听，专心致志，心无旁骛，仿佛和同学们一起沉浸在“唐宋八大家”的历史画廊中。

这一节与众不同的语文课中，有与众不同的练笔作文。第二节课，同学们拿起笔，从骆老师布置的五个作文题中任选一题，习作练笔：《我眼中的唐宋八大家》《韩愈与邓州》《千年韩柳》《千年苏轼》《一节与众不同的语文课》。我选定了《一节与众不同的语文课》，抓紧时间，下笔如神，如流水一般写了起来……

骆老师的语文课堂内容充实，内涵丰富、生动有趣、充满生机。他不跟其他的老师一样严肃，他让我们身处于欢乐之中学习语文，寓教于乐，让我们快乐地遨游在语文的海洋中。这种读写结合的语文课堂充满活力，激动人心。我真心地喜欢这样的语文课堂。

我爱语文课堂，更爱这节与众不同的语文课！

骆志成老师点评：小作者当堂习作，快速作文，不到三十分钟，我手写我心，有感而发。层次分明，写出来自己在语文课堂上的所见所闻所感所悟所思，“同学们很珍惜这一节课，因为这一节课，说不定就是人生的一次转折点，每个人都不约而同地期待着，期待着更多的惊喜，生怕漏掉了哪一个伟大的文学家”。书写了一节内容充实，内涵丰富，感受深刻，与众不同的语文课。

难忘那山·那水·那人

邓州市城区四初中八四班　骆霜天
辅导教师　骆志成

大自然是一本书，山水是其中的一页。

——题记

今年中秋节前夕，我和家人一起游览了陇南第一美景城市——甘肃天水市，让我领略了陇南山水的秀美风光。

马子禄牛肉面

素闻甘肃天水是神话女娲娘娘抟土造人的地方，有“三皇五帝”之一伏羲皇帝一画开天的庙宇，有5A级景点——麦积山石窟。我们怀着焦急、激动和期盼的心情，如坐针毡般煎熬了十一个钟头的火车到达目的地。刚下火车，天就快要亮了。

兰飒叔叔早已在出站口等候多时，他是爸爸的得意门生，兰飒叔叔在天水工作，事业有成。他热情地迎接了我们，嘘寒问暖后，带我们先去品尝陇上名吃——“马子禄牛肉面”，挂着清真招牌，听兰叔叔说：“兰州马子禄牛肉面采用独特的配方，特点有‘三精’：一是选料精良，二是制作精细，三是味道精美。所用的蒜苗、香菜是选用上等绿色、质优、无污染的，拉出来的面筋道，不易烂、不易扯断，食用起来清香、适口、回味无穷。”马子禄牛肉面起源于民国初年，已有100多年历史，2011年入选第二批“中华老字号”名录。我尝了一口面：果然面很劲道，口感润滑，汤味浓郁。我不禁夸道：“真是最正宗的兰州拉面啊！”在家乡邓州吃面从来没有这么爽的感觉，我的疲劳一扫而空。

麦积山摩崖石刻

饭后，兰叔叔驱车带我们一行六人，奔赴麦积山景区。虽然麦积山海拔1000多米，但是在山脚下透过车窗望去，觉得麦积山是那样的高大、巍峨，有一种你永远也爬不上去的感觉。

车停在景区的停车场，我们步行上山，随着山势，峰回路转，我和姐姐一路赛跑，转过几个山弯，我已经累得气喘吁吁，两腿发软，妈妈鼓励我继续前行……

又转过一个大山峰，麦积山摩崖石刻的雄伟景象展现在眼前：一座山峰拔地而起，直插云霄，呈土红色的丹霞地貌，山腰间有密密麻麻的佛龛，还有曲曲折折的悬空栈道，那座座石窟像镶嵌在山上的颗颗宝珠。麦积山石窟和敦煌石窟、龙门石窟、大同石窟并称为“中国四大石窟群”。麦积山摩崖石窟始凿于后秦时期，历经北魏、西魏、北周、隋、唐、五代、宋、元、明、清等诸多朝代的开凿与重修。有主佛和其他的各种佛像七千余尊，雕塑艺术精美，被誉为“东方雕塑艺术馆”。我最崇拜的是那尊主佛，他脚踏祥云，体态安详，栩栩如生。

上山时，我观赏着悬崖峭壁的佛像，一点也不害怕。从栈道上下去的时候，我的眼的余光能看到万丈悬崖，心中真有一点紧张，可是我相信有佛祖的保佑，与古老神圣的麦枳山为伴，也就不再害怕了！

风景如画的南郭寺

“诗圣”杜甫曾经寓居古秦州，即今天的天水。南郭寺依山而建，气势雄伟。南郭寺因地处城郭之南而得名。天水市的古树名木保存很多，南郭寺门口的国槐、院内的侧柏都有一千三百多年的历史。门口的国槐需要四个人合抱，直到今天仍然枝繁叶茂，郁郁葱葱。

南郭寺东院有一眼井——北流泉，那井水清冽，甘甜可口，至今不枯。相传杜甫登临览胜，饮用过该泉水，并且写出“山头南郭寺，水号北流泉。老树空庭得，清渠一邑传……”的著名诗句。寺里还有许多碑林，有明清时期的石碑，上面的字，至今仍然清晰可辨，保存完好，可见当地民风的淳朴。

街亭古战场的温泉

最后一天，我们去了街亭古战场——麦积山温泉，泡了一会儿温泉浴。这是我第二次泡温泉，第一次是在南阳南召的莲花温泉。这里的设施更加先进，依山傍水，抬头可见蓝天白云和巍峨的青山，人与自然和谐统一。温泉的适宜水温为39.5℃，有冲浪区、儿童区、成人区。儿童区有游乐场、滑梯设施等，我在爸爸的保护下进行了多次的刺激滑行，兴奋得阵阵尖叫……

温泉水品种丰富：有矿盐热敷、杨贵妃池等。贵妃池的水还是乳白色的，据说洗了可以祛除疾病，光滑皮肤，延年益寿。让我最惊奇的是鱼疗池，进入之后，会有千百条小黑鱼向你游来，似与游者相乐！他们是来清除你身上的灰垢的，当你的腿脚像被电击时，那就说明小黑鱼在亲吻你了，给你理疗来了！

昨天晚上，我做了一个梦，梦见自己还流连在天水的美景之中：那里的山独特厚重，那里的水温暖如春，那里的景美丽如画，那里的人亲切实在，那里的历史古老沧桑！难忘甘肃，难忘天水，难忘那里的一草一木，山山水水！

骆志成老师点评：小作者以游踪为线索，采用题记、小标题的形式，运用总分总的结构，选取了旅游途中的几个画面，裁剪组合，把自己的所见所闻所感融入文字中，真情流露，抒发了对祖国大好河山的热爱之情！

“东方之珠”——香港游学记

邓州市城区四初中八三班　吴一鸣
辅导教师　骆志成

“小河弯弯向东流，流到香江去看一看，东方之珠我的爱人，你的风采是否浪漫依然……”每当我听到这首歌，就萌生了到“东方之珠”——香港去看一看的强烈愿望。

因为从历史书中，我了解到在近代史中，香港见证了西方列强的暴行。直到公元 1997 年 7 月 1 日，香港才回归祖国母亲的怀抱。

今年寒假，我怀着激动的心情与李叔叔一家踏上了香港之旅。

从深圳到香港的地铁站出来，便见到鳞次栉比的高楼大厦，整整齐齐地排列着，一幢幢高楼井然有序。街道上车水马龙，人们熙来攘往，香港好一派繁荣的景象。这景象比自己在香港电影警匪片中看到的还要好！

漫步在香港繁华的大街上，感受着中英大道的古朴，典雅。走着走着，来到维多利亚港，向港湾望去，在一望无际蔚蓝色的海面上，驶来几艘轮渡。看到这水天一色的美景，旅客们纷纷拿出相机记录下美丽的瞬间。在港口的码头上，有一群可爱的蓝天“精灵”白鸽，它们时而翱翔天际，时而到地上啄食游人给予它们的美食。有一些白鸽落到了游人的肩头，游人和它们嬉戏、玩耍，展示了人与自然的和谐相处的局面。

穿过维多利亚港，就来到了闻名世界的维多利亚港公园。进入郁郁青青的公园，首先映入眼帘的就是尖沙咀钟楼，被视为九龙的地标建筑。据介绍尖沙咀钟楼原为尖沙咀火车站总站，是英国殖民时所建，为运输物品到九龙站，后来车站被拆，人们为了维护古迹而保留下来。钟楼全身呈黄白色，拔地而起，四面楼顶上镶着四个大钟，给人一种英国大本钟风格的感觉。曾经的大钟每到夜晚便会响起，给寂静的黑夜带来深思，仿佛在诉说着香港过去被殖民的沧桑与无奈。

沿着维多利亚港向前，便来到影迷的天堂“星光大道”。这是新时代影业有限公司投资所建。“星光大道”是香港电影业发展的见证地，是全球影迷们来到香港的必游之地，也是香港最受欢迎的旅游胜地之一。上面有70多块香港影星的牌匾，30多块上有著名影星的手印，如周润发、成龙、刘德华、张曼玉等。我们看到了熟悉的“功夫巨星”李小龙栩栩如生的铜像：熟悉的中国式发型，两眼虎虎生威，体格健壮，满身肌肉，右臂伸展，左臂弯曲，两手呈截拳道式，右腿伸展，左腿虚式站立，仿佛在接受外国洋人武士的挑战。李小龙把中国武术，把香港电影介绍推广到世界各地，传播了中华优秀传统文化，深受人们敬仰。带着对“星光大道”的恋恋不舍之情，我们乘坐香港经典的交通工具“天星小轮渡”渡过维多利亚港。坐在船上眺望远处，远处高楼耸立，桥梁纵横交错，汽车飞奔；近处海风轻轻吹拂，伴着淡淡咸味的海风，别有一番情趣和风味。

渡过维多利亚港，我们一行来到了期待已久的紫荆花广场。1997年7月1日，香港回归，中央人民政府赠送香港特区政府一座金色的紫荆花雕塑，矗立在香港博物馆门口。与紫荆花雕塑遥相对应的是江泽民总书记的题名——香港回归祖国纪念碑，九个金色大字，熠熠生辉。纪念碑柱身由206个石环重叠组成，柱身方圆，代表着香港从1841年至2047年的206年的年份。看着这雄伟的纪念碑，我内心的自豪感油然而生，为“一国两制”所取得的巨大成就而骄傲。

时光飞逝，不知不觉就要离开了，想到香港诸多优美的风景，我有点儿依依不舍。“东方之珠”香港是曾经的亚洲四小龙之一，是亚洲的经贸金融中心。我细细品味在香港的所见所闻所感，仿佛看到了一个更加生机勃勃、生意盎然的新香港，我坚信在“一国两制”的伟大构想指引下，香港的明天会更加美好！

骆志成老师点评：小作者思路清晰，引用人们熟知的歌曲《东方之珠》导入，以自己到香港游学的游踪为线索，融入自己的真情实感，选取了印象深刻的地标性景点，展现了现代香港的美丽画卷，表达了对“东方明珠”香港历史的过去、现在、未来的深深思考。

品味诗词的味道

邓州市思源实验学校 陈静
辅导教师 王光海

人生百味，酸甜苦辣俱全；世间万物，自然万象，也有自己别样的味道。在我眼中，诗词的味道是很耐人寻味的，给人的感受也很特别。

“鹅，鹅，鹅，曲项向天歌……”吟着这首《咏鹅》，脑海中便浮现出小时候和同学们一起在教室里背诵时的情景，总是想不出它怎会有如此的魔力。越品越觉不出其中的滋味了，于是觉得味道有些怪怪的。

“大漠孤烟直，长河落日圆”，读着这两句，一幅“大漠”“孤烟”“长河”“落日”组成的画面就真的出现在我的眼前。原来诗词还有“穿越”的功能，竟能让人有身临其境之感。此时，诗词的味道变了，成了有些“甜圈饼”的味道。

“休将白发唱黄鸡”，是的，苏轼是如此狂，在数次的苦辣酸后，依然能笑对他人的非议，正视自己的人生。你狂，你的词也狂，品味着你的词，既有“十年生死两茫茫”的深沉哀婉，也有“拣尽寒枝不肯栖”的超然旷达。突然发现，诗词怎么有些“老坛酸菜”的味道呢？

“可怜白发生”，这句话又饱含了多少无奈与辛酸。一心报国，直到“白发生”，却也没能了却其心愿。辛弃疾，你心里苦吗？苦，肯定苦。于是，诗词又被你抹上了一层巧克力的味道。

“天子呼来不上船”，这般狂妄的人当是李白；“举杯消愁愁更愁”，这般豁达的人当是李白；“俱怀逸兴壮思飞，欲上青天览明月”这般有壮志的人也当是李白；“天生我材必有用，千金散尽还复来”这般自信的人是李白；“安能摧眉折腰事权贵，使我不得开心颜！”发出这大彻大悟的叛逆者的心声的，还是李白。读着李白的诗，感觉神清气爽。噢，诗词又被李白蒙上了一层“薄荷糖”的味道。

生活的味道，皆是酸甜苦辣变化，而诗词的味道有时并不是这几种，而是要我们用心感受后才会发现它的百味，在这里，我只想说——

品味诗词的味道，真好！

王光海老师点评：文章思路清晰，结构严谨，首尾呼应，引用大量诗词，文采丰富。小作者既像一个美食家，带着我们品尝诗词的味道，又像一个导游，带领我们观赏一处又一处的美景，让人回味无穷，极大地激发了读者品尝味词的兴趣。

他　们

邓州市思源实验学校　王薇
辅导教师　王光海

他——枯黑干瘦的脸上布满了车辙似的皱纹，深陷的眼睛露出了凄楚又带着恳切的目光，干裂的嘴唇似乎已被风干许久，仅剩一颗门牙的嘴里不知饱尝过多少的酸甜苦辣，这些无不打上了他艰辛生活的烙印。他今天特地起个大早，因为他要等老板给他工钱，已经几个月没有发了。

她——每天总是最早起床，每天都要打扫这条大马路，一下一下专心地扫着，汗珠在一滴一滴地往下掉，时不时还拿衣服擦擦汗水。她根本没有歇息的时间，因为刚刚扫的地总是被一些不文明的人丢的垃圾弄脏，她只好弯下腰去捡，好几次她弯腰时都感到针扎似的疼，但是再疼也得坚持。因为家中的丈夫病情越来越严重了，她需要一大笔钱，她不能失去这份工作。

他——大概三十六七岁，个头不高，瘦瘦小小的，皮肤黝黑，一双眼睛炯炯有神。告别了年迈的爹娘，拥别了读书的儿郎，背起了简单的行囊，走出了熟悉的村庄，来城市当了一名快递员。只见他肩上挎着一个大背包，全身衣服已被雨水淋湿了，浑身上下沾满了污水，好像刚从泥地里爬起来似的。他手里捧着一包用油布包着的物品，顾不上抹脸上的雨水，笑着对屋里人说："大妈，你的包裹到了！"

他们来自哪里？是东北那富饶的黑土地，还是华北平原美丽的村庄？是那"风吹草低见牛羊"的牧场，还是巴山蜀水的深沟僻壤？为了撑起困难的家庭，为了让子女有一个好的生活条件，他们一步步甩开了炊烟和泥土，千里迢迢来到城市。在大街小巷，随处可见他们的身影。也许，只是为了养家糊口，但是，告别了日出而作日落而息的节奏，用他们那曾经扶犁握锄的双手，驾驭着现代化的速度和质量，犹如精耕细作的家乡的田园，用勤劳和智慧筑起中华民族的百年梦想。在一些人冷漠与不屑的目光中，忙碌着，喘息着，忍受着歧视和白眼，遭受着不幸与苦难，从此在他乡即家乡的颠沛流离中，家园被演化成概念或者意象。

他们叫什么名字？我不知道。因为他们是农民，他们只靠种地养活不了家人，于是他们进城打工，被人们称为“农民工”。因为他们没有文化，找不到轻松的工作，便只能去干一些又脏又累又危险的体力活。他们享受不到市民的种种福利待遇，甚至不知道出了事故该找谁去索赔。他们只希望能安安生生工作，堂堂正正做人。

他们很微小，他们也很伟大，他们是一家人的希望。家中的孩子上学需要钱，家中种地买化肥需要钱，家中老母亲生病更需要钱，这些都靠他们这些顶梁柱呀！他们心里头流淌着家乡的河水，怀揣着美好的梦想，来到了这个熟悉而又陌生的地方。城市滋养了机遇和财富，也滋养了偏见和歧视。他们在水土不服的城市苦苦挣扎，尽管脚下的路坎坷又漫长，但他们依然前行不止。他们用勤劳的双手，建造起一座座高楼大厦，那是城市形象最朴实厚重的底色；他们用满腔的激情，喷涌出一首首打工诗歌，那是城市文化最真挚深沉的心声；他们用全部才智，书写着一篇篇创业奇迹，那是城市精神最鲜活清澈的滋润。

他们的存在，就是要让春风吹拂大地，要让和谐洒满人间。他们，就是需要我们感激赞美的农民工朋友，让我们向这群默默无闻的劳动者致敬！

王光海老师点评：小作者为我们展现了一个又一个社会上的小人物，家里面的顶梁柱，他们是谁呢？他们的名字叫农民工。正是因为他们的努力，家里的孩子才可以走得更远，家里的老人才可以看上病吃上药，家里的生活才可以越来越好。作为承上启下的他们呢，更需要我们去关心去致敬。文章思路清晰，结构紧凑，选材典型，情感真挚，是一篇优秀文章。

完美人生，在鲜花与掌声之外

邓州市思源实验学校 彭冲
辅导教师 王光海

方仲永是王安石笔下的一个神童。宋时江西金溪县有一个世代隶耕的方家，突然有一天，五岁的方仲永向其父索要纸笔，其父自然极为诧异，连忙从邻居处借来，于是方仲永便题诗一首并落上自己的名字。此事传开后，大家都感到很惊奇，纷纷请他去做客，有的人还花钱请他题诗，他的父亲见有利可图，便天天带着他走东串西，而没让他进学校，到了十二三岁时，王安石见到他，这时他作的诗已很一般，再过七年，王安石打听他的情况，回答却已是“泯然众人矣！”

还记得庞玉秀吗？她小学三年级时就已发表文章，14 岁出版个人文集，是天津市作家协会最小的会员，被誉为“神童才女”。大师巴金曾写信鼓励她好好学习，许多地方请她签名售书作演讲。在她访日期间，一个日本小朋友拉着她的衣襟说，长大后一定要来中国，向她学习读书、写作。可是若干年后的她却成为一个令人惋惜的现代版的方仲永了，“泯然众人矣”，这是令人觉得可悲的一幕。庞玉秀当年发表的文章，才气咄咄逼人。如果她在写作的道路走下去，也丝毫不会比当今火爆的韩寒、郭敬明逊色。

这都是鲜花与掌声惹的祸，怪只怪荣誉来得太快、太早、太猛，把一个少年儿童的心“忽悠”乱了。心静不下来，怎么能安心学习、写作、工作呢？一个没有足够积累的人，又怎么能在自己的事业上披荆斩棘，一路高歌向前呢？

我常想：现实生活中，为什么有的人能够捷报频传、佳绩连连，一步一个脚印，使自己日臻完善，从默默无闻的一个无名小卒，一步步成长为备受大家尊重的名人、名角、智者；为什么有的人仅是昙花一现，再无音讯；为什么有的人会从一名受人尊重的人，一步步蜕变得令人嗤之以鼻、不屑一顾。这就是在鲜花和掌声面前，他们所表现出来的惊人的差异！久而久之，日积月累，大相径庭。

俗话说：人怕出名猪怕壮。如果我们某一天面临的是排山倒海般的鲜花与掌声，我们恐怕也吃不消。不信，你看：刘翔经过无数艰辛的努力取得奥运会冠军后经常要面对媒体的围追堵截，抱怨太累；好男儿蒲巴甲出名后一直诉苦说太累，吃不消。这种鲜花与掌声本身带来的苦恼也是旁人所无法体会到的。由此看来，鲜花与掌声没有是不行的，但太多了也是万万不行的。平平淡淡才是真。

但是鲜花是香的、亮的，又有谁能抵挡得住它的诱惑呢？赞美如醇酿，可谁在享受它们的时候能保持清醒的头脑呢？当成功到来时，不自禁的欣喜是正常的，但若沉浸在成功的甜蜜中不能自拔，就会使人意志不坚定，对自己的要求降低，影响下一阶段的学习。

鲜花与掌声之于生活，只不过犹如松之有风，月之有影罢了。平静地面对成功吧！莫让鲜花挡住你的视线，前方的风景会更精彩……

王光海老师点评：小作者从古到今，举例论证了鲜花与掌声惹的祸，与题目紧紧呼应，思路清晰，论述严密，给人深思，是一篇很优秀的文章！

又见爷爷开心的笑

邓州市思源实验学校 孙扬
辅导教师 王光海

弯弯曲曲的小路上，爷爷、弟弟和我，越过一个小山坡，走进那片杨树林，就看见了父亲孤零零的小坟，没有墓碑，坟上长满了杂草。像呵护一个受伤的孩子，爷爷用手中的镰刀，轻轻地，把坟地周围清理干净。我摆好供品，点上冥纸，看着眼前跳动的火光，泪水禁不住地流了下来……

爸爸七年前因病去世，不久，妈妈就打工去了。但直到现在我再也没有见过她的面，也没有接到过她的电话。村里人告诉爷爷，她是嫌我们家太穷，改嫁远方了。

在我的印象中，爷爷是位慈祥的老人，脸上总是挂着微笑。每天清晨，我习惯了被一阵熟悉而有节奏的敲门声唤醒。每次打开门总会看到爷爷那熟悉的身影，我总是甜甜地喊一声“爷爷早”，爷爷的脸上便立刻挂上了开心的笑容。

七年来，由于父亲的离去，生活失去了色彩，成为我们永远无法弥补的遗憾！突然发现爷爷头发稀疏而又斑白，不知什么时候额头上刻上了几道深深的皱纹。爷爷老了！以前活泼乐观的爷爷，一下子变得沉默寡言了。多年的苦痛和伤心所带来的改变已经令他有点麻木，他已经摒弃了对悲伤的难以释怀和对不公的埋怨不甘。我看到，爷爷背驼了，变矮了。

我也曾多次萌发打工的念头，但爷爷说什么也不同意。他告诉我，不管他再苦再难，也要让我和弟弟考上大学，有个好前途，才对得起地下的父亲。

我什么也没说，轻轻地走进卧室，又拿起了书本。

村支书来了，他送来了我们一家人的低保钱……

校长也到我家，安慰我好好学习，学校给我们姐弟俩都办了“两免一补”和特困户照顾……

好朋友也是经常劝我振作起来，车到山前必有路……

当我们了解自己身上的缺口，并用接纳的眼光来看待，那么无论这个缺口是伤害还是丧失，都不会阻挡我们为了填补它而前进的脚步。有时候，父亲会不经意地走进我们的梦中，梦中的感觉模糊而幸福。醒来后，心里有难言的失落和惆怅。我深深地明白，一定要以爸爸为榜样，认认真真地做事，踏踏实实地做人，来完成他心中未完成的“梦”。

是的，生活始终不乏梦想，哪怕只是一个微小而温暖的愿望，也值得为之坚持朴实而漫长的岁月。也许，生命的意义就在于长久的忍耐和刹那间的绽放。

又是一年元宵夜。我们再次来到了父亲的坟前，爷爷的手上紧紧握着两张奖状，喃喃低语：“儿啊，扬扬姐弟俩很争气，都得了奖学金，你放心吧！”

柔柔月光泼洒在我们的身上，抬起头，望着夜空中最亮的那颗星星，爷爷饱经沧桑的脸上多了一丝丝微笑。

爷爷开心地笑了，我们也笑了。

王光海老师点评：小作者把题目取得很吸引人。文章首尾呼应，结构紧凑，以爷爷的笑容为线索，叙述父亲的去世给家里带来的伤害，写出了爷爷的辛苦与坚强，表达了作者对爷爷的感激之情。

我是一只小小碗

邓州市思源实验学校　孙扬
辅导教师　王光海

我是一只小小的碗，碗内则是亲情滋润的爱。渐渐地，我越来越满……

父亲的爱是冰

小时候有一次我把玻璃打碎了，却不敢告诉爸爸，因为爸爸的眼神令人害怕。晚上爸爸回来后看到玻璃碎了，就问妈妈怎么回事，妈妈说是她不小心碰碎的。当爸爸扭头看到和平时不一样的我时，我感到爸爸一定知道是我干的，不会是妈妈。我意识到如果不及时承认错误，必定要挨一顿苦打。我轻轻地说："是我打碎的！"一贯态度严肃的爸爸这时微微地笑着对我说："好孩子，打碎一块玻璃无所谓，但一定要学会诚实！今天你的表现就很不错，爸爸原谅你了，以后要注意小心谨慎，安全第一！"

一霎时，我感到父亲表面严肃的爱确实如放入碗中的一块冰，融化后，让我感到无比的清凉、甘甜。

母亲的爱是茶

那是一个寒冷的冬夜，我坐在书桌前写作业，抬头看看表，已经 11 点了。还有一篇作文没写，题目是《母爱》。母爱到底是什么呢？"学习太晚了，瞌睡啦，我给你泡一杯茶吧！"此时妈妈走到我身边，递上了一杯茶。随着开水的冲泡，茶叶就像一个个孩子，睡眼惺忪地舒展开来，顿时，茶香袅袅，宛若梦境。

在这四溢的茶香中，我不禁呷了一口，顿时舌尖上泛起一种苦涩的味道！对啊，这茶的味道不正像母爱吗？在我刚出生学习走路的时候，母亲听着我一声声的啼哭而不去扶我；我大一些了，她又给我定了一条更严格的规矩：每天早上风雨无阻去跑步，即使狂风暴雨的天气，也绝不妥协。我一直认为，母亲太严厉。我分明记得，每当我摔倒后又一次站起时，母亲总会摸着我的小膝盖，心疼地说："还疼吗？"正是因为我坚持不懈地锻炼，才磨砺出我现在如铁一般的坚强意志。我终于明白了，母爱就像是茶，苦涩后的感觉才是最甜的，严厉的母爱才是最有魅力、最让人感动的啊！年幼时，怎能体会到母亲给我的爱犹如一杯淡淡的茶？而现在茶香四溢，我懂得了去回味。碗中正因有母亲倾倒的茶而显得恬静、清新。

老师的爱是泉

我是一只小小的碗，就这样接受着来自父亲、母亲、老师的爱的甘霖。我承载着亲人给我的点滴关爱，我的脸上时时洋溢着快乐的微笑，幸福无比。

王光海老师点评：文章标题独特，主题明确，语言优美，感情真挚，运用小标题的形式，使文章层次更加清楚，不同的人，表达爱的形式不一样，但出发点却是一样的。形象生动地传达出了父亲、母亲、老师对"我"的爱，表达了"我"是一个幸福、快乐的人。

在历史的路上

邓州市思源实验学校 陈静
辅导教师 王光海

历史犹如车轮一般滚滚向前，而这个车轮下又埋没了多少英才……

你不是没有“举杯邀明月，对影成三人”的积极乐观，不是没有“天生我材必有用，千金散尽还复来”的昂扬自信，不是没有“俱怀逸兴壮思飞，欲上青天览明月”的豪情壮志，而是由于官场黑暗，你发出了“人生在世不称意，明朝散发弄扁舟”的感叹。我想说，这并不是你的错，是你那个朝代君王的昏庸无能所致！

“十年生死两茫茫”，那在亡妻墓前伫立的背影是你吗？“多情应笑我，早生华发”的辛酸是你吗？你经历了无数的坎坷，却能笑对他人，最终发出了“休将白发唱黄鸡”的唏嘘。你穷，穷得只剩下一身才气却无人赏识。这是你的悲哀吗？

“何日请缨提锐旅，一鞭直渡清河洛”的豪言壮语是你说给谁的？“撼山易，撼岳家军难”的高度赞扬是说给你的吗？可为什么最后却发出了“十年之功，废于一旦”的悲愤呢？我理解你，你苦战数年，却因为一纸契约将你的战果拱手让人，这是谁也不能容忍的。更可气的是，到最后竟因为“莫须有”的罪名将你杀了！我惋惜，全国人民都惋惜。是因为你的生不逢时吗？

“辛苦遭逢起一经”是你的感叹，“惶恐滩头说惶恐”是你的恐惧，“零丁洋里叹零丁”是你的惋惜，可最后却发出了“人生自古谁无死，留取丹心照汗青”的豪言。是因为南宋统治者的无能触怒了你吗，让你一介书生奋起抵抗。

历史还在不停地前进，她不会因为谁而停下。只是在她的车轮下总有一些“英雄人物”：有“海上生明月，天涯共此时”的一国之相；有“醉里挑灯看剑，梦回吹角连营”的爱国志士；有“双袖龙钟泪不干”的边塞诗人；有“倚门回首，却把青梅嗅”的羞涩少女……他们播洒着温暖，能让我们沐浴在巨人的影下诗意地攀爬！

王光海老师点评：小作者文学功底深厚，引用了大量古代先贤的古诗词，来讲述他们的人生遭遇，以此来论证“历史在不停地前进，不会因为谁而停下”的观点。文章详略得当，运用举例、正反对比等多种论证方法，是一篇非常优秀的文章！

品味书香

邓州市思源实验学校 王薇
辅导教师 王光海

人累了，喜欢独坐一室，让疲惫之身得以安宁；心累了，喜欢捧起一书，让浮躁之心得以慰藉。我特别喜欢汪国真《书韵》中的这句话："朋友不是书，书却是朋友。朋友可能背叛你，书却永远忠实。"每一颗心灵都有一块属于自己的休憩之所，而我以为，书的天地更适宜我们心灵的憩息。置身书的天地，它睿智的灵光会将我们眼睛映照得炯然有神，打开书，走进五彩缤纷的思想丛林，便会觉得书香弥漫，沁人心田。

我爱书。李白的云帆点缀了沧海，辛弃疾的双眼迷离了剑光，文天祥的激情回荡了整个零丁洋……读书，使我懂了抱负、执着、爱国！邀明月之满怀，举酒觥之高远，我徜徉在古典诗词之中，看落红化为春泥，叹国破山河在，赞东篱之采菊，唱绝顶之豪情。我也希望汨罗江水流更加凶猛，易水河畔夕阳更加红烈，浣溪之水更加澈亮。因为我领悟了屈原的不屈，叹服于刘邦的宏志，感慨于西施的别离。当我流连于炫目的先秦繁星，皎洁的汉宫秋月，当我吟咏着君子好逑的《诗经》，魂兮归来的《楚辞》，当我品读着庄子的逍遥云游，孔子的颠沛流离，魏王的老骥壮志，萧峰的英雄气概，杨过的专一痴情……还有什么比这更令人陶醉，更让人憧憬呢？

莎士比亚曾形象地说："生活里没有书籍，就好像地球失去了阳光；智慧里没有书籍，就好像小鸟失去了翅膀。"拜读古今中外灿烂的文学长卷，卷卷都缀满一个深深的情字，翻阅人世千般气象、万种风情的纸页，触摸书中所诉故事的经脉，展读书中人物的笑颜，品味书中文章的内涵，那行云如水的语句，花雨缤纷的意境，真挚动人的情感，顷刻间唤醒了我沉睡的心灵，像花瓣绽放在春阳中一般，青春的本色在书香的温润中闪光，炫彩。

回首读书的日子，我仍忍不住怦然心动，一路走来，山高水远，我对书始终保持着一种绵绵不尽的情感，我在书香中获取我想要的一切，细细地品味，深深地思考。封存缕缕书香，我的身上散发着爱与宽容的芬芳，书香启迪着人生，启迪着智慧。虽然我知道“以有涯吾恐难读尽大海中之一滴”，但我毫不气馁，我会向着我的目标努力前进。愿我们一同置身于书香之中，常沐书的灵光，让我们的心灵在得到寄托的同时，也让品质得到重塑。

王光海老师点评：作者博览群书，亲近文学，选材独到，大量运用排比句式，叙述了在书中读出的百味人生，表达了读书带给“我”的愉悦，陶醉，并立志要遨游于书海中，立意高远！

爱心之美

邓州市思源实验学校 余旗
辅导教师 王光海

爱心是冬日里的一缕阳光，驱散了凛冽的寒霜；爱心是久旱后的一场甘霖，滋润了龟裂的心田；爱心是汪洋中的航标，指明了新生的希望。

——题记

饺子中的爱心

冬至那天，下着小雨，天气寒冷，我和同学们去餐厅吃饭。可我们到时，只有一个窗口有饺子，并且所剩不多了。窗前拥着一大堆人，非常混乱，我站在人群边不知所措。这时语文老师看见了我，把我叫过去，热情地对我说："这里还有一盘饺子，给你吧！"我连忙说不要，老师一再相让，我才缓缓地端起盘子。"吃不完了给同学们分分！"他边说边往我盘子里放饺子。我端着热乎乎的饺了，心里有说不出的温暖。

风雪中的爱心

那天，下着鹅毛大雪，地上一片白茫茫，稍不留心就会滑倒。我小心翼翼去上学。快到校门口时，看见一些值日生和几位教师排成一排冒着大雪值日。这时，有一位小女孩快要滑倒了，值日老师急忙上前扶住了她，微笑着说："孩子小心，下雪天路滑！"那关爱的话语温暖了寒冷的冬天。

宿舍中的爱心

前几天晚上，我们正要睡觉，突然听到我们的生活老师刘老师焦急地对另一位生活老师张老师说："×× 号宿舍有人肚子疼得厉害。"说着，两人急忙走到那个宿舍。刘老师说："我赶紧给她爸爸打电话！"张老师拿着杯子接了一杯温开水，递给那位学生。"孩子，喝点水吧，这样会舒服点儿！"不一会儿，那位学生的爸爸来了，老师又带他们到医院去看病。

爱心是一片照射在冬日里的阳光，使疲病交加的人感到人间的温暖；爱心是一泓沙漠中的泉水，使长途跋涉的人品味到滋润甘甜；爱心是一座连接你我的桥梁，使人与人之间的距离缩短……

爱心真美！

王光海老师点评：文章运用小标题的形式，思路清晰，主题明确，感情真挚，从“饺子中”“风雪中”“宿舍中”这些事件中感受到了爱，感受到了温暖，呼吁人们献出爱心，世界将会变得更美好！

梦里寻您千百度

邓州市思源实验学校 孔玉佳
辅导教师 王光海

小学三年级时，您从河南大学毕业，作为特岗教师分配到了我们这个偏远的农村小学，教我们语文、英语，还有全校的音乐、美术。是您的微笑，点燃了我学习的激情。在您的鼓励与指导下，我参加了邓州市中小学生演讲比赛，还得了特等奖。在我心中，您是对我一生影响最大的人。

可五年级放假时，听说您要返回城市工作。唉，贫穷的乡村，偏远的学校，艰苦的环境，怎能留住像您这样年轻漂亮又有朝气的老师呢？尽管我在心里也宽慰自己，但仍觉十分懊丧，从此再也不能见到王老师了，无论如何自己是接受不了的！

暑假的一个夜晚，知了在不知疲倦地鸣叫，青蛙也在演奏着深沉的催眠曲，我渐渐地进入了梦乡……半夜时分，我猛然坐起，径直走出家门。奶奶叫住我："你要去哪里？"

"去学校，王老师还等着我上课呢！"我迷迷糊糊道。

奶奶一把拉住了我："傻孩子，已经放假了，快睡觉去吧！"

六年级开学，我像候鸟一样，从爸妈打工的城市又返回学校，忽然，一个熟悉的身影出现在自己面前，像王老师，难道真的是王老师？！我不敢相信自己的眼睛，揉揉眼睛再看，真真切切是王老师。

"老师，您……您不是调走了吗？"我带着哭腔，激动得不能自已。

"没有啊！我舍不得你们呀！"老师抚摸着我的头，笑了。

后来我才知道，按照政策，王老师本可以回到城市工作，但却舍不得我们这些"留守娃娃"，不顾家人劝阻，申请留下……

"哇——真好！"我得到了世界上最大的惊喜！只因您的留下，从此，我不再梦里寻您千百度！

王光海老师点评：写记叙文，常用的人称是第一人称或第三人称，相较而言，第二人称却运用得较少。殊不知，第二人称，就像作者和读者在当面对话，可以最大限度地增加真实性与亲切感，便于抒发情感，提升感染力。这篇文章，突出特点就是运用第二人称来叙事，因为运用这一人称，小作者就像和老师在面对面交流，文章因此显得真实自然许多。可见，人称的选择不是无关紧要的，拿捏对叙述人称，文章也就成功了一半。

我发现了春天

邓州市思源实验学校　王哲文
辅导教师　王光海

春天在哪里？星期天，我们一家人走出了家门，共同去寻找春天的脚印……

我们漫步在雷锋公园的小路上，阵阵花香扑面而来。桃花、杏花竞相开放，红的、白的、黄的、粉的，真是姹紫嫣红，为整个公园增添了无限生机！花下，不时有人拍照留念。我们小孩子也不甘寂寞，成群结队地去河边采摘各种各样不知名的小花，摘着抢着，笑着走着，好不热闹！放眼望去，田野里，沟渠边，大片大片的油菜花金灿灿的，密密匝匝。我仿佛看到无数的小蜜蜂在油菜花里翩翩起舞；我仿佛也变成了一只可爱的小蜜蜂，加入了它们采蜜的队伍里，为人们采出香甜可口的蜂蜜……啊，春天就在小蜜蜂勤劳的身影里！

我们又来到湍河岸边。白云倒映在清澈的水面上，显得更白了；蓝天倒映在清澈的水面上，显得更蓝了。“不知细叶谁裁出，二月春风似剪刀”，一排排的柳树在和风的吹拂下早已脱去那灰暗的外套，换上了美丽的新装，秀丽无比，像婀娜多姿的新娘，用它们那纤纤细手轻拂着水面，荡出一缕缕细波，和在河面上优哉游哉的小鸭子相映成趣。“春江水暖鸭先知”，不错的，你看它们排着队，嘎嘎嘎地叫着，好像在欢迎我们的到来，也好像在向人们宣布：春天到了！

是的，春天到了！你看，天上的风筝越来越多，五颜六色，各式各样，“儿童散学归来早，忙趁东风放纸鸢”。孩子们在田野里追逐着，欢笑着，他们在比谁的风筝飞得高。大人们呢，有的三三两两在河边散步，有的在花下跳舞，有的在河边钓鱼……春天在清清的河水里，春天在柔柔的柳枝上，春天在艳艳的花朵中，春天更在人们的欢声笑语里！

我终于盼到了春天！我终于发现了春天！我爱春天！

王光海老师点评：小作者构思精巧，独具匠心，题目取得很新颖，开头以“春天在哪里”来发问，中间部分便开始了寻春之旅，结尾之处又发出“我终于盼到了春天！我终于发现了春天！我爱春天！”的感慨。思路清晰，语言优美，欢声笑语中表达了对春天、对生活的热爱之情。

夏，一九八〇

邓州市思源实验学校 陈静
辅导教师 王光海

我的父亲，出生在一九八〇的夏天。

脑子一片空白，写不下去。停下来，漫游似的想，一九八〇的夏天的世界，发生了什么，似乎就是刚刚改革开放，中国还是很贫穷。那是怎么样的一个夏天啊！

我不知道，这个出生在风沙侵袭的陕西孩子是怎么活下来的。孩子的家，家徒四壁。

我不知道，只有几岁的父亲是怎样随着爷爷挨着饥饿与寒冷从陕西到我现在居住的地方的。他怎么能走几个小时的路而不害怕？停下来休息时，天都黑了。

我不知道，十二岁，稚气未脱的父亲，是怎么向他母亲辞别的。十几岁的孩子不再读书，用双肩撑起不知比他重几倍的东西。

我不知道，当他的书包被他母亲取下时，他是否已有预感，从此再也不可能看到三尺讲台上的身影？

我不知道，当他，和我的母亲，在以后的日子里，必须历尽千辛万苦才能将四个孩子养大成人，是不是曾经想放弃？

我的父亲是个卖棒子的，很普通的一个卖棒子的农民。

我是家里的长女，理应比较了解我的父亲，但我和父亲的关系却和宝玉与贾政一样，都是如此不了解对方。

我的父亲属于那种脾气暴躁的人，记得小时候我挨了不少打，可是每次我的父亲打过我之后，过一会儿又会来哄我，可能是在父亲面前不需要骨气的吧，每次他一哄我我就会破涕为笑，真的，特别有用。现在想想我的父亲还真是“找事”，把人家弄哭了到最后还得哄我。

记得有一次，他喝醉了酒，没站好，一下倚在了我身上。我由于体力不支往后退了几步，那一刻我突然觉得像是一座大山压在了我身上。我的肩膀太嫩了，支不起父亲。后来我把他扶到床上，只几分钟，他便熟睡了。父亲早该歇歇了，他太累了。

我坐在父亲的旁边，静静地看着父亲。在记忆中父亲的脸一直是很白皙的，可那次却突然感觉父亲老了，有了可恨的皱纹和可恨的白头发。父亲总说岁月不饶人，直到那时，我才是真的意识到了这一可怕的定理。

从那天以后，我就变得很乖。却也发现父亲有时也像个小孩子，不是我印象中那么严肃。父亲总是像个小男孩似的夸自己长得玉树临风，英俊潇洒，可是都快 40 岁人了，还能英俊到哪去。

随着年龄的增长，父亲的脾气也渐渐好了不少，虽然还顶着生活的压力，但却不似以前那样总是呵责我们了。但这样的父亲我更搞不懂了，以前心里有事，还能发泄出来，可现在心里有事没事都一个样。我越来越搞不懂我的父亲了。仿佛我们之间的隔膜又深了。

都说女儿是父亲的贴心小棉袄，可是我却没给父亲说过几句软话，有时明明想说，但似乎小时候的影响太大，我到现在都不会关心人，那些软话就是说不出来。今天是想在微信上说的，可是那些字写了又删，删了又写，最后也没发出去。有时候在强大的亲情面前，我觉得自己都像是个角落里被人丢弃的小孩。

不过到底是父女，我也遗传了父亲在平日里的一些幽默风趣和一些做事风格。不识就不识了吧，也不计较了。我的父亲虽是个卖棒子的，但却把最好的都给了我，我还有什么不满足的呢？

我记得他的暴躁、他的固执，但我更能记得他的温暖、他的仁厚。他的眼睛会在你不知所措的时候，毫不迟疑地告诉你：父亲的爱，没有条件，没有尽头。

他和我无比坚韧的母亲，以各自不同的方式仁爱待人，忠诚做事。他们撑着生活——这把沉重的伞因为暴雨而颤抖，而我们在他们的伞下安全地长大，长大到有一天，我突然发现他们鬓角有了白发，是岁月雕刻的痕迹。那撑伞的人，委屈了自己，成全了别人。

龙应台在《目送》中写道：“我慢慢地、慢慢地了解到，所谓父女母子一场，只不过意味着，你和他的缘分就是今生今世不断地目送他的背影渐行渐远……而且，他用背影默默告诉你：不必追。”

自己，请慢慢走。“白日依山尽，黄河入海流。欲穷千里目，更上一层楼。”

想把文字保存在文档里，键一摁，却都消失不见了。反复摁了几个键，却还是找不到。找不到就算了，只愿岁月静好，父亲可以从容老去。

王光海老师点评：作者感念父恩，回忆往昔，点点滴滴的日子里都是父爱的莹润。父亲用宽厚的脊梁撑起一个家，父爱如山。感受父女之情，似水交融，亲切而温暖。这是一篇情意绵绵感念深深的美文，把对父亲的敬爱依恋之情通过流畅的文笔细腻地表达出来，为小作者点赞。

我们班的“风流人物”

邓州市思源实验学校 王清
辅导教师 王光海

古往今来，各路英雄人物层出不穷。瞧，如今的“风流人物”都齐聚我班。我班也成为名副其实的藏龙卧虎之地，在全校也是“响当当的”。

“快乐精灵”

这也难怪，无论是在课间还是在课堂上，大家都能听见樊新乐“咯咯”的笑声。课堂上，老师讲一个小笑话，她也要笑几节课。这就免不了老师、同学对她产生误会。有一段时间，她和一个也很爱笑的同学坐同桌。上数学课，老师出了一道古怪的难题：“一百个和尚……”不知怎的，她俩竟都笑起来了。老师看见了，严厉地批评了她们。她的脸红了，发誓再也不笑了。可是江山易改，本性难移，她仍改不了那爱笑的毛病。不过，笑也有它的好处，在和别人吵架的时候，顽皮地一笑，倒可以免去一场“战争”。

“幽默天使”

“幽默天使”张建云有一次向我借报纸看，而我这“小气鬼”也是“名声在外”的，“不给！别想！去去去！”他却带着温柔的语气说：“要不要让你见识一下鄙人近来‘闭关修炼’的‘挠痒痒功’？”“不行，我最怕痒了。好好好，I服了YOU。给你！”他借到报纸后，抱起双手，郑重其事地说：“多谢王大婶的救命之恩，小张我没齿难忘！”在一旁的同学们被逗得哈哈大笑。我呢，早已笑得直不起腰了。我不禁感慨，咱班的人才，太给力了！

“勤劳王子”

他是全校公认的最勤快的学生，他叫魏庭盼。他很爱劳动，一有时间，就到卫生区转转，这儿瞅瞅，那儿看看，不让地面有一张纸屑。每次大扫除，他总是挑最累最脏的活儿干，仿佛在打扫自己家一样。他的座位总是干干净净的，但他的衣服却这儿一点灰，那儿一点泥，活似一个“斑点狗”。由于他这么一个“勤劳王子”，我班的卫生可谓是突飞猛进，极少被扣分。怎么样，“勤劳王子”不赖吧！

“拼命三郎”

有一次，学校要举行演讲比赛。在此之前，班主任老师决定先在班上举行一次演讲比赛。陈旭各方面都不错，就是从来没有上台演讲过。稿子写好了，他读了一遍又一遍，也试着演讲了好几次。终于等到了班会课。老师宣布开始，班长便大大方方地走上讲台，他声音洪亮，口齿清楚，演讲起来极富感情。演讲完毕，教室里爆发出经久不息的掌声。接着，又有几名同学上台演讲。他们个个都能讲流利的普通话，带着充沛的感情。他开始不安起来，手心开始出汗，那份稿子越攥越紧。老师在一旁鼓励大家：“还有没有？不用怕，大胆地走上去，鼓起勇气来！”他终于站了起来，手里拿着那份已被汗水浸湿的稿子，大步走上讲台。同学们吃惊地望着他，因为在此之前，陈旭总不敢在公开场合讲话。他深深地吸了一口气，让自己平静下来，然后，又鼓足勇气，演讲起来。慢慢地，他不再害怕，所有的思想感情都融入了稿子里，心中那纯真的感情，在言语之中自然地流露。“哗——”爆发出一阵热烈的掌声。“真棒！”有人对他说。当老师满面春风地宣布陈旭获胜时，他喜极而泣：“做人就应有‘拼命三郎’的精神！”从此，这个“拼命三郎”就成了我心目中的英雄了。

怎么样？我班人才济济，各领风骚。朋友，有机会来我班感受一下吧！——“数风流人物，还看今朝！”

王光海老师点评：可以感受到小作者是一个班集体荣誉感非常强的人，非常喜欢这个班集体，通过文字，确实感受到了班集体是我们大家的家，同学们互帮互助互欣赏，相处得十分融洽。本篇文章思路清晰，结构紧凑，语言幽默风趣，是一篇非常优秀的文章！

师生情深

邓州市思源实验学校 郑丽莎
辅导教师 王光海

六年的小学生涯已结束。六年之中，经历了许多五彩缤纷的事，结识了许多新朋友，认识了许多好老师。在众多的老师中有一位，我至今还能记起她的音容笑貌，她就是邹老师。

邹老师当年授课的具体内容我已经记不清了，但她讲课时神采奕奕的表情，红光满面的脸膛，头发虽已花白，但仍然硬朗的身子在我脑海中却总不能抹去。她慈祥，她严厉。就是在她的教导下，我迈出了进入知识殿堂的第一步。

老师很爱笑，脸上始终带着明媚的阳光。对于孩子们偶尔调皮的举动，她常是摇摇头，一笑了之，从未真正地发过脾气。

可是那一次，你发火了。那是一个夏日，我实在禁不住伙伴们的激将法和那清凉河水的诱惑，带头跳下了河，十几个同学也跟着跳进河里，我们在水里尽情地玩闹嬉戏。后来，不知你怎么知道了这件事，放学时，你让我们十几个同学单独排成了两队，你没有了往日的笑容，只是用严厉的目光狠狠地盯着我们。那目光刺得我无处躲藏，当时真想不通你为什么那样严厉，直到如今，我才真正体会了你当时的心情。

难忘你讲课时那和蔼可亲的面容，更难忘你那灵活的讲课方法。

那一天，春光明媚，春风拂面，刚好是作文课，你走进教室，用你那一贯温和的语调说："今天我带大家去郊游，现在我们一块走，好吗？"没等你说完我们就跳了起来。三五成群，欢呼雀跃地跑出了教室。我们来到了郊外，被春姑娘那美丽的身姿吸引住了。温和的春风亲吻着我们的脸，好舒服呀！小河的水缓缓地流，像是在唱着优美的歌曲……我陶醉于这潺潺的流水，禁不住静下心来欣赏这美丽的春景。四野里撒着一方方碎金似的油菜花，几只花蝴蝶正在上面翩翩起舞；河边的小白杨也在高兴地招着手，似乎在向我们这群小朋友打招呼……我沉醉了！这时是你那甜美的声音唤醒了我们：“孩子们，春天的景色美吗？”大家异口同声地答道：“太美了！”“那我们今天写一篇作文，题目是《春天的景色》，好吗？”我们恍然大悟，高兴地跑回教室，掏出本子，“沙沙沙”地写了起来……

邹老师对我确实好。我喜欢她常常握着我脏兮兮的手写铅笔字。在那之前，二哥曾说我的字歪得像棍儿戳的，邹老师却不，她总是笑眯眯地看着我说：“瞧瞧，这字天天有长进，过上一二十年，说不定咱山沟里也会出人才哩。”我不知道啥叫人才，回去问妈妈，妈说，人才可能是有很大本事的人吧。于是我飘飘然，写字也越发卖力了。放学一回家，就大写特写，从不觉得疲倦。

邹老师就是这样的人，从来都不给我们学习上的压力，对于我们总是耐心地教育着，关心着，要我们快快乐乐地学习。

我很清楚地记着老师对我们说的一句话：“学习要靠自己去努力，自己去探究；真正的教育在于能让学生实行自我教育，在学习的天地里自由自在地遨游。”

四年级一晃就过去了，到五年级开学时，邹老师调走了。告别时，我们说着哭着，泪水抹去了又流了出来。之后，我常常在梦里喊：“邹老师，你在哪里？”

不知邹老师是否知道，你对我们的呵护和关爱在我们人生的最初阶段，如同那生命长河里涌来的一股清纯而绵长的泉水。

它将滋润着我们的一生。

王光海老师点评：“春蚕到死丝方尽，蜡炬成灰泪始干”，老师对学生无私的奉献，学生是会有感恩的。本篇文章的小作者忘不了邹老师的谆谆教诲，忘不了邹老师的善意责备，忘不了邹老师的辛苦劳累。朴素的语言传达出作者对老师无限感激之情。

文学中的珍宝——《论语》

邓州市城区四初中八三班 石渊博
辅导教师 骆志成

春秋战国时期，一部伟大的著作诞生了，它便是文学中的珍宝——《论语》，时至今日博大精深的《论语》仍在绽放它那璀璨耀眼的光芒。

本学期的语文课堂上，在河南名师骆志成老师的带领下，我终于有机会深入地学习研究《论语》。通过学习，我改变了对《论语》的错误认识：只是一本布满密密麻麻汉字的书。通过学习，我感受到了《论语》的力量，觉得它虽然古老，但是充满了生机，就像中华文学苑中的一朵幽兰，至今都散发着清新的香味，让人一下子就迷上了它，我和同学们认真地品味起《论语》中的人、事、理、情。

《论语》是一部记录孔子和他弟子言行的书。它以记言为主，其内容包括学习、道德修养、为人处世的一般原则等，凝聚了儒家的思想智慧，凝结了孔门弟子的心血，是儒家不朽的经典著作。

打开《论语》我仿佛穿越了近2500年的时光隧道，看到群雄逐鹿、争霸天下的春秋战国时期。《论语》的字里行间，展示出的一个个鲜活的人物，他们的形象是那样的栩栩如生。比如，“温、良、恭、俭、让”且诲人不倦的至圣先师孔子、勤奋好学的颜回、豪迈直爽的子路、孝顺父母的闵子骞以及善于政事、很有经济头脑的子贡等。书中人物，老师和学生都是普通人，嬉笑怒骂皆成文章，他们师生在一块研究学问、讨论问题、轻松聊天，学生顶老师，老师骂学生，情境再现，历历在目。我最欣赏安贫乐道的颜回，他“一箪食，一瓢饮，在陋巷”，孔子高度评价他“人不堪其忧，回也不改其乐，贤哉，回也”。他践行了老师的“不义而富且贵，于我如浮云”。这使我联想到：居草庐的诸葛亮、居草堂的杜甫、身居陋室的刘禹锡、丹心赤子身无分文的革命先烈方志敏、鞠躬尽瘁死而后已的周恩来。

《论语》的精髓应该是孔子对“仁”的论述，关于“仁”，孔子在《论语》中多处提到，含义广泛，我认为最重要有两个含义：

一是爱人。孔子的弟子樊迟问他：什么是仁？孔子回答说：“爱人。”许慎《说文解字》：“仁，亲也，从人二。”很符合孔子“仁”的思想。仁，就是人与人之间的关系，要友善相亲，相互帮助。爱有等级差别，按“亚圣”孟子的说法是“亲亲而仁民，仁民而爱物”，是先爱自己的亲戚，然后普及民众，再推广到万事万物，是先己后人，先内后外，既有次第，又有递进。这是一种从人的“自然本性”出发的“仁爱之心”，是读书人“修身、齐家、治国、平天下”的根基。

二是克己复礼。在《颜渊》中答复弟子颜渊时，孔子说：“克己复礼为仁。”“克己”是自觉地约束自己；“复礼”是一切言行要纳于礼。这里强调的是“仁”的道德自觉，人们通过克制自己，达到自觉守礼，视听言行都合于礼，这也就是“仁”的最高境界。

文化的传承不在于刻意的标新立异，而在于继承和发展。“仰之弥高，钻之弥坚”的《论语》是值得我们晚学后辈用一生去研读，去践行的古老而充满生机的东方智慧。

骆志成老师点评：《论语》是什么？《论语》是从琅琅读书声中，体会到的道德言行；《论语》是在淡淡书香里，品味到的做人方法；《论语》是中国几千年文化沉淀的凝聚，是那颗璀璨的明珠！一个八年级的中学生在读《论语》一半的时候，能有这样的见识成文，确实难能可贵。虽然稚嫩，但是小作者独到的见解，可圈可点。希望小作者继续阅读厚重的《论语》，写出更多的真知灼见。

后 记

唯有梅花暗香来

骆志成

“梅花香自苦寒来！”本书的结集历经数载，可谓艰辛！遴选文章是房炳安老师主持的“基于学生人文素养培养需求的中学语文教学策略研究”课题参与成员的研究心得。课题组老师们在实验中，结合自身教学实践，分类梳理，归纳提炼，筛选整合，发表了一系列见地颇深的学术论文，写出了不少高质量的心得体会，特汇集成《人文素养之阅读新视角》。其中苦辣酸甜不再赘述！

阅读是一种理解、领悟、吸收、鉴赏、评价和探究文章的思维过程，是从视觉材料中获取信息的一种重要途径。阅读是一个主观性很强，可由阅读者根据不同的目的加以调节控制的过程。有效的阅读可以陶冶人的情操，提升人的人文素养，改变人的命运。

朱永新教授说：“一个人的精神发育史就是他的阅读史”“一个没有阅读的学校永远不可能有真正的教育”“一座书香充盈的城市必然是美丽的城市”。要改变当前中小学相对落后的阅读现状，最终提升我们全民族的精神境界，作为语文教师，更应大力改进阅读教学。台湾林文宝教授对阅读的独到诠释：阅读的本质是一种互动，一种休闲和游戏，是一种盲人摸象式的探索与尝试，更是一种终生的本能行为或阅读习惯。我们强调阅读的重要性，督促孩子不断地阅读，但是忽视了引导孩子如何阅读，忽视了如何为孩子打造良好的阅读环境，忽视了课堂教学对于孩子阅读的重要作用，忽视了让孩子通过阅读而爱上阅读的初衷，使得孩子离我们期望的阅读越来越远。

为了改变这一现状，“基于学生人文素养培养需求的中学语文教学策略研究”指导下的“群文阅读”研究应运而生。

“基于学生人文素养培养需求的中学语文教学策略研究”就是指在中学语

文教学中培养学生语文的知识和能力、情感、态度、价值观的研究。新课程标准呼唤语文学科要加强人文素养教育，新教材要求在教学实践中加强人文素质教育，素质教育向我们发出了培养人文素养教育的强烈呼唤。选择本课题研究，顺应了时代发展，是落实新课标、实施素质教育的需要。

长期以来的语文学科教育淡化了人文精神，过分追求应试价值，忽视了语文学科在健全人格培养方面的积极作用，导致了学生的个性被扭曲，人格遭冷遇。学生不是为了现实生活而活，也不是为了理想而活，仿佛是为教材而活，为分数而活，成为麻木不仁、心如止水，两耳不闻窗外事、一心只读教科书的书虫。这与我们立德树人的培养目标格格不入。

《语文课程标准》开篇就提出："语言文字是人类最重要的交际工具和信息载体，是人类文化的重要组成部分。"在"课程性质"部分明确提出："工具性与人文性的统一，是语文课程的基本特点。"因此，培育学生的人文素养理应成为语文课堂教学的灵魂，教学中应着力弘扬人文精神，坚持以人为本，在陶冶情操、弘扬个性、塑造人格、培养创新精神上下功夫。

基于学生人文素养培养需求的"群文阅读"课题为我们打开了一个全新的阅读视野，点滴滋润学生心灵。我们几个实验学校开展了对基于学生人文素养培养需求的群文阅读课堂模式初步探索。通过课题研究，让我们走近了基于学生人文素养培养需求的"群文阅读"。所谓"群文"，就是在教学现场，较短的单位时间内，要呈现多篇文章，三四篇，甚至五六篇，在多个文本同一"议题"教学方向的引导下，引导学生阅读。在阅读中梳理出自己的观点，进而提升阅读力、感知力、探究力和思考力。群文阅读是一种全新的语文课堂教学实践活动，它最大的意义就在于可以把语文知识和人文精神转化为学生的语文素养，同时提升教师的专业思想和专业能力。

课题研究中，教师对《语文课程标准》的推进中出现的问题进行反思，有其独特的研究价值。实验中，教师们既有对已有经验展示的默契与愉悦，也有对新出现问题的迷茫和困惑，也有解决问题的惊喜与幸福，这是一个痛并快乐着的研究过程。本书有以下几个显著特点：

首先，书中讨论的问题是在课程改革中最新出现的问题，是众多一线教师认为必须解决的问题，对青年教师成长有一定的借鉴意义。本书从课程层面来认识和发现中学语文教学策略，融工具性与人文性于一体，以语文学习活动为载体，以能力培养为基础，抓好渗透人文素养的有效落实，全面提高和发展学生的基本语文素质。

其次，本书注重理论与实践的结合，脚踏实地关注一线初中语文教师的教学实际，使本书既有理论的深度，又体现实践的需要。重组并整合成不同知识板块及不同文体的语文教学策略和人文素养培养的基本方法策略，建立合理的内容序列，富有本校鲜明特色的中学语文教学策略，使课堂教学内容真正具有语文教学的核心价值和素养。

再次，本书体现了核心素养背景下的“群文阅读”“语文主题阅读”“多文本阅读”“整本书阅读”“读写结合”等教学方法策略，体现了反思批判的哲学辩证思维精神，为提高学生的阅读水平，培养学生的高阶思维品质奠定了坚实的基础。

“不要人夸颜色好，只留清气满乾坤。”基于学生人文素养需求的初中语文阅读教学策略研究是对传统阅读教学的有效补充，而不是对阅读教学的颠覆，坚持阅读，海量阅读，主题阅读，我们一直在路上。只要对学生有益，我们就乐此不疲。我们的教学闪耀创新的星光，阅读会使学生的心灵丰富多彩，姹紫嫣红。我相信，坚持阅读研究，会让我们的语文教学春色满园！愿这朵《人文素养之阅读新视角》的无名小花，为语文教学广袤的大地增添缤纷的色彩，带给你一缕富有泥土气息的“草根阅读”的馨香！

这部书之出版，受惠于以下各位的费心费力，在此表示衷心感谢：感谢河南大学文学院胡山林教授的鼓励与指导；感谢河南大学出版社程新晓编辑对本书提出中肯的建议；感谢“群文阅读”“人文素养”课题组领导程传玺、康全召、马克、刘传阁的肯定和厚爱；感谢房炳安老师的精心策划、编审和定稿；感谢骆志成老师的认真统稿和校对；感谢王光海、史海龙、宋小涛、翟文杰、孙占齐、郭丽、王瑶、曹靖、骆邓林、丁默舍等青年才俊的参与研究；感谢课题实验兄弟学校一线语文教师的鼎力支持！

在本书编写中，引用参考了国内外一些学者的研究成果，有些地方未能注明，在此一并表示感谢！由于编写时间仓促，加之编者学识和水平有限，本书难免会有一些不够周密、不够严谨的地方。在此，真诚希望读者朋友们能提出宝贵意见和建议，我们将会在以后的修订中进一步完善。

2019年5月12日